近代国家日本の光芒

「坂の上の雲」流れる果てに

森本　繁

芙蓉書房出版

まえがき

この作品は、NHK総合テレビが平成二十一年十一月二十九日を皮切りに、平成二十三年秋まで三年間にわたって放送したスペシャルドラマ「坂の上の雲」をふまえて、そのドラマの続編ともいうべき内容を盛り込んだ近代国家日本の光芒である。

すなわち、日露戦争に勝利した国運上昇の大日本帝国のリーダーたちが、夜郎自大となった軍部の政治介入によって国際社会に処すべき方針を誤り、この国を世界を相手にする戦争に追いやった一部始終と、その敗戦国日本のリーダーたちがどのようにして祖国を復興させ、戦勝国アメリカに次ぐ経済大国にまで高めることができたかを述べ、今後のあるべき国策をサジェストした。

作品は、序章で明治の戦争文学『肉弾』と『此一戦』について述べ、その評価と登場人物が後世に及ぼした影響を論じ、ついで第一章と第二章で日露戦争の勝因とその果実である満州建国が日本帝国主義の原点となったことを実証した。

これは当時の日本の思想界を風靡した満州での権益擁護の思想で、大日本主義とも大アジア主義ともいうが、これに抗するのが小日本主義（日本小国主義）で、この作品では第三章で解説し、その担い手を列挙して彼らの真骨頂を顕彰した。

首相と蔵相を歴任して財政面から軍部の台頭を抑えて、その反感を買い、二・二六事件で青年将校の凶弾に斃れた高橋是清と、高橋の主義に共鳴して陸軍の軍縮を断行して枢密院の元老たちから幾度も首相にと望まれながらも、大アジア主義を信奉する陸軍統制派の妨害でそれが実現しなかった宇垣一成、そして在野の財政家として官僚勢力への批判と抵抗を貫き通した東洋経済新報社の社長石橋湛山、海軍三祖の一人として海軍大臣、首相となってワシントン会議に出席して国際協調を唱え各国の報道官から「世界を明るく照らすキャンドル（蠟燭）」と称えられた海軍大将加藤友三郎等々枚挙に暇がないが、日本最後の気骨外交官として戦時中も臆することなく軍部とたたかってきた吉田茂を、彼と同期に外務省に入り外相から首相へと進んだ広田弘毅と労働移民として渡米して苦学しながら大学を出て外交官になり外相となった松岡洋右とを見比べてみると、その違いがよくわかる。

すなわち、広田は昭和十一年に首相となったとき陸軍の要請で日独防共協定を結んで昭和十五年九月の日独伊三国同盟の先鞭をつけ、昭和十二年七月近衛内閣の外相のとき起こった盧溝橋事件（日中戦争）を外交で収めることができなかった。また松岡は国際連盟を脱退させて日ソ中立条約を締結し、日本の南進政策を推進して米国を盟主とするＡＢＣＤ包囲陣の反撃を受けたことで太平洋戦争に追い込まれた。これがこの作品の最大の山場である第五章の「太平洋戦争は何を間違えたか」へと話がつながる。

だが、第五章では戦後明るみに出た外交機密資料によって太平洋戦争の開戦原因が明らかとなり、これを戦後の大宰相吉田茂がいみじくも口にした「戦争に負けて外交で勝つ」という第六章の「戦後の日本経済の復興と講和条約の締結」へと話を進めた。

作品はこのあと日本の国防を米国の軍事力に頼る日米安全保障条約の締結と、それを補うための自衛隊の創設について述べたが、その後の国際情勢の変化に対応するための憲法改正については、新帝国主義を標榜する近隣諸国の台頭と軋轢の中でわが国はこれにどう対処すべきかを考え、その打開策をサジェストした。さらに、そうした方向に日本国民を導くための処方箋として、戦後失われた日本人の魂を「伝統教育の再生と復興」によって取り戻すことの重要性を強調して、この作品の最後を結んだ。

現下、文部科学省は高校日本史の必修化ならびに日本史と世界史を統合した「歴史総合」を新設して明治以降の日本の近代の歩みを世界史と関連づけながら深く学ばせることを考慮しているが、これは中国や韓国が自国の近現代を重視し、若い世代が日本批判を強めているのに対して、日本の若い世代にこうした知識が欠如し、日本の立場を正しく主張できないでいる現状を憂慮してのことである。

小生のこの作品は、まさにその文部科学省の期待に応えるためのものである。

近代国家日本の光芒
「坂の上の雲」流れる果てに　目次

序章

❖明治の遺産はどのように受け継がれたのか

元寇に匹敵する未曽有の国難を排除して、この国を隆盛にみちびき、世界五大列強の仲間入りをさせた明治の群像に続く後輩たちが、その遺産をどのように受けついで処理していったかが、この物語のメインテーマである。

話を日露戦争で功績を上げた秋山兄弟と同じ四国の松山出身の二人の後輩の生い立ちから始めよう。

明治戦争文学の旗手二人

俳人正岡子規と海軍の戦略家秋山真之が松山中学を出て十年ばかりたったあと、その同じ中学を巣立った後輩に、桜井忠温《ただよし》と水野広徳《ひろのり》という生徒がいた。

桜井忠温は明治十二年（一八七九）の生まれで、秋山真之よりは十一歳の年少。水野広徳は明治八年（一八七五）の生まれで、真之よりは七歳年下であった。二人とも軍人を志し、忠温は秋山真之の兄好古のあとを追って陸軍士官学校に入校し、広徳は真之の後塵を拝して海軍兵学校に入った。両人とも秋山兄弟のような秀才ではなかったから、軍人としての大成は望むべくもなかったが、意外なところから文筆の才を発揮して明治戦争文学に不滅の業績を残した。

桜井忠温は陸軍歩兵少尉のとき松山歩兵第二十二連隊の連隊旗手として日露戦争に従軍し、歩兵中尉に昇進して旅順口本要塞《りょじゅんこうほんようさい》への第一回総攻撃中、瀕死の重傷を負った。そこでその体験を『肉弾』という作品にまとめて明治三十九年に丁未出版社から上梓し、さらに大正二年（一九一三）三月、その続編ともいうべき『銃後』を同社より刊行した。両著とも大反響をよび、特に『肉弾』は明治三十九年六月二十五日、畏くも時の帝《みかど》明治天皇の天覧に浴し、忠温は異例の拝謁を賜った。

水野広徳は海軍兵学校卒業後、明治三十六年（一九〇三）九月、海軍大尉に進級し、翌年二月、日露戦争に際しては第四十号水雷艇長として奮戦し、その体験を後年『戦影』という著作にまとめたが、翌明治三十八年（一九〇五）五月の日本海海戦において第十艇隊に所属して偉功を立てた。その戦記が明治四十四年（一九一一）三月に博文館より発行された『此一戦』である。作品は反響を呼び、これによって水野も桜井と並び、明治戦争文学の旗手と称されるようになった。彼は明治三十九年に海軍軍令部出仕を命ぜられ、『明治三十七八年海戦史』を編纂していたから、その副産物といってもよい。

このように、明治戦争文学の旗手二人が揃って愛媛県松山市のしかも松山中学の出身であることの意義はきわめて大きい。以下、この二人の履歴と、その文学作品が世に与えた影響について述べてみよう。

まず、桜井忠温である。

彼は明治十二年（一八七九）六月十一日、松山市大街道《おおかいどう》の小唐人町《ことうじん》に、旧松山藩士桜井信之と母カヅの三男として誕生した。家は後年夏目漱石の弟子で哲学者となった安倍能成の生家の隣にあった。安倍能成は教育家としても知られ、昭和の戦後幣原内閣の文部大臣をつとめたあと学習院の院長となった。

忠温は小学校の頃、無類の弱虫との評判があり、同級生からいじめられてばかりいたという。勉強の方も算術が不得意で、松山中学に入って及第点がとれず、一年生のとき落第してしまった。その彼が松山中学に赴任してきた夏目漱石から英語を教わったのは四年生のときである。

桜井少年は絵を画くことが得意だったので、将来は画家になろうと思って十四歳のとき画塾に入ったが、父の信之がこれを許さず、軍人になれと命じたので、仕方なく明治三十二年（一八九九）二十一歳で松山中学を卒業すると松山の歩兵第二十二連隊に入隊した。翌年十二月一日陸軍士官学校に入り、明治三十四年十一月二十二日、陸士を卒業して二十三歳で見習士官となった。陸士の第十三期生で、同期には有名な中村孝太郎や建川美次《たてかわよしつぐ》、乃木勝典《のぎかつすけ》がいた。乃木勝典は乃木大将の息子である。翌年歩兵少尉に任官し、歩兵第二十二連隊に配属されて明治三十七年（一九〇四）日露戦争に連隊旗手として出征した。

伊予の高浜港から歓呼の声に送られて輸送船で清国遼東半島の張家屯に上陸し、七月二十六日、大白山東方高地の敵陣地総攻撃に参加した。これを手始めに各地を転戦して八月二日、歩兵中尉に昇進し、旗手の任を解かれて、今度は指揮官として小隊長となった。小隊長としての緒戦は八月十九日から始まる旅順口本要塞《りょじゅんこうほんようさい》への総攻撃である。

日本軍がロシア軍東鶏冠山北《ひがしけいかんざんきた》堡塁《ほるい》及び望台砲台《ぼうだいほうだい》への総攻撃を開始したのは八月二十四日未明であったが、敵陣から飛来する弾丸によって桜井小隊の所属する連隊は全滅し、桜井中尉も被弾して重傷を負ったが、奇跡的に一命をとりとめた。死んだと思われ、火葬にされかかったところを、生きていることがわかり、第十一師団野戦病院にかつぎ込まれた。

八月二十八日、青泥窪《せいでいわ》兵站《へいたん》病院へ転送されて、そこから病院船に乗せられて九月二日に内地の宇品港に帰還し、広島陸軍病院に入った。そのあと十月八日に四国善通寺《ぜんつうじ》の予備病院へ転送され、そこで数回の大手術を受けてようやく回復したのであった。それでも骨折の後遺症は生涯残った。

陸軍歩兵中尉桜井忠温は明治三十八年六月一日善通寺陸軍病院を退院して原隊に復帰し、陸軍大尉に昇進して中隊長となったが、八月二日に本職を免ぜられ、以降は陸軍経理学校で生徒隊長をつとめた。大正五年十一月に少佐に任ぜられて、京都連隊区司令部付となるまで、彼はその職にあった。

桜井が旅順口第一回総攻撃の体験をもとに戦記『肉弾』を書き、これを丁未出版社より刊行したのは明治三十九年四月で、彼が二十八歳のときである。本は刊行と同時に大反響をよび、たちまち版を重ねたので、六月二十五日に明治天皇の天覧に浴して以降は軍隊の現役にありながら彼の文筆活動をとやかくいう者はなかった。けれども毀誉褒貶《きよほうへん》は世の常で、陰では多少の非難もあったようだが、明治四十五年（一九一二）の夏、当時陸軍省軍務局長であった田中義一少将から再び執筆するよう勧められ、今度は旅順の戦跡をめぐって、自分が体験しなかった旅順総攻撃の続編を執筆した。これが大正二年（一九一三）三月に刊行された『銃後』である。

次は水野広徳である。

水野は明治八年（一八七五）五月二十四日、愛媛県の和気郡広町《わけぐんひろまち》（松山市三津《みつ》）に旧松山藩士水野安左衛門光之と妻ナオとのあいだに第五子として生まれた。ところが、母のナオが二歳のとき亡くなったので、彼は母の面影を知らず、ついで五歳で父にも先立たれるという不幸な生い立ちだった。それゆえ残された五人のきょうだいは、それぞれ他家に預けられ、広徳も母方の伯父笹井家に引き取られた。

広徳は明治十四年、七歳で小学校に入り、明治二十二年高等小学校を卒業して伊予尋常中学校（松山中学）の二学年に編入学した。ところが、この頃から彼の悪戯《いたずら》が過ぎて、手に余ると笹井家から追い出され、長兄光義の家に同居することとなった。だから肩身が狭くて明治二十四年（一八九二）数え十七歳になったとき、彼は兄に経済的負担をかけまいと官費の幼年学校に入りたいと思っていたところ、遠縁にあたる中学校の先輩の秋山真之が海軍兵学校に入って松山に帰省し、旧藩時代の水練場お囲《かこ》い池で泳ぐ姿を見て憧れ、同じ官費の海軍兵学校に志望を切りかえた。

だが、彼は明治二十六年三月、中学の卒業試験に落ちて卒業ができなくなった。やむなく退学して海軍兵学校を受験したがこれも落第した。それでもあきらめきれず、当時の海兵は受験資格に学歴の制限がなかったので、翌年もう一度受験したが、やっぱり駄目だった。見兼ねて兄の光義が松山中学への復学を勧めてくれたので、再入学し、翌年卒業したあと、さらに挑戦したが、これも不合格。ほとんど絶望しかけたところ、明治二十八年の十二月、日清戦争による海軍の拡張計画によって海軍兵学校の追加募集が行われ、これに応募して、やっと合格することができた。四回目の挑戦で、辛うじて念願を果たすことができたというわけだ。

明治二十九年（一八九六）一月、広徳は宿望の江田島海軍兵学校へ第二十六期生として入校し、空腹と猛訓練にひたすら耐えて、三年後の明治三十一年十一月、二十四歳で卒業し、念願の少尉候補生となった。同期の卒業生は五十九人で、首席は木原静輔《せいすけ》、二番が野村吉三郎で、三番が小林躋造《せいぞう》。彼は二十四番という席次だった。

明治三十三年正月、海軍少尉に任官し、明治三十四年十月、中尉に昇進。明治三十六年（一九〇三）九月海軍大尉となったとき、第十艇隊水雷艇第四十一号の艇長に補されて、翌年から始まる日露の海戦に従軍したのであった。

この時代、彼にはこんな武勇伝があった。

時は明治三十六年十一月三日の天長節。この日、佐世保鎮守府の司令官邸で祝賀会が開催された。祝賀会の宴席で、水野は身分階級もわきまえず、酩酊した勢いで、最上席の連合艦隊司令長官東郷中将の前に進み出て御流れを頂戴したあと、さらに第二艦隊司令長官上村彦之丞《かみむらひこのじょう》中将の前へ参上して、「長官、御杯を頂きます」と言上したところ、上村はジロリと水野を睨みつけ、「ここはおまんらの来るところじゃなか、あっちさ行け」と叱りつけたので、水野も売り言葉に買い言葉。癪にさわり、「なんじゃ、上村彦之丞の馬鹿野郎」と怒鳴り返し、談笑していた席は水を打ったようにシーンとなった。次の瞬間、長官の幕僚たちが飛んできて水野をつまみ出そうとして、抵抗する彼と大立ち廻りを演じたという、前代未聞の珍事件を起こしてしまった……。

どうも水野のこうした性格は、酒の席の上のことでもあったが、生まれつきのものらしく、彼が海軍兵学校へ入る前にも、松山歩兵第二十二連隊に勤務していた先輩の陸軍少尉が松山中学にやって来て威張りちらしていたのを見て癪にさわり、これを相手に大喧嘩をしたというエピソードもある。

そんな彼ではあったが、明治三十八年五月二十七日の日本海海戦では、彼の率いる第十艇隊は僚隊の第九艇隊と共に偉功を立てた。水野がその体験をもとに『此一戦』を書いたのは、翌年彼が海軍軍令部出仕を命ぜられて日本海海戦史を編纂している最中のことであった。最中といっても、編纂業務はほとんど終わりかけた明治四十三年のことで、国民に海事知識を普及しようという目的で、そのエッセンスを簡単にまとめるねらいがあってのことだった。だから序文で彼はこう書いている。

「本書著作の目的は、兵学研究のためではなく、専ら日本海海戦の実体を広く国民に知ってもらいたいがためであり、同時にこれによって海軍知識の普及と軍事思想の発達に資せんがためである」

したがって彼は執筆にあたっては、専門的に過ぎることがないよう、読者対象のレベルを中学三、四年程度の学力の者においた。文体は漢文くずしの口語体で、留意点としては、

「とかく旧い日本人は、大和魂《やまとだましい》万能病に犯されて、平時でも感情的に外国人を軽侮する癖があり、特に戦時にあっては、敵愾心《てきがいしん》の昂奮《こうふん》するためか、敵に対して頭ごなしに罵詈讒謗《ばりざんぼう》を加うるのが常である。たしかに日本軍が強く露軍の弱かったことは争えぬ事実ではあるが、露軍の敗れたのは、当然敗れるべく、軍隊そのものに欠陥があったがためで、必ずしもロシア人が個人として怯弱《きょうじゃく》であったのではない」

と強調し、最後に、

「勇敢である敵に対して敬意を表するは武士道の精神であり、人間性の美徳である。弱き敵に勝つことは大なる名誉ではない。強い敵に勝ってこそ、真の名誉である」

と結んでいる。

そのことはともかく、この本が作家巌谷小波《いわやさざなみ》の紹介で博文館から刊行されたのは戦争が終わって六年後の明治四十四年（一九一一）三月であった。当時のベストセラーとなり好評を得た。

このあと水野広徳は三年後の大正三年（一九一四）に日米戦争仮想記ともいうべき『次の一戦』を、一海軍中佐という匿名で金尾文淵堂から刊行した。だが、この本は文中に軍事と外交の機微に触れる事項が盛り込まれていたので、当局の物議をかもし、「一海軍中佐」というのも水野だと分かって、彼は謹慎処分を受けた。

このように彼の著述家としての歩みは、陸軍の桜井忠温のように順調ではなく、彼が『此一

戦』の執筆以前に書いて出した『戦影』（旅順海戦私記）も、彼が「著者会心の作なり」と自讃したにもかかわらず、出版した直後に出版社が経営不振で潰れてしまったので、日の目を見ることなく、店頭から消えた。

戦記文学『肉弾』と『此一戦』の評価

「私は辛い思いで読んだ。余の考えから見る所では、これ程非常に厭わしい日露戦争の記録は、今までかつて読んだことがなかった。此本を読んで、更に深く戦争の不合理なことを信じた。国家は戦争などで国民を死に晒《さら》す権利なんかない」

これは明治四十年三月二十八日付有島武郎の『日記』の断章である。小説家で評論家の有島武郎（一八七八〜一九二三）は前年の秋、ヨーロッパ旅行からの帰りの船中で、日本人の一僧侶から読めといわれて桜井の『肉弾』の本を渡されたが、この文はそれを読んだときの読後感である。当時はそんな旅の僧侶でさえもが常時携行しているほど評判の高い本だったのである。それが、有島武郎にかかっては、このようにさんざんだった。

ところが、この有島とは異なり、国民一般の評価は大好評で、伯爵大隈重信は本に序文を寄せて、「戦争文学に先鞭をつけ、しかも大いに成功せる作品だ」と絶讃している。さらに大隈はこれをアメリカ合衆国の大統領セオドア・ルーズベルトに寄贈した。するとルーズベルトも「余は多大なる驚嘆の念をもって通読した。されば余はこの書をわが家の書籍室に珍蔵して子息たちに読み聞かせている」という書簡を直接桜井中尉にあてて送った。

それればかりかこの書物は、英・独・仏・伊・支・露・希（ギリシャ）などの各国語に翻訳されて出版され、各国で高い評価を受けた。とりわけドイツのA・シンチンガーはこの本の独語訳序文でつぎのような讃辞を述べている。

「この桜井氏の『肉弾』は勇敢なる精神を高揚し、物質的生活よりも高きもの、すなわち今日最も必要とされることこそ熱烈にして献身的なる祖国愛なのだということを、常に想起せしめてくれる作品である」

こうして『肉弾』の評価が海外で高くなると、その影響で国内の著名な文人たち、たとえば森鷗外《もりおうがい》のような高名な作家も「銃後題言七則」という標題でこれを褒《ほ》め、「この『肉弾』と『銃後』の両書はトルストイの『戦争と平和』に比べてもはるかに客観的であり、我は勇なり彼は怯なりとする廉価な筆法が一切斥けられていることは賞讃に価する」と書き、付言して「日本国民がこの両書を得たることは多幸といわなければならない」とまで述べている。

いうまでもなく、これは日本に軍国主義が蔓延し、大東亜戦争が起こる前の評価であるから時局に諂《へつら》った評言ではない。

それでは、昭和二十年八月、日本が戦争に敗れて平和憲法が成立し、日本の過去の戦争がすべて罪悪視されるようになってからの評価はどうであろうか……。

この件に関しては、人々が戦争を毛嫌いして全くこうした本を読まなくなったので、評価のしようがない。だから桜井忠温という作家の名前さえ知っている人がいなくなり、難解な古い文体も手伝って、興味を示す者はいないが、その桜井氏は日本の敗戦後も生存して昭和四十年（一九六五）九月十七日、享年八十七歳で死去し、その他界の直前、つぎのような述懐を残している。

「戦争は残酷なものである。私は『肉弾』の序文の中で〝不肖皇恩を荷《にの》うて死生の巷《ちまた》に出入し、矢石《しせき》の間《かん》に立ちて勇将猛卒の壮烈に感じ、又腥風《せいふう》・血雨《けつう》の惨酷に泣けり〟と書いたが、惨酷とは何事ぞやと物議を醸《かも》し、当時軍の一部から批難を受けたことがあった。そして青年将校が文筆を弄《もてあそ》ぶなど不都合極まりないと、きつくお叱りを受け、その後七年間筆を断った。ところがその時、陸軍省軍務局長として赴任してこられた田中義一少将（後に大将）が私を呼び、大いに文筆を振えと奨励され、それに力を得て私が書いたのが『銃後』であった。思えば田中義一大将は世界の情勢をよくわきまえた太っ肚な軍人であり、あんな立派な、物の分かった人がもう四、五人もいたら、今次の大戦など起こらなかったかも知れない。『肉弾』は何も戦争を讃美して書いたものではない。戦争は惨酷でしかも孤独なものだということを分かってもらえたら執筆の意義は達せられるのである。そして若い人々が、国を愛するがために戦い、その散華した英魂が次の世代の人々に真の平和と人間の幸福とを約束することを念願して、あの『肉弾』を書いたのである」

戦記作家となってからの桜井忠温は、松山市を離れて、主として東京に住んだ。

郷里の愛媛県に帰り、松山市に住んだのは齢八十歳をむかえた昭和三十四年の七月であった。

昭和三十七年と三十九年の二回、松山市名誉市民推薦の話があったが、彼はそれをとんでもないことだと固辞した。そして松山では伊予灘《いよなだ》から西風が吹く高台に居をかまえて、落葉村舎と名づけ、眼下に興居島《ごごしま》を眺めながら、八十七年の生涯を閉じた。

彼は幼少の頃から好きだった画技にも長じ、昭和三十六年（一九六一）八十三歳のとき、『絵葉書坊ちゃん』を発行し、他界する一年前の昭和三十九年に愛媛県教育文化賞を受賞した。

次は水野広徳の『此一戦』である。

これについては小説家で自然主義文学の重鎮田山花袋《たやまかたい》（一八七一〜一九三〇）が、つぎのような論評を『文章世界』の明治四十四年五月号に掲載している。

「一般に解《わか》るようにと心懸けて居る。著者は日本海の海戦を写実的に書かうとはせず、説明して聞かせるといふ程度で筆を執っている。

かういふ目的とかういふ態度の下に書かれた此書が通俗な一種の臭味を帯びて居るのは止むを得ぬことである。勿論、著者は専門の書を著《あら》はさうと志《こころざし》ては居ないが、然し私等は今少し細かい描写と今少し詳しい作戦状態を知りたかった。

日本海海戦を記したものの中で群を抜いて居る著書であるといふことは異論はない。私等は安心して当時の大体の作戦と経過と結果とを知ることが出来る。砲の数量と其構造、軍艦の性質と其の操縦、敵と味方との運動、さうしたことはかなり詳しく知ることが出来る。文章の上から言っても、海戦の始まる前後はかなり巧みに書いてある。

私達は其の当時、外国新聞に載せられたロシア艦隊の航海日誌とか航海録と言ったやうなものを見て、其記述の精彩に富んで居るのに驚いたものの一人であるが、それ等に比べて、この書が記述に於て、描写に於て著しく劣って居るのを此上ない遺憾に思った。我等の願《ねがい》では、今少し詳しく作戦の状態が聞きたい。艦隊の運動した光景が見たい。死生の間に出没した戦員の奮闘振りが知りたい。

著者が戦員の会話を書いた一條などは、少くとも今少し生々したものでなくてはならない。著者は彼方此方《かなたこなた》の会話を抽象的に集めて来て、それを著者の考でまとめている。これがその生気を失った大なる原因の一つである。項を別にして離れ〳〵に書かずに、本紀の中にそれを其まま入れて書いて欲しかった。またロシア艦隊の運動を記す條《くだり》に於ても、唯通り一遍の想像で書いたやうな手薄いところがあって、外国新聞で曽て読んだものの方が余程正確で、そして色彩に富んで居るやうな心持がした。此方面に関しては、著者は今少し外国の著書から材料を取り入れることがいくらも出来たであらうと思ふ（以下略）」

要するに、もっと外国からの史料も多分に取り入れて、戦闘場面を生々と描写してほしかったと言っているのである。

このように田山花袋も、前述した『肉弾』に向けた有島武郎の非難と同じように、水野の『此一戦』について、多分に否定的な論評をしているが、文芸評論家の木村毅《き》（一八九〇～一九七九）は、この作品を歓迎する国民の世論を代弁して、『明治戦争文学集』に寄せた解題で、つぎのような礼賛記事を書いている。

「私はこの本を発行当時読んだ。この時は中学校を卒業して早稲田の入試準備中だったし、いっぱしの近代文学青年になっていて、もう戦争にも軍人にも反感をもつ年ごろだったので、新聞広告が出ても購読してみる興味はなかった。ところが自然主義の機関誌といわれた『文章世界』に『此一戦』が取り上げられ、しかも評者は誰よりも尊信する田山花袋だったので、すぐさま買って一読した。

まず漢文くずしの名文に眩惑されるし、科学的叙述の底に潜熱が脈動し、まったく息もつかず読了した。東郷司令長官が海軍戦術としては禁絶の手となっている敵前廻転をして、丁字戦《ていじせん》法を取った大胆さと、その重大意義はこれで知ったのである。爾来、丁字戦法は TogoTurn《トーゴーターン》 といって、世界的に海軍の専門語となり、第一次大戦のユトランド沖海戦でドイツ側はこれをもちいてイギリスにたいし、奇勝を博した。

日本海海戦は、ロシア側にも数種類の書物が出て時事新報社はそのうち主なもの四種を訳して『波羅的《バルチック》艦隊来航秘録』として出版している。小説では左翼作家のプリボーイの『ツシマ』がともに世界的名作だが、どちらも『此一戦』の面白さには、はるかに及ばない」

ことほどさように、『此一戦』はこの当時、評判の高かった海戦の代表的著作として評価されていたのである。

したがって「兵は凶器なり、天道之《これ》を悪《にく》むも、已むを得ずして之を用ふるは、是れ天道なり」という書き出しで始まり「国大と雖も、戦を好む時は必ず亡び、天下安しと雖も戦を忘る る時は必ず危し」で結ぶこの著書は、当時の連合艦隊参謀長海軍中将加藤友三郎、連合艦隊旗艦々長海軍中将伊地《いじち》知彦次郎、大本営幕僚海軍大佐子爵小笠原長生《ながなり》らが序文を寄せ、その原版には、東郷平八郎、上村彦之丞、片岡七郎、三大将の題辞が前付けされていたのであった。しかも改造社の圓本「文学全集」に集録された『明治戦争文学集』の序詞には前記『肉弾』『銃後』とあわせて、この本には次のような讃辞が寄せられているのである。

「日露戦争はいな近代戦争の纖維《せんい》は、二氏（桜井忠温・水野廣徳）を得ることによって初めて絶好な記録者を見付け出したのである。二氏の技巧や叙述の巧みさは、同じほれぼれする巧みさであっても、全くちがっている。水野氏の『此一戦』が整然たる叙事詩であるなら、桜井氏の『肉弾』と『銃後』は情熱と血で描いた一大叙情詩である。いふまでもなく、文学は感情の高潮を捕へるものである。国家にたいする信念や生死の断崖に立った刹那《せつな》ほど、人類を真剣にし、それだけ最高度に感情を昂揚させるものはない。二氏の羨《うらやま》しいほど自由な筆路が、この刹那《せつな》を巧みにスナップして、息ぐるしいほどの実感を読者に刺激する。迫力においては、まことに驚嘆に値する。真実の経験ほど卓絶した芸術美を作るものがないという教訓は、この三部を読んで今更に痛感されるものである。まして二氏のやうな芸術素の豊富な人々にあって。恐らくこの三部は、戦争文学として世界的に不朽《ふきゅう》な価値をもつであらう」

『此一戦』の著者が見た海軍の先輩秋山真之

前にも述べたように、水野広徳にとって松山中学の先輩秋山真之は憧れの的《まと》であった。彼が海兵を志願したのは、海軍兵学校から帰省して松山市中を闊歩するこの真之に魅せられたからである。とはいっても明治元年生まれの秋山は水野より七歳年長であり、水野が海軍に入って海兵を卒業しても所属がちがい、階級もちがったから、直接に二人が顔を合わせることはなかった。それでも少年時代、広徳が預けられた笹井家は秋山家と親戚の間柄であったから、そうした誼《よしみ》で、信書の交換はあった。そんなわけで、同じ郷党の出身というだけで、二人のあいだに特別の交流はなかったが、真之はともかく、広徳にとって秋山は郷党の誇りであり、海軍士官のあいだでの天才的軍略家としての彼の噂は、耳にするだけで、彼はそれが自分が誉められたように嬉しくなるのであった。だから後年水野は、その回想記の中で真之のことを「海兵十七期首席卒業、精神絶倫にして卓越した処務能力を有し、豪放磊落《ごうほうらいらく》、天成の文章家なり」と絶賛している。

その水野広徳が、初めて海軍の艦隊勤務で、秋山真之と親しく話をかわしたのは、彼が海軍中尉に任官し、古参の海軍大尉であった秋山真之と同じ艦内で起居を共にしたときであった。それも先輩の秋山は海軍少佐の声がかかって退艦して新しい任地へ赴くときであった。そのとき真之は水野を自室に呼んで、彼への置土産にこんな話をした。

「よいか水野、心して聞け。これからの海軍士官はのう、上官の命令に従うだけではつまらん。自分独自のカラーを見出さんけりゃならん。何でもよいから専門の分野を見付けて、それをとことん追及して研究し、その道のエキスパートになることじゃ。他の追従《ついじゅう》を許さぬほどののう。そうすることによって、自分というものに自信がつくんじゃ」

広徳はこの真之の言葉を肝に銘じた。だから彼はこの訓戒を教訓に、水雷術を研究し、その道の第一人者となって日露戦争の日本海海戦では水雷艇長として赫々たる戦果を上げた。だがそれだけではない。水野が郷党の先輩であり海軍の先達《せんだつ》である秋山から受けた最大の恩恵は、なんといっても文章家としてのノーハウであった。水野は後年、昭和十三年十二月号の『中央公論』に「主将と幕僚」という一文を寄せているが、その中で日露海戦における秋山中佐の活躍を、彼からの聞書として、次のように書いている。

「日々時々《ひびじじ》推移変化する戦局の下にあって、臨機応変に日夜作戦を練る傍ら、寸暇を拾ってあの名文の戦報（敵艦見ユトノ警報ニ接シ、連合艦隊ハタダチニ出動、コレヲ撃滅セントス、本日天気晴朗ナレドモ波高シ）を大本営へ宛てて発したのであるから、その湧くが如き智謀と絶倫なる精力とは、実に神業《かみわざ》に値するものであった」

また水野は、明治三十九年（一九〇六）軍令部出仕となって『明治三十七八年海戦史』を編纂していたとき、直接秋山中佐に会って彼からその体験談を聞き出し、それを自分の作品である『此一戦』の中にとり入れているが、その中には秋山が日本海海戦でバルチック艦隊のネボガトフ少将が降伏したとき、受降のため敵の旗艦ニコライ一世号に派遣されて、ネボガトフ少将以下幕僚たちを率いて連合艦隊旗艦三笠に帰って来るまでの経緯をこと細《こま》かに描写している。

そして、さらに水野は、秋山が日露戦争を回顧して「戦争の真の苦心は大砲を撃つまでの計画と手順にすべてがあり、戦いの最中、私が全身全霊をかたむけたのは、黄海《こうかい》々戦においては、敵の退路が旅順かウラジオストックのいずれであるかを判断することであり、日本海海戦では、バルチック艦隊が朝鮮海峡と津軽海峡のどちらを選んで来航するかを判断することであった。

しかしその判断には人間の知能に限界があるから、いかに脳漿を搾《しぼ》って考えたところで到底判断できることではなかった」と語ったことを取り上げて、「それゆえにこそ秋山中佐は初めて苦しい時の神頼みということを知り、生まれてはじめて信仰というものの大切さを実感した」と断じている。

すなわち、秋山が後年大本教《おおもときょう》に救いを求めて、信仰の道に入ったのは、そのゆえであろうと推測したのである。

このように、水野は秋山真之の心の内面にまで立ち入って考察し、通りいっぺんな軍国美談として戦争の本質を糊塗《こと》するような過ちはおかさなかったのである。だから水野は、秋山が大正七年（一九一八）に五十一歳で死去したとき、その辞世の句「不生不滅　明けて烏《カラス》の三羽かな」に深い感銘を受け、自分もそれにつづけて、

やしろにも宮にもあらず草むらの
　石の下にも神はねむれり

という一首を詠み、この先輩の墓前に手向けたのであった。

水野広徳が帝国海軍の軍人の中で、当時最も高く評価していたのは秋山真之であったが、その評価は決してお座なりなものではなく、真之の長所短所をわきまえた上での客観的なものであった。そのことは彼が昭和十四年に書いた日記を読むとよくわかり、その十一月十五日の条に水野が秋山兄弟の真之と好古とを比較論評した箇所があり、つぎのように記述している。

「余ハ先キニ兄好古大将ノ伝記ヲ編纂シ今又弟真之中将ノ伝ヲ改編シ、兄弟ノ人物ニ就キ多少

観ル所アリ。兄ハ茫漠《ボウバク》タル裡ニ要領ヲ失ハズ、弟ハ磊落《ライラク》ナルガ如クニシテ過敏ナリ。兄ハ将ニ将タルノ大器ヲ有スルモ弟ハ何処マデモ帷幄《イアク》ノ謀将タリ。兄ハ広ク社会ヲ見ルノ明アルモ、弟ハ無思想ナル一介ノ武弁ヲ出デズ。但シ軍界ノ傑物タルヲ失ハズ。今回仔細ニ秋山真之ヲ研究シテ彼ニ対スル認識ヲ新タニス。彼ノ文章ニ至リテハ雄渾簡潔独特ノ風格ヲ有ス」

すなわち、兄の秋山好古には軍政家としての高い評価を与えたが、真之には軍略家としての高い評価は惜しまなかったものの、軍政家としては兄の足下にも及ばないと論評しているのである。

後述するように、水野はよく時流を見抜いて時局を誤たず、帝国海軍の行く末に警告を発しつづけたが、その水野から見て海軍の先輩秋山真之は、時局の流れを的確に読み取ることのできない軍政音痴と写ったようであった。だが、かといって、真之が軍略家として類《たぐ》いまれなる天才児であり、文章家として他の追従を許さぬ鬼才と評価したことにかわりはない。

そこでこれから、その水野が日本海軍の軍略家・文章家として高い評価を与えた秋山真之と、その兄で日本陸軍の騎兵隊を育成して、奉天会戦で日本陸軍を勝利に導いた軍政家としての秋山好古とが、それぞれの晩年を、どのように過ごしたかを描写してみようと思う。

軍略家秋山真之の将官としての晩年

連合艦隊先任参謀秋山真之中佐が心血を注いでロシアバルチック艦隊撃滅の秘策を立案し、

日本海軍を完全勝利に導いたことはあまりにも有名である。

その秋山真之は日本海海戦のあと、明治三十八年十一月二十五日に連合艦隊参謀を免ぜられ、元の海軍大学校教官にもどった。明治四十一年になって三笠副長、秋津島《あきつしま》艦長をつとめたあと海軍大佐に昇進した。その後、音羽、橋立、出雲、伊吹の各艦長を歴任したあと明治四十四年第一艦隊参謀長となった。年号が大正に入った元年の一九一二年、四十五歳のとき軍令部参謀兼海軍大学校教官となったが、翌年海軍少将となり、大正三年軍務局長兼将官会議の議員に任ぜられた。

一九一四年七月、第一次世界大戦が勃発すると、日本も八月二十三日ドイツに宣戦を布告して、翌年二月二十一日、彼は軍令部出仕となったが、渡欧して戦況を視察するよう命ぜられた。命を奉じた秋山少将は朝鮮の釜山から満州を経て、シベリア鉄道経由で露都サンクト・ペテルブルグへ行き、フィンランド、スウェーデン、ノルウェーを経てイギリスへ渡り、英国艦隊司令長官ジェリコ提督に迎えられた。ジェリコはかつて英国東洋艦隊の参謀長として極東勤務の経験があり、日本海軍に知人が多かったので、この秋山少将一行は懇篤鄭重に遇された。イギリス滞在中秋山はロンドンでドーバー海峡防衛司令官ベーコン中将の特別のはからいで、ドイツ潜水艦の侵入を防ぐ防潜網を見学させてもらい、そのあとドーバー海峡を渡ってフランスに入った。だが短い滞在期間であったため、戦闘が行われている戦線視察までにはいたらず、大統領ポアンカレー、外相ブリアンと会見し、仏軍総司令部を訪問して総司令官ジョッフル元帥に会っただけで、一週間の滞在後七月下旬イタリアに入った。

イタリアは開戦当時三国同盟に属してドイツ側であったが、秋山が訪ねたときは連合軍側について、アルプス戦線でオーストリア軍と戦っていた。このイタリア滞在も一週間で切り上げ、再びイギリスに戻って、八月下旬イギリスを発ち米艦セントポール号で九月上旬アメリカのニューヨークに着いた。途中ドイツの潜水艦に攻撃されるかもしれないというので、イギリスの駆逐艦四隻が護衛してくれたが、無事到着したアメリカニューヨークの波止場には、秋山の松山中学後輩水野広徳と海軍兵学校が同期の野村吉三郎中佐が英国海軍武官らと一緒に出迎えてくれた。そこで秋山はこの野村たちに案内されて、ポーツマスの軍港を見学した。

アメリカは秋山にとって、一八九七年（明治三十年）に大尉のとき留学して以来の訪問である。ところがこのときアメリカの海軍内では、この年戦われたドイツ艦隊と英国艦隊とのジュットランド（ユトランド）沖海戦につき、勝敗をどう評価するかで論争が沸騰しており、そこへ英国視察を終えた秋山がやってきたものだから、米西戦争観戦で行を共にして以来の友人であるチャドウィック提督や戦術の大家として評判の高いニブラック提督から、この評価についての意見を求められた。だが秋山は沈黙して何とも答えなかったので、両提督をがっかりさせた。

このジュットランド沖海戦というのは、ドイツの艦隊が英国艦隊を相手に互いに砲火を浴びせかけながら戦いをしていたのを、互角で決着をつけぬままドイツ艦隊が夜陰に乗じて引き揚げたので、その勝敗が分からぬままに終わった海戦である。一般にはドイツの艦隊が丁字戦法を用いて勝ったことになっているが、異論があり、それが問題となっていたのである。

このとき秋山がなぜ両提督の質問に答えなかったのかはわからぬ。後述するように、恐らく彼は、もはや艦隊決戦は時代遅れで論ずるに足りぬと思っていたからではなかろうか。それでも彼は、アメリカの視察を終えて十月三十一日に日本へ帰国すると、補職である第二水雷戦隊司令官に着任するまで約一か月間各地で講演して、日本海海戦で日本軍が大勝利したのは、連合艦隊の六・六主力艦隊による丁字戦法と乙字戦法で艦隊決戦の主導権をわが軍が握り、それに付随する駆逐艦と水雷艇との追撃が、この勝利を確定したと力説している。

しかしこれは国民の戦意を高揚させるためで、本音《ほんね》をいえば、もはや艦隊決戦は過去のものとなりつつあることをこのたびの欧米視察によって本能的に感じとったのではあるまいか……。そのことはこのあと彼が、実業之日本社の求めに応じて出版した『軍談』の中で、大要次のような見解を披瀝していることで推定できる。すなわち、彼はこれからの戦争で勝敗を決するものは、戦争に投入される軍事力だけではなく、国家が持てる総力すなわち人口・資源・財力・社会資本・工業力・技術力であって、国防の時務は決して軍人だけの専業ではない。いかに軍人が巧みな戦略を立てて戦っても、それを支える国民の愛国心がなければ敵に勝つことはできない。しかるに第一次世界大戦後の日本は、大正デモクラシーの波に翻弄されて利己主義が蔓延し、国民が身勝手な行動ばかりとって国のためを思わなくなっている。そして軍人もまた明治の先人たちが孜々《しし》として築き上げ、血を流して戦い取った遺産にしがみついて、これを向上させ、より強靭なものにする気概がない。

これでは国の行く末が案じられる。まさに国家存亡の危機であると、彼はこう論じて国民の覚醒を促したのであった。

晩年、秋山は大本教に入信した。

入信の動機は海軍の先輩で海兵第十五期の浅野正恭《まさやす》の勧誘である。正恭は当時海軍中将で、呉海軍工廠の砲熕《ほうこう》部長であったが、この正恭の弟が海軍機関学校普通科の教官浅野和三郎であった。

和三郎は一高から東京帝大に入り、英文学を専攻した秀才だが、どういうわけか大本教の教義に感動して入信し、教祖出口《でぐち》ナオの教えを海軍部内にひろめていた。正恭は弟の和三郎に勧説されて入信したが、秋山真之は海兵で二期先輩であった正恭からこの和三郎を紹介され、彼に理想的な人物像を見出した。そして彼の勧める大本教にのめり込んだのである。

大本教信者としての秋山の信仰態度は威儀正しく立派であったから、周囲の信者たちから尊敬され、称賛された。ところが大正六年（一九一七）五月、彼は身体の不調を訴えて医師の診察を受けた。医師は盲腸炎と診断した。手術をするよう勧められたが、彼はこれを拒んだ。大本教の信仰で治すというのである。

こうして秋山は病床に臥す身となったが、十二月一日、海軍は彼を特別のはからいで海軍中将に昇進させ、同日付をもって待命とした。海軍当局は彼の死を予感していたのである。

彼はこの病気を信仰の力で治してみせるといったが、盲腸炎が信仰で治るはずがなく、病は膏肓《こうこう》に入った。勧められて彼は年末から小田原にある山下汽船社長山下亀三郎の別邸に入って療養につとめることとなった。山下亀三郎は秋山とは同郷の愛媛県北宇和郡吉田出身の立志伝中の実業家である。

年が明けた大正七年、秋山真之は元老山県有朋を近くの古稀庵に訪ね、衰弱した体力をふりしぼって海軍と国防の将来につき、自分の抱いている不安を訴えた。

一月末、秋山の容態が悪化し、盲腸炎が腹膜炎に転化して危篤状態となった。急を聞いて駆けつけてきたのは海兵同期の海軍中将森山慶三郎と松山中学の後輩であった陸軍少将白川義則たちであった。その夜、秋山はどす黒い血を吐いたが、翌日の二月四日午前三時過ぎ、邸内で休んでいた森山、白川両人を病室に呼び入れてもらってこういった。

「あしは十五歳で松山を出て、坂の上の白い雲を見つめながら力の限り苦難の坂道を登りつめた。今こうして登りつめた峠の上に立って見ると、その先にはさらに厳しい断崖絶壁が行く手を阻んでいるように思える。どうか貴官たちはこの国の前途を間違った方向に進まぬよう、あしに代わってうまく舵を取ってもらいたい。これがあしの最後の頼みじゃや。……それから森山君に言うておくが、これからの海軍は飛行機と潜水艦の時代じゃや。この研究開発に全力を傾注しなければならぬ。くれぐれも新興の発展途上にあるアメリカと事を構えてはならん。さもないと、日本は大変なことになるぜよ」

そのあと秋山は苦痛をこらえて微笑《ほほえ》みを浮かべ、「お世話になりました。これからは独りで行きますから」と呟いた。

時に大正七年（一九一八）二月四日、享年五十一歳であった。

不生不滅《ふしょうふめつ》　明けて鴉《からす》の三羽かな

これは、亡き俳人正岡子規の友人らしく、彼が最期に詠んだ辞世の句である。

教育家としての退役将軍秋山好古

明治の中期、国運上昇期の日本で、一朵《いちだ》の白い雲を見つめながら奮励努力した伊予松山出身の軍人兄弟のうち、弟の真之は軍人のままその生涯を終えたが、兄の好古は陸軍大将に登りつめたあと、陸相・参謀総長と並ぶ教育総監に親補され、軍政家としての任務を全うしたあと、元帥となる直前の大正十二年（一九二三）三月十七日、待命となり、三月三十一日に予備役となった。数え六十五歳の勇退である。

秋山好古は明治三十五年（一九〇二）四十四歳で陸軍少将となり、騎兵第一旅団長、騎兵監に任ぜられたとき日露戦争に遭遇し、この戦いで彼は自ら育成した騎兵軍団をもって世界無敵といわれたロシアのコサック騎兵団を撃ち破って、日本陸軍を勝利に導いた。

その後彼は明治四十二年（一九〇九）五十一歳で中将に昇進して第十三師団長、近衛師団長、朝鮮駐劄《ちゅうさつ》軍司令官等を歴任し、大正五年（一九一六）陸軍大将にのぼりつめた。

こうして功成り名を遂げた好古は、陸軍を退職して翌年の四月、故郷の松山市にある私立北《ほく》予《よ》中学の校長に招聘されると、これを受諾して松山に帰ったが、「陸軍大将にまでなったあの人が……」と世間は驚いた。すると彼は平然として、こう述べた。

「人間、恩給を貰って何もしないでのんびり暮らすなどけしからぬことである。自労自活《じろうじかつ》は天の道。卑しむべきは無為徒食《むいとしょく》にて、自分はなんでも望まれることをして働く。それが国への御恩報じであり、御奉公である」

だから彼はかつて軍事参議官や陸軍大将の栄職にあったことなど曖気《おくび》にも出さず、不自由になった足を引きずりながら、郷党の育英に献身したのであった。そして校長を退職するまで六年三か月間、一日も休むことなく、昭和五年（一九三〇）四月九日に退職したこの年十一月四日、享年七十二歳で他界している。

北予中学在職中、彼はよく生徒たちにデンマークの教育実践のことを話し、子供たちを励ました。いわく、「どんな資源のない貧しい国でも、国民が力を合わせて努力すれば、決して憂えることはないのだ」と。

好古は日露戦争で赫々たる武勲を立てたにもかかわらず、その軍功を少しも誇ることなく、人からそのことを問われると不機嫌な顔をしたという。つまり彼は偏狭な軍国主義者や大アジアを標榜する大国主義の信奉者ではなく、高橋是清や加藤友三郎などと同じく小国主義をもって国是としたということだ。日露戦争のあと、たいていの軍人は自分の軍功を誇り、世間へ向けて「これからの日本は軍事力を増強し、海外へ進出して国益を増進せよ」と説いたが、彼の口癖は「戦いは平和のためにするのであって、侵略のためではない」であった。

郷里に帰ってからの好古は県内外の神社にある表忠碑に多くの揮毫をのこしているが、これは日清・日露の戦役で、自分の部下の半数以上が戦死したことを悼《いた》む痛恨の情から出たことで、決して自分の軍功を誇ったり国民の戦意を高揚させんがための意図からではなかった。右に述べたように、国軍は外敵から国土を防衛するためにあって、そのために身命を捧げた将兵には国民たるもの、片時も感謝の念を忘れてはならないという後世への教訓のためであった。

このことは、『伊予史談』第百十五号（昭和十八年九月発行）に掲載された景浦稚桃《ちとう》（直孝《なおたか》）の「教育家としての秋山好古大将」という寄稿によっても、その一端をうかがうことができる。

大将は高等普通教育を重視した。彼が退役後私立北予中学に奉職したのは、そのためである。いわく「我国の陸海軍が今日の盛名を博したのは、下級の普通教育に重きを置いたからである。国民の八割はこの普通教育で終わるものであるから、この八割の人々に最も適切な教育を施すことが国家の大急務である。中等教育は高等普通教育であるが、これは国民の中堅たるべき人物の教育で、この教育を受ける者は国民の一割五分の割合と見るべきであり、高等教育は国民の五分位が受けている。論者の中には、我国の教育で最も主要な割合を占める普通教育（普通教育と高等普通教育）を軽視して、わずか五分を占めるに過ぎない高等教育のみに力を傾注しようとする者があるが、もとよりこれは誤りである」

したがって秋山大将は、普通教育なかんずく高等普通教育を重要視し、英国のイートン、ハローの如き私学を称揚して、我国の私立学校に非常なる憧憬《しょうけい》を抱いていたのである。高等普通教育を受けた彼らが、直接普通教育を受けた国民の指導者となるのであるから、常に彼らに対して独立・自治・自労・自活・質実剛健といった徳目《とくもく》を教育することを大将は力説したのである。更に大将が最も心をこめて生徒に教育したことは、

一、国難の極所に立ちて勇往邁進せよ。

二、如何に学問しても、国家社会の実益に資せざればその甲斐がない。我々が学問するのも、修養を積むのも、皆君国のため社会のためにするのでなければならない。

三、国家の振興は国民の中堅たるべき中学生の力に俟つことが多い。中学生の責任は重《じゅう》且《か》つ大《だい》である。

四、日本国民は世界の模範国民とならねばならぬ。理想は悠久遠大でなければならぬが、空想におちいってはならぬ。すべからく実践躬行せよ。

ということであった。だから大将は、右に付言して生徒たちにこうも言った。「私は已《すで》に老いたり。諸子は春秋に富む。国家の前途は誠に多難なり。もし一朝事あらばこの秋山の屍を超えて邁進せよ」と。

また大将は校長としての日常も軍人にありがちな直情・独裁的な傾向は少しもなく、人の言をよく容れ、職員会議においても、決して自説に固執せず、よく衆議を容れた。そして、一度生徒に注意を促したことは、校長として再び繰り返すことは避け、これを徹底せしめるのは部下職員の任務であるとした。さらにまた大将は、野球その他の対外競技に向かう選手生徒に対しては、「勝たいでよい。正々堂々と戦ってこい」というのが常であった。職員の中にはこれにあきたらず、不満に思う者もあったが、大将はこの方針を変えることはなく、現在この学校にある校長自筆の葉書にも、「徳山遠征の優勝を祝す。前途なお遼遠、勝って驕らず、負けて屈せず、自愛奮励、今後の大成功を祈る」と書いたものが残っている。

このように校長としての秋山好古は、三軍を叱咤《しった》睥睨《へいげい》するの偉容を持ちながらも、生徒に対しては常に慈顔温容をもって接し、在職中一度も叱責の怒鳴り声を発したことはなかったという。したがって北予中学校の生徒は心から彼に敬服し、これを仰げばいよいよその威光に打たれたのであった。しかも、彼の六年三か月間に及ぶ松山在住には、自分の妻子を呼ばず独り身で通したというから、その郷党の育英に注ぐ情熱がいかに大きかったがわかる。すなわちこの秋山好古こそは、伊予松山の生んだ稀有の大人物であって、彼のこの生き方を昭和の軍人たちがよく学んでおれば、あのような軍人跋扈《ばっこ》の悪弊は生じなかったものをと、残念に思えてならない。

世界を明るく照らす偉大なる蠟燭

戦前の日本海軍に「帝国海軍の三祖」という言葉があった。

近代日本海軍の創始者は勝海舟だといわれているが、これを近代的組織に構築したのは山本権兵衛（一八五二～一九三三）で、その帝国海軍をもって、大国ロシア帝国の太平洋艦隊を壊滅させたのが東郷平八郎（一八四七～一九三四）である。

東郷平八郎が対馬海峡で北欧のバルト海から東航して来たバルチック艦隊を壊滅させたのは作戦参謀秋山中佐の進言した丁字戦法によってであったが、その進言を東郷に取次いだのは連合艦隊参謀長加藤友三郎であった。そしてこの加藤が大正四年八月から大正十二年五月まで五代にわたる歴代内閣の海軍大臣となり、卓絶せる軍政家として箍《たが》のゆるんだ海軍部内を統制し、世界的な軍縮の要請にこたえてワシントン会議に臨み、国際平和に貢献した。以下はその加藤氏の輝かしい足跡をたどるものである。

加藤友三郎は日本海軍の三祖（山本権兵衛、東郷平八郎、加藤友三郎）の一人と称されているが、これには海軍兵学校で彼の後輩であった水野広徳だとて異論はない。加藤は明治十三年の卒業で、水野は明治三十一年の卒業である。

加藤友三郎は文久元年（一八六一）二月二十二日、広島藩士で儒学者であった加藤七郎兵衛の三男として生まれた、六人兄姉の末っ子である。上京して海軍兵学校に入学したのは十二歳のときだが、当時はまだ日本海軍の草創期で、兵学校は東京の築地にあり兵学寮と呼ばれていた。卒業の席次は二番で、海軍少尉に任官したのは明治十六年である。

父は広島藩士といっても十三石三人扶持の下級武士で、母も同じような広島藩士山田愛蔵の次女竹であった。友三郎は頭は良かったが我が儘に育ち「ひいかちの友公《ともこう》」とあだなされた。「ひいかち」というのは「かんしゃく持ち」という意味である。だが、海軍に入ると理性で癇《かん》癪《しやく》を押えて自制するようになり、激情が冷淡と変わり、寡黙で無趣味な人間と評されるようになった。

海軍少尉に任官した彼は明治十九年に海軍兵学校砲術心得となり、選ばれて海軍大学校に入学。明治二十二年、第一期の卒業生となった。卒業後一等巡洋艦浅間に乗組み、そのあと二等巡洋艦高千穂の砲術長、横須賀鎮守府海兵団分隊長などをつとめ、造兵監督官となって明治二十四年から二十七年にかけて英国へ出張した。

明治二十七年（一八九四）六月、日清戦争が始まると、同年七月十九日、連合艦隊が編成されて司令長官に伊東祐亨中将が任ぜられ、加藤も帰国して巡洋艦吉野の砲術長として出征し、豊島沖海戦、黄海海戦、威海衛《いかいえい》攻撃などで奮戦し、数々の武勲をあげた。そのあと凱旋して海軍省軍務局第一課に勤務し、明治二十九年海軍大学校砲術教官を兼任した。爾来、戦艦八島副長、筑紫艦長、軍務局軍事課長、常備艦隊参謀長などを歴任したあと、日露の関係が風雲急を告げ、明治三十六年（一九〇三）十二月に連合艦隊が編成されると、海軍大佐の彼は司令長官東郷平八郎中将の下で第二艦隊の参謀長として旗艦出雲（一等巡洋艦）に乗り組んだ。第二艦隊の司令長官は上村《かみむら》彦之丞中将である。ちなみに第一艦隊兼連合艦隊司令長官は東郷平八郎中将で、その参謀長は加藤と海軍兵学校が同期で、卒業席次が加藤を凌いで一番であった島村速雄大佐である。

明治三十七年八月、加藤が参謀長をつとめた第二艦隊は蔚山《ウルサン》沖海戦でウラジオ艦隊を撃破し、その直後の九月、彼は海軍少将に昇進した。

帝国海軍近代化の創始者である海相の山本は、その卓絶せる軍政家としての見地から連合艦隊司令長官東郷中将に、それまでの連合艦隊第一艦隊の業績が予想外に不振であったことにかんがみ、その責任をとらせて作戦指導にあたる幕僚たちの人事刷新を指令した。これによって加藤友三郎少将はそれまでの第一艦隊参謀長島村少将に代わり、明治三十八年一月、彼が司令長官東郷平八郎大将の下でこれをつとめ、旗艦三笠に乗艦して来た。異動した島村少将は第二艦隊第二戦隊の司令官となった。この第二艦隊の司令長官上村《かみむら》彦之丞中将が麾下に入った第二戦隊司令官島村速雄少将を指揮して五月の日本海海戦でロシアのバルチック艦隊を乙字戦法で破り、島村に代わった第一艦隊参謀長兼連合艦隊参謀長加藤友三郎が麾下の参謀・秋山真之中佐の進言した丁字戦法を司令長官に取り次いで、いわゆる東郷ターンを行い、バルチック艦隊を壊滅したのである。

すなわち戦術家の秋山真之がいかにすぐれたアイデアの持主であっても、この首席参謀秋山中佐の考案した戦術を参謀長として司令長官である東郷に取り次ぐ軍政家としての見識が加藤友三郎になければ、この日本海海戦の成果は得られなかったのである。その意味で、加藤の功績は不滅である。

このように、加藤は軍政家として類《たぐ》いまれなる見識の持主であったから、同じく優れた見識の持主である海相山本権兵衛の注目するところとなり、山本は彼を軍務局長に任じた。すると加藤はその山本の期待にこたえて、すぐさま頭角をあらわし、明治三十九年一月海軍次官となり、明治四十二年十二月までその要職にあって山本権兵衛の後任となった斎藤実海軍大臣を補佐して日露戦争後の海軍拡張計画を推進した。その間の明治四十一年八月に、彼は海軍中将に進級しているが、明治四十二年十二月に海軍次官を辞すると、呉《くれ》海軍鎮守府司令長官を拝命した。そして大正二年（一九一三）に第一艦隊司令長官に任ぜられて間もなく、翌年の大正三年（一九一四）に第一次世界大戦が勃発して日本が参戦すると、第一艦隊を率いて黄海方面に出動し、ドイツ艦隊の探索制御にあたるとともに日本陸軍の青島《チンタオ》攻略作戦を掩護《えんご》した。これが加藤友三郎の海軍軍人としての最後の業績で、以降の活躍は軍政家・政治家としてのそれである。

彼が軍政家としての真骨頂を発揮するのは、このあと第一次山本権兵衛内閣が退陣して、枢《すう》密《みつ》顧《こ》問《もん》官《かん》清《きよ》浦《うら》奎《けい》吾《ご》に組閣の大命が下ってから以降である。この清浦内閣の組閣にあたって加藤は清浦から海軍大臣として入閣するよう求められたが、彼は海軍部内の要求である海軍拡張計画の実現を入閣の条件として動かなかった。当時の日本海軍が大海軍の創設をめざし、八八艦隊を構想していたからである。ところが貴族院がこれに反対し、清浦氏はこの貴族院を政権基盤としていたので賛同が得られず、この組閣は流れた。代わって大隈重信の第二次大隈内閣が成立し、海軍大臣には八代《やしろ》六郎（一八六〇～一九三〇）が就任した。八代六郎は加藤の後輩で、明治十四年（一八八一）に海軍兵学校を卒業している。

八代中将が海軍大臣となったのは、前内閣の山本権兵衛内閣が辞任に追い込まれた海軍のスキャンダル・シーメンス事件を処理して、海軍部内を粛正するためである。だから、八代はその任務を達成すると、一年が経過した大正四年八月、海相を辞任して先輩の加藤友三郎と交替した。海相となったこの年、加藤は海軍大将となっている。爾来大正十二年五月まで、寺内、原、高橋および彼自身の加藤内閣を含めて五代の内閣の海軍大臣をつとめ、卓絶せる軍政家としてよく海軍部内を統制した。これが彼の海軍三祖の一人と称される所以である。この海軍大臣在任中の大正九年九月、彼は功により男爵を授与されている。

海軍大将加藤友三郎が、海相を兼務しながら首相となって内閣を組織したのは大正十一年

（一九二二）六月十二日から大正十二年（一九二三）八月二十四日に首相在任のまま六十三歳で死去するまでの一年有余である。死因は大腸癌《だいちょうがん》、その死去によって子爵が授与され、元帥府に列せられた。

前述したように、加藤が大正三年（一九一四）三月二十四日山本内閣が総辞職して枢密顧問官清浦奎吾が後継内閣の組閣に着手したとき、海相への入閣を請われて海軍拡張計画の実現を入閣の条件としたのは、当時の日本海軍が大海軍の創設をめざして八八艦隊を構想していたところ、貴族院がこれに反対して予算案を否決し、加えてこのとき発覚した海軍首脳部の大規模な汚職事件（一九一四年に暴露されたドイツのシーメンス兵器会社と日本海軍要路との贈収賄事件でシーメンス事件といわれる）を理由に、山本内閣が総辞職に追い込まれ、国民の海軍への風当たりが強かったからである。

この海軍大拡張計画は、日本が日露戦争に勝利し、世界五大列強の仲間入りをしたため日露戦争当時の六六艦隊を二万トン級戦艦八隻、一万八千トン級装甲巡洋艦八隻を基幹とする八八艦隊とするもので、これには莫大な予算を必要とした。そこで海軍当局はこれを否決した貴族院を後盾とする清浦奎吾の組閣を阻止するため、このような対抗手段をとり、当時はまだ世界的な軍縮の気運は盛上がっていなかったので、加藤友三郎もこれに賛同していたわけである。

そのため清浦の超然内閣構想は潰れて、第二次大隈内閣の誕生となったわけだが、その直後の一九一四年八月に世界大戦が起こり、日本海軍も太平洋でドイツ海軍を破って活躍し、地中海まで進出したから国民の海軍に対する反感は和らぎ、大正九年（一九二〇）八月十七日海軍八八艦隊の建造予算が成立したのであった。大正四年八月から大隈内閣の海相となっていた加藤友三郎が、この間、シーメンス事件によって傷ついた海軍の汚名を晴らすために獅子奮迅の活躍をしたことはいうまでもない。

こうして海軍部内の綱紀粛正と統制および海軍の増強に寄与した加藤海相であったが、他面では軍政改革に乗り出し、新戦術に備えて海軍航空隊を創設し、潜水艦の機能を高めるなどの努力も怠らなかった。

加藤は第一次世界大戦が始まって欧州の戦場への観戦武官を度々派遣し、その報告書を読み、戦局の推移を考察するに及んで、国防は軍事力のみにあらずとの見解を悟得し、国際協調の大切さを痛感するようになった。そして、これまでのような狭量な国粋主義的海軍国家の建設をめざして英米両国と無制限な建艦競争をしておれば、国は財政的に破綻し、国力は減殺されてしまうとの見解に達した。

そこで彼は、もっと広い視野に立って国際関係を処理して行かなければ、この国は立ち行かないと、自ら国際舞台に立つことを決意し、大正十年から翌十一年にかけてのワシントン会議に日本の全権委員として列席した。そして海軍軍縮条約、九か国条約、四国条約などの諸条約を率先締結し、欧米諸国との協調をはかった。

大正十年（一九二一）十一月十二日、海軍の軍縮と極東アジアの諸問題を協議するため、ワシントン会議に臨んだ海相加藤友三郎は海軍の主力艦と航空母艦の総トン数を削減して、保有する欧米諸国との比率を、米五、英五に対して日本は三、独伊両国は各一・七とするアメリカの提案を受け入れ、あくまでも対英米七割を主張する首席随員加藤寛治中将らの反対意見を押さえた。

これに関連して、従来の日英同盟は破棄されたが、会議の外では米英の仲介で、中国との直接交渉を行い、ここでも日本は中国に青島の租借地を返還し、膠済鉄道と鉱山の利権を手放した。これらは第一次世界大戦のあとのパリ講和会議で、日本がドイツから受け継いだ権益である。またこのとき、九か国条約が締結され、日米間の石井・ランシング協定を廃棄されて新たな国際協調の体制づくりが出来上がった。

このあと加藤は大正十一年六月の高橋内閣退陣のあとを受けて後継内閣を組織したが、海軍大臣の地位は手放すことなく、ワシントン会議で約束した海軍の軍縮を実行し、寺内内閣が行ったシベリア出兵からの撤兵も実行に移して、第一次世界大戦の後始末をつけた。

激務のため晩年は病気がちであったが、大正十二年八月二十四日、現職首相のまま他界し、元帥府に列せられて東京の青山墓地に葬られた。享年六十三歳。身体が細身であったから、ワシントン会議では各国の記者からロウソクと揶揄されたが、戦争回避への軍縮を断行したことから、「世界を明るく照らす偉大なる蠟燭《ロウソク》」と称えられたのであった。

『此一戦』の著者水野広徳の思想的転機

『此一戦』を書き、旅順海戦私記である『戦影』をものし、さらに大正三年（一九一四）になって日米戦争仮想記ともいうべき『次の一戦』を匿名で発表して物議をかもした海軍中佐水野広徳が、これまでの熱烈な軍国主義的帝国主義の信奉者から人道主義的平和主義者となったのは、彼が第一次世界大戦の軍事情勢を視察するため、大正五年（一九一六）から大正八年にかけて二度の外遊をしたからである。とりわけ彼の心に思想的な大転換を与えたのは、彼が大正七年に海軍大佐に進級して大正八年二月から始めた第二回目の外遊のときの見聞である。彼はこの見聞を外遊から帰国したあと、大正十二年（一九二三）に『中央公論』一月号へ「暴力黙認と国家否認」と題する論文にまとめて掲載したが、これが直接の動機となった。

前述したように大正三年（一九一四）ヨーロッパで第一次世界大戦が始まると、翌年の八月、海軍大臣となった加藤友三郎大将は、麾下の幕僚たちに見聞を広げるための外遊を奨励した。そこで軍令部出仕の水野中佐も、これに刺激されて二度にわたる外遊をした。

一回目は大正五年（一九一六）四十一歳のときで、戦争はすでに三年目に入っていたが、その戦時下のヨーロッパを見学するのが目的であった。費用は『此一戦』の印税が約三千円ほど残っていたのでこれを使用した。上司には軍事研究と軍事情勢視察のための欧米各国への二か年の私費留学と願い出た。

七月末に横浜港から出発した彼は九月にロンドンへ到着し、ドイツ軍による英国本土への空爆のさまを目撃して、日本のような木造家屋だったら東京全市が灰燼に帰するのではないかと危惧した。

翌年八月帰国した水野は軍令部出仕の軍事調査会勤務となったが、このときの外遊見聞を新聞や雑誌に書くようになり、大正七年大佐に進級した彼は十一月の大戦終結を機に、再び外遊を決意し、翌大正八年二月、上司に私費留学を願い出た。経費は知人からの援助である。三月に許可が下りたのですぐさまフランスへ向けて出発しようとしたところ、その直前に私淑する同郷の先輩秋山真之中将死去の報に接し『中央公論』二月号に「噫、秋山海軍中将」という弔文を寄稿した。

そのためややおくれたが、横浜からフランスのパリに着いた水野は当時パリで開催されていたヴェルサイユ講和会議の日本委員随従武官としてパリ滞在中の野村吉三郎大佐と会った。野村は水野と海兵が同期で卒業席次が二番の秀才である。一緒に北フランスへ直行して大戦最大の激戦地であるヴェルダン要塞を見学した。ここで屍の山を築きながら肉弾攻撃を繰り返した悲惨なドイツ軍将兵と、その弾雨の下で陣地を死守して生き埋めとなったフランス軍将兵の惨状を見聞した。ついでドイツへ行き、敗戦直後のベルリンをおとずれて、飢餓にあえぐベルリン市民の惨状を目撃して強い衝撃を受けた。実はこれが水野に思想的な転換をもたらす直接の動機となったのである。

すなわち、戦争は勝っても負けても国民を塗炭の苦しみにおとしいれ、二度と立ち上がることのできない犠牲を強いるものであることを確信させ、そうした国の人民は国家の求めに応じて戦場へ出て戦い、あるいは敵軍に侵略されて命を取られ財産を失ない貧苦のどん底におとし入れられたのにもかかわらず、国家はこれらの犠牲者を一向に救済しようとはしない。国家は富者に租税を課してでもかれらを救済しなければならないのにそれをしないのは理不尽ではないか……と、そんな疑念が彼の脳裏に兆したのであった。彼はいう。

「国家は至善・至美・至真の最高の道徳なりと説くドイツ哲学を、無条件かつ無批判に信じていた僕の国家観はここにおいて揺らいだ。弱い国民からそのかけがえのない生命さえも奪いながら、強い国民からはその有り余れる富すらもそのままにして、それを弱者への救済に向けることのできぬ国家……それが最高の道徳と言い得るであろうか……これまで僕の心膜に理想として映し出されていた荘厳にして神聖なる国家のフィルムは、このとき忽焉《こつえん》として暗雲の掩うところとなったのである」

そして彼のこの考えは、帰国後の大正十二年（一九二三）に『中央公論』一月号に執筆した「暴力黙認と国家否認」と題する論文となって実を結ぶ。

「国家の権力に服従するは国民の義務であると等しく、国民の権利自由を保護擁護するは国家の義務である。国家と国民との関係は、道徳的精神的な結合にあらずして徹頭徹尾権利と義務との相互対象である。国家が国民に対する義務を尽さざれば、国民もまた国家に対する義務を守るの必要はないのである」

この考えは、当時日本の知識階級のあいだに蔓延していた学説である民本主義すなわち国民主権の所在にはふれずして、ただ主権の行使を国民の福祉におくべきだと主張する民本主義の主張をはるかに凌駕する急進的な所見であった。そして水野はドイツの敗北を、「ドイツの強大で精鋭な軍備とそれに巣食うカイザー以下軍閥の侵略的軍国主義に対する世界の総反攻のしからしむるところである」と分析した。春秋《しゅんじゅう》の筆法をもってすれば、「ドイツを破滅させたのはドイツの強大な軍備である」というのである。彼はいう。

「人類の明日が平和であるためには、軍備第一の軍国主義の殻を脱ぎ捨て、翻然軍備を撤廃して平和に徹しなければならぬ」

彼は大正八年八月三十一日、ドイツ滞在中のベルリンで、在住日本人の天長節奉祝会で、大要次のようなスピーチを行った。

「ヴェルサイユ講和条約調印の朱印未だ乾かざるうち、早くも第二のドイツとして世界猜疑の中心に立たされているわが大日本帝国としては、極力戦争を避けるの方途を考えねばならぬと小生は信ずるのであります。これがため、わが大日本帝国は列国に率先して軍備の撤廃を世界に向けて提唱すべきであります。これがわが大日本帝国生存のための最も安全な政策であることを小生は信ずるものであります」

すなわち、これが水野の、日本国民に向けた、彼の思想転換後の第一声だったのである。

こうして、思想的な大転換をなしとげた水野広徳大佐は、大正九年五月に日本へ帰国すると、臆することなく、海軍大臣加藤大将のところへ挨拶に出向いた。

「軍令部出仕水野広徳大佐、只今一年有余にわたる海外視察を終えて、ドイツより帰国して参りました」

すると加藤は噂によりこの水野の言行を耳にしていたので、何食わぬ顔で彼に質問した。

「そうか水野、このたびの外遊で貴様《きさま》は何か得るところはあったか」

すると水野は一瞬ひるんだが、胸を張り、不動の姿勢で答えた。

「はい、このたびの外遊、小生にとりましては思いのほか、大きな収穫がありました」

「ほう、その収穫とは何か？」

「このたびの四年間にわたる欧州の戦いで、その戦禍が思いのほか大きいことがわかりました。その悲惨さは目《め》を覆うばかりであります。されば各国はつとめて非戦の誓いを立て戦いを回避するよう尽力すべきだと存じます。すなわち日本の如き貧乏国にして、しかもアジアに孤立せる国家は、如何にして戦争に勝つべきかということよりも、如何にして戦争を回避すべきかを考えることこそ、軍備の充実に勝る喫緊《きっきん》の課題であることを会得して参りました」

海相加藤は黙ってこれを聞いていたが、最後に「ふん、そうか」と頷き、別に反論することはなかったという。これは加藤の軍政家としての見解と同じだったからである。ちがうところは、水野が軍備撤廃を主張するのに対し、彼は抑止力のため軍備は必要だが、戦争は外交手段によって回避すべきだと考えていることである。


大正五年と大正八年の両度にわたる外遊から帰国した水野は、その後もあいかわらず軍令部出仕の無任所大佐として過ごしていたが、大正十年正月に新聞各社からの依頼で三点ばかりの原稿を書いた。ところがその一つに「軍人心理」という内容の原稿があった。これは軍隊の民主化と軍人の参政権付与について論じたものだったので、当然のことながら海軍省内で物議を醸《かも》し、彼は謹慎処分を受けた。

水野の謹慎処分はこれが二度目である。大正三年に金尾文淵堂から出版した『次の一戦』で処分を受けていたからである。そこで彼は、もうこれで自分には海軍内で身を置くべき場所はなくなるであろうと、現役引退を決意した。すると、そうした水野の意向を察したのか、海兵同期の親友野村吉三郎がやって来て、「加藤閣下がお前に出る気があるなら、そのように計ってやるがどうかと申されておる。貴公のように優秀な人材は貴重で、今後も帝国海軍のためにその才能を役立てて欲しいと申されておる。一緒にやろうではないか」と勧めたが、水野の決意は変らなかった。

「小生が自分の良心に反して海軍に残ることは、自分の不愉快というより、国家に対して忠実でないということになる。小生は海軍の飯《めし》を食っているのではなく、国家の飯をいただいて生きているとの信念をもっているから、これからは国の未来のため、国家と国民に益するような仕事をして余生を過ごしたい」

これが水野が退役軍人として社会へ足を踏み出すにあたって発した第一声である。

こうして軍服を脱いだ水野は、以降平和のための論陣を張り、昭和十年代の央《なかば》、急速に高まってきた日米開戦論に極力反対し、米国と戦うことは国家を滅ぼすことになると警告を発して、これを弾圧しようとする官憲の権力には毫も屈しなかった。だが当時の国民は軍国主義に毒されて世界情勢にも盲目であったから、水野の主張に耳を傾ける者はほとんど居なくなって水野が開く演説会場には右翼が暴れ込んで身の危険を感じるほどであった。朝日・毎日などの新聞の論調も水野のことを「左翼の中心人物だ」とか「非国民だ」とか書き立てて、彼を言論界から排除しようとした。

しかし水野の主張が決してそれほど過激で、反国家主義であったわけではない。彼はいう。

「日本は今世界の四面楚歌裡にある。いずれの国と戦端を開くとも、結局全世界を相手の戦争にまで発展せずにはおさまらないと信ずる。日本の陸海軍が如何に精鋭といえども、日本の軍部の鼻息が如何に荒くとも、全世界相手の戦争の帰結するところが何であるかは想像に難くない。僕が平和を唱うる真意も其処《そこ》にある。世に平和主義をもって意気地無しだの腰抜けだのと罵る者がある。だが戦争気分の茫漠として、テロの横行する今の日本において、意気地無しがなんで平和主義を唱えることができるであろうか。

日本には焦土外交を議会で公言した外務大臣がいる。某国大使の暗殺を謀ったと法廷で揚言した若い将校がいる。政府は軍部の鼻息を窺って動き、言論機関は軍部の統制下にあるとさえ言われている。好戦的ファッショの嵐は津々浦々にまで吹き荒《すさ》び、戦争鼓吹のチンドン屋は都大路を練り歩いている。岌々乎《きゅうきゅうこ》として危ない哉日本の平和！　真に日本を愛する者は、弾丸の飛ぶ瞬間まで、断固として平和の願念を断ってはならぬ。最善の防禦は攻撃に在り、万全の勝利は不戦に在る」

しかし理の通ったこの彼の理論も空しく、日本は満州事変から日中戦争へと国際的に孤立し、日独伊三国同盟によって米英両国を敵にまわして、破滅の淵に突入して行くのである。

海軍を退職してからの水野広徳は、軍事評論家として活躍し、大正十一年九月に衆議院議員尾崎行雄、島田三郎や東洋経済新報社の石橋湛山らとともに軍備縮小同志会を結成して反戦平和運動を続け、著述家としても怯むことなく『戦影』『無産階級と国防問題』などの著作を刊行した。とりわけ世の注目を集めたのは昭和七年（一九三二）に著作した『興亡の此一戦』すなわち日本と米国との未来戦争の物語で、

「敵の幾機かはついに東京の上空に進んだ。瓦斯弾と焼夷弾とは随所に投ぜられた……敵機来襲の警報ありてより僅に一時間あまりである。火災は先づ市の東と西とに起った。やがて北にも南にも、火の手は三十ヶ所、五十ヶ所に及んだ……」という迫真の描写は、昭和二十年三月九日から十日にかけてのB29約三〇〇機による東京大空襲を彷彿とさせるものであったが、政府当局によってたちまち発売を禁止された。

翌年の昭和八年八月に、極東平和友の会の創立に加わったが、これも当局によって解散させられ、昭和十二年七月七日日中戦争が始まると、言論活動は一層困難となり、昭和十五年に雑誌『海軍』に掲載した論文「戦争と政治」も発売禁止となった。

昭和十六年十二月八日に太平洋戦争が始まり、米軍による空襲が激しくなると彼は義妹が住む愛媛県越智郡津倉《つくら》村の重松家に疎開したが、やがて終戦となり、いよいよ彼の晴れの舞台が始まろうかという矢先、彼は内臓疾患で倒れた。応急手術が必要となり、今治市の病院へ緊急入院しなければならなくなったが、連絡船がなく、村人たちが櫓漕ぎ舟で運んだが急場の間に合わず、みまかった。昭和二十年一月十八日没、享年七十一歳、墓は松山市柳井町三丁目の蓮福寺にある。なお、この戦争末期、水野は応召で長男を軍隊にとられ、外地の戦場で失っている。

第一章
❖「坂の上の雲」と国運隆昌期の軍人たち

「坂の上の雲」流れる果てに

伊予松山に生を受け、青雲の志を抱いて上京し、明治という国運隆昌期の日本で、頭上に輝く一朶《いちだ》の雲を見つめながら、孜々として坂道を登った少年三人のうちの、正岡子規と東京帝国大学で机を並べたことのある英文学者夏目漱石は、俳人子規の提唱する写生句と写生文に触発されて小説『草枕』を書いたが、その後は当時澎湃《ほうはい》として起こり、一世を風靡した自然主義文学に影響されて、教職を抛ち、明治四十一年九月から新聞小説『三四郎』を書き始めた。

この『三四郎』は『虞美人草』『坑夫』につづく新聞小説の三作目であるが、同年十二月まで百四十七回にわたって朝日新聞に掲載された。

漱石はこの小説の中で、文明批評的な見解を披瀝し、熊本の第五高等学校を卒業して帝国大学に進学するため熊本から東京へ向かう三四郎と同じ汽車に乗り合わせた教師風の人物に、こんなことを語らせている。

「いくら日露戦争に勝って、一等国になっても駄目ですね。—あなたは東京が始めてなら、まだ富士山を見た事がないでせう。今に見えるから御覧なさい。あれが日本一の名物だ。あれより外に自慢するものは何もない。所が其《その》富士山は天然自然に昔からあったものだから仕方がない。我々が拵《こしら》へたものじゃない」

「然し是からは日本も段々と発展するでせう」

と三四郎が弁護すると、その男はすましたもので、「亡びるね」と云った。

そして付け加えた。

「囚《とら》はれちゃ駄目だ。いくら日本の為を思ったって贔屓《ひいき》の引倒《ひきたお》しになる許《ばかり》だ」

つまり漱石は、伊予松山で子規や秋山兄弟が仰ぎ見たような国運隆昌期の日本の頭上にはもう輝ける雲などないといっているのだ。しかもその雲の存在を信じてがむしゃらに軍備を拡張して大国ロシアに打ち勝つほどの強い国となった日本の陸海軍にしても、いつの間にか夜郎自《やろうじ》大《だい》となって目標とすべき雲を見失い、破滅の坂を下り始めているというのだ。

それでも坂の上の雲を見つめながら、日露戦争を戦った将星《しょうせい》たちの生きているうちはまだよかった。彼らは自分たちの弱さを自覚し、臆病になって、いかにしてそれを克服して強者に打ち勝つかという知恵をひねり出す工夫を忘れなかったからだ。だが、そうした老人たちが引退したり他界していなくなると、ほとんど僥倖《ぎょうこう》ともいうべき日露戦争の勝利に酔い痴れて、どうして日本が勝てたかを考えてみようとしなくなった。近代国家日本草創《そうそう》期の先人たちには、常に危機意識があり、ここから一歩踏み外せば、奈落の底に転落するかもしれぬという危惧があった。彼らに道を誤らせなかったのは、そうした弱者の用心深さだったのである。

作家司馬遼太郎は産経新聞に「坂の上の雲」を連載して、それを文藝春秋から単行本として上梓したあと、当時『文藝春秋』の編集長であった半藤一利氏とのインタビューでこんなことをいっている。

「昭和初年に日本の政界人たちに尊敬されていたイギリスの女性評論家がいて、その人が帰国するというとき、牧野伸顕《まきののぶあき》ら彼女のファンの連中が横浜のグランドホテルで送別会をした。そのときに、日本はこれからどうなるかと質問すると、彼女は〝滅びるでしょう〟と予言した。まだ満州事変も始まっていない昭和二、三年頃の話です。それで一同はシュンとなってしまった」

どうしてかと聞くと、彼女がいうには、

「軍人がよくない。とくに陸軍には国際的な感覚が少しもない。日本のみを強いと思って、ヨーロッパの軍人のように、他国と比較して検討し、自分たちの欠点を補う気持がない。これはすべての軍人にいえることだが、とりわけ日本陸軍の将官たちは、小学校で日本は日露戦争に勝った絶対の強者だと教えられ、それを疑うことなく、陸軍幼年学校、士官学校でも似たような教育を受けて、陸軍大学校を出ると国家の中枢に座り、権力を握って国際感覚を無視した外交なり政治なりをやるにちがいないからだ。しかもそうした軍人に指導されている日本国民も、旅順でのあの悲惨な戦争体験を忘れて、戦争となれば神風が吹いて最後には日本が勝つという信仰を持っているから、その思い上がりが、国際間の軋轢《あつれき》を呼び、遅かれ早かれ日本は滅亡すると思う」

と、その理由を説明した。まさに卓見である。

その日本陸軍の軍人について、司馬遼太郎はこうもいっている。

「総じて日本陸軍の将星たちは日露戦争のあと政界に進出して日本の国を夜郎自大の方向に導いた。たとえば日露戦争中、対露工作をしてロシア革命の志士たちに接近し、レーニンとも親交があり、こうした人たちから非常な好意を持たれ、特にフィンランド系の志士たちとは絶大な信頼関係にあった明石元二郎がいる。彼は当時陸軍大佐であったが、日露戦争のあと、少将に昇進して韓国統監府の憲兵隊司令官兼警務総長となり、ついで中将になり、第六師団長を経て台湾総督に任命されて陸軍大将に昇りつめた……」

と、この明石元二郎を例示して、彼の韓国在任時代の憲兵警察政治による治安対策が悪辣だったと非難し、「それまで明石が本来持っていた普遍性のモラルというものが感じられない」と結んでいる。

しかしこれは歴史認識のちがいで、明石は日露戦後も公私を混同しない清廉潔白な軍政家で、韓国側から見て多少の不満があったかもしれないが、彼が韓国併合に際して果たした役割は決して不公正であったとは思えない。

それはともかく、司馬氏はこの明石という軍人を例示して日露戦争を戦った将星《しょうせい》たちは、この戦争の前と後とで、その人間性を変質させてしまったといっているのである。これは戦勝によって生じた驕《おご》りであり、軍事力への絶対的な過信が、彼らをそうさせたからにほかならぬと、司馬氏はいうのだ。

たしかに戦後の戦史研究で明らかにされているように、日本が日露戦争に勝ったといっても、日本海海戦でこそ完全無欠な勝利であったが、満州における陸戦では、ロシアのクロパトキンは単に陣地をあけて後方に移っただけで、もしロシア皇帝が彼を罷免せず彼の作戦通りに戦いを続けさせておれば、彼はハルピンまで日本軍を北上させ、シベリア鉄道の輸送によって補充した大軍でもってこれを壊滅したにちがいない。ましてや旅順要塞での攻防戦は、近代的消耗戦の見地に立てば、日本側の敗北であった。

当時の大本営はその真相を国民に知らせなかったし、日露戦争後の陸軍士官学校でも陸軍大学校でも、これを科学的に分析して真の勝因を明らかにすることをしなかった。したがって日露戦争を戦った人たちが生きているうちはまだしも、その人たちがいなくなってからあとは、彼らとはまったく違ったタイプの軍人たちが輩出した。だからこれを見たイギリスの女性評論家が前述のごとき予言をしたのである。

それでは、連合艦隊司令長官東郷平八郎と作戦参謀秋山真之の名コンビによって日本海海戦を大勝利にみちびいた日本海軍の場合はどうか……。

これについても、日本海海戦で連合艦隊第四十艇隊第四十一号水雷艇長として従軍し、戦役後軍令部出仕となって日露海戦史の編纂を命ぜられた海軍大尉水野広徳は、日露両海軍の戦力をつぶさに比較検討して、つぎのように述べている。

「バルチック艦隊はロシア海軍自身が持つ欠陥と無謀な東洋大廻航の結果生じた弱点により自

滅したのであって、一方的に日本海軍が何から何までロシア海軍より優れていたから勝利したとはいえない。特に近代科学技術の優劣が勝敗の影響となる海軍の作戦においては、その科学力を維持するための整備と、さらに科学力を駆使する将兵の心身培養こそが物をいうのに、その準備なしに大遠征を行ったロシア海軍の無謀が大敗北を招いたのである」

すなわち日本海軍が勝利したのは、ロシア艦隊が無謀な大遠征を行って艦内に厭戦気分を蔓延させ、艦隊を津軽海峡へ迂回させせて鎮海湾で待ち伏せしている日本艦隊の裏をかく戦術がとれなかったことに主因があると述べているのである。

これは貴重な示唆であり、海軍軍令部もこの提言を考慮すべきであったが、当局は当時の勝利に浮かされていた国民世論に迎合して、この分析提言を不適切な見解として斥け、取り上げようとはしなかった。したがって自分の見解が無視されてかえりみられることのなかった水野は昇進して海軍中佐にはなっていたけれども、次第に海軍上層部に対して違和感をおぼえ、その後起こった第一次世界大戦への視察旅行での戦禍の残酷さに驚き、帰国後は軍備拡張を国是とする帝国海軍に批判の目を向けるようになった。

というのは、当時の日本海軍が第一次世界大戦後から昭和初期にかけての世界的軍縮の時代風潮にもかかわらず、旧態依然として軍備を拡張し、日本海々戦における艦隊決戦の勝利に心酔して、大艦巨砲主義ばかりを推進しようとしていたからだ。

さすがに日本海海戦で装甲巡洋艦日進に海軍少尉で乗船して重傷を負った山本五十六《いそろく》（一八八四〜一九四三）ともなると、もはや大艦巨砲をもってしては米英両国相手の戦争には役立たぬと、それまでの砲術専攻から航空分野に転進し、海軍航空本部技術部長として、先輩水野が提言したような科学技術の導入に力を入れるようになった。また日露戦争のときは連合艦隊の参謀長をつとめ、その後は海軍次官となって政界に進出し、首相となった加藤友三郎と斎藤実《まこと》とは、世界的な海軍々縮に賛同して大正十年（一九二一）のワシントン会議と昭和二年（一九二七）のジュネーブ海軍々縮会議とにそれぞれ主席全権となって出席し、つぎのような見解を披瀝した。

「国防は大事であるけれども、これは軍人の専有物ではない。国富の裏打ちがなければ戦争はできない。日露戦争のとき日本は、国家予算では調達できない巨大な戦費を欧米諸国からの外債でまかなった。しかし今英米両国と戦って、どこに外債に応じてくれる国があるというのか……そうなれば戦争は不可能である。したがって現段階では国力の涵養につとめ、外交手段で戦争を回避するしか、ほかに方法はない」

それにもかかわらず当時の日本は、日露戦争後二十年近くも経過しようというのに、日本海々戦で勝利した艦隊決戦の呪縛から脱却ができず、莫大な軍費を投じて、巨大な軍艦と大砲を建造しつつあった。

惟《おもんみ》るに、日本海々戦は二十世紀最初の大海戦であったけれども、実は水面上の戦闘つまり二次元の戦いの最後の海戦であった。したがって第一次世界大戦で登場した飛行機や潜水艦による立体的な三次元の戦いには通用しない。しかも、その新形式の戦いには、二十世紀になって進歩した科学技術が盛んに導入されて、索敵にも電波探知機が用いられ、肉眼の偵察機に頼って索敵をつづける日本海軍など時代遅れの最《さい》たるものであった。だから日露戦争における秋山軍学など新時代に即応しない過去の遺物でしかなく、これからの軍学は右のような革命的近代兵器をふまえたものでなければならなかった。

しかるに、日本海軍はそうした新しい発想と価値観に配慮することなく、旧態依然とした画一的な教育を後進に施して、世界の進運に立ちおくれた。すなわち、大日本帝国の陸軍も海軍も、日露戦争の勝利という輝ける雲を頭上に仰ぎ見たあと、その雲の流れる果てに、何があるかを考えてみようともしなかったのである。

日露戦争の勝因と果実

日露戦争で日本が勝てたのは、日本を取り巻く世界の国々を味方につけたからである。とりわけ、大英帝国と新興経済大国アメリカ合衆国の支援を得たことは勿怪《もっけ》の幸いであった。英国が日本を味方にしたのは、日英同盟の誼《よしみ》であったが、米国でルーズベルト大統領はじめ国民世論が日本に同情的であったのは、小国の日本が大国ロシアの古い帝国主義的体質に敢然と挑戦し、その侵略にあえぐ清国や朝鮮の領土を防衛するために立ち上がったと理解したからである。

そのことを強くアメリカ国民に訴えたのは、当時米国のダートマス大学を首席で卒業してエール大学で博士号をとった朝河貫一（一八七三〜一九四八）である。

彼は日本の東京専門学校を卒業して一八九五年渡米し、博士号を得たあとエール大学でアジア極東史を講じていたが、明治三十八年の著書『日露衝突』で日露戦争の原因がロシアの帝国主義的膨張政策に対する日本の自衛戦争であると説き、続いて明治四十三年（一九一〇）に実業の日本社から出した著書の『日本の禍機《かき》』では、「日本がロシアと戦ったのは満州における清国の国権を守るためであったから、清国がこの地の兵権を整備し、外国人の生命財産を保護する実力を有するにいたったとき、日本軍は満州から撤退すべし」と主張した。このことは、この五年前に米国で出版された新渡戸稲造《にとべいなぞう》の著書『武士道』によるアメリカ人の日本理解とあいまって、米国の世論を味方につけるのに役立った。

したがって、この時点では、米英両国は勿論西欧列強の支配下にある北欧諸国も、こぞって日本の戦勝を称《たた》え、日本が欧米列強の仲間入りをすることには、とりたてて異議を唱えることはなかった。

しかるに、その後の日本の歩みは、これら日本贔屓《びいき》諸国の期待を裏切るものであり、日本がロシアに代わって満州の権益を受け継いだあとは、次第にその領土的野心をあらわにし、明治四十二年（一九〇九）日本政府は閣議において韓国併合の方針を決定し、大正三年（一九一四）に第一次世界大戦が始まると、八月二十三日ドイツに宣戦を布告して、その翌年に中国に対して対華二十一か条の要求を通告した。

この日本の強硬外交は、それまで日本を大国の圧政からアジアを解放する旗手と仰いでいたアジア諸民族やイスラム世界の人々をいたく失望させ、それまで親日的であった英米両国に敵対感情を抱かせた。日本が満州において行っている行為は清国の領土保全どころではなく、その主権抑圧であり、排他的独占的な利権獲得にほかならぬと理解したからである。これは米英両国の年来の主張である門戸開放、機会均等に反し、これまでのロシアの満州支配を日本が肩代わりしたに過ぎないと把握した。だから前記朝河貫一も、日本の満蒙支配政策とこれを熱狂的に支持する日本国民の姿勢にいたく失望し、このままでは日本は早晩国際的に孤立し、世界を敵として戦わなければならなくなると、警鐘を鳴らした。この朝河貫一の論理をもってすれば、日本がロシア帝国と戦ったのは満州における清国の国権を援護するためであり、これに勝利した日本は、ロシアの勢力を満州から追放したあと、ロシアから取り戻した権益をそのまま宗主国である清国に譲渡し、日本は満州から軍隊を撤退すべきであるということである。そしてその清国とあらためて協約を結び、この地の治安と国防とを日本が行い、この満州を共存共栄の理想の楽土にせよということである。

たしかに満州は二十億円の国帑《こくど》と十万同胞の血を犠牲にして日本がロシアから防衛した尊い土地である。したがって日本人にとってこの地域は、父祖伝来の国土と同じように思えるのも無理はない。血を流して得た果実であり犠牲を払って獲得した代償だったからである。だから無条件でこれを手放すことには国民が納得しない。小村寿太郎が結んだポーツマス講和条約にしてからが、犠牲の代償があまりにも少なすぎると憤激して国民は明治三十八年九月五日、帝都で暴動を起こした。朝河貫一の主張は正当としても、とても日本国民には受け入れられない。

では、どうすればよいのか……。

日本が、この満州を清国の領土であることを認めた上で、経済投資を行い、清国と力を合わせてこの地を発展させ、豊かな経済特区をつくり、ここに共存共栄の複合民族国家を建設するということだ。

この考え方は、当時日本陸軍の石原莞爾《かんじ》という軍人が、在満諸民族の人々や日本人東亜連盟の青年たちの意見を取り入れて案出した構想だが、この構想をもってすれば、日本はこの満州を植民地として領有することなく、しかも日本国民の望むように、その果実を取得することができる。たしかにこの考え方は軍事力を行使することなく、貿易によって地域の繁栄をはかる卓絶した民族協和の理念だ。

ポーツマス条約によって日本は、ロシア軍の満州からの撤退を確約させ、長春から旅順に至る東清鉄道南満州支線と大連・旅順の租借権譲渡および沿海州沿岸の漁業権を勝ち取った。これにより日本は満州進出の地盤を確立したが、日露戦争で国力を使い尽くしていたため、その満州の利権を活用するための資金がなく、とりわけ莫大な経費を要する東清鉄道や南満州鉄道を経営する力がなかった。そこでその日本の苦境に注目したアメリカの鉄道王ハリマンは日本国政府首脳や元老たちと交渉して一億円の資金提供とひきかえに、つぎのような覚書を桂首相とのあいだで交わした。

「日本政府ノ獲得セル満州鉄道並附属財産ノ買収、該鉄道ノ復旧整備改築及進長並ニ大連ニ於ケル鉄道終端シンジケートヲ組織スルコト。両当事者ハ其取得シタル財産ニ対シ共同且均等ノ所有権ヲ有スベキモノトス」

すなわち南満州鉄道の経営を日本とアメリカが共同で行うということで、アメリカが日本の独占的満州支配を阻止し、アメリカの年来の主張である門戸開放、機会均等政策が実現できるという方策だ。ちなみにこの鉄道王ハリマンは、日露戦争で日本が戦争遂行のため外債を募集したとき積極的に協力した親日家である。だから日本政府の元老のみならず三井財閥や財界の世話役渋沢栄一もこのハリマンの提案に乗り気であった。

ところが、この覚書はポーツマス条約を締結してアメリカから日本へ帰国した外相の小村寿太郎によってすぐさま破棄された。小村は日本陸軍を指揮してロシア軍を満州から追い払った満州軍総参謀長児玉源太郎とともに帝国主義外交の推進者であったから満州を独占排他的に支配しようと考えていたのである。二人にとって日本がロシアと戦ったのは、ロシアの侵略から朝鮮を防衛することであり、ロシアの勢力を満州から排除することであったが、幾多の将士の血を流し、莫大な戦費を消費して得た果実である満州市場はどうしても外国を排除して日本が独占的に支配するものでなければならなかった。したがって南満州鉄道は満州支配の動脈であり、この動脈を日米のシンジケートに委ねることなど、とんでもないことだったのである。

こうして満州経営の動脈である南満州鉄道を独り占めにした日本政府は、この鉄道会社の総裁に台湾総督として実績を上げた児玉源太郎を任ずるつもりだったが、彼が急逝したので、その児玉の下で台湾の民政長官をつとめたことのある後藤新平を任じた。彼の台湾における植民地経営の手腕を評価したのだ。

明治四十年一月に創立された南満州鉄道株式会社は半官半民の特殊法人としてスタートした

が、後藤はこれを満州経営の大動脈として活用し、日本政府もこの満鉄を「満州及び内蒙古に於ける帝国利権の根幹原流」とみなした。すなわち、この満鉄を手段とする満州支配こそは、日本帝国主義の原点であった。だから、たちまち日本の四大財閥の一つである三井物産が進出して満州特産の大豆で巨利を博し、ついで新興の大倉財閥が本渓湖《ほんけいこ》の石炭と鉄鉱石を採掘して、その輸送に乗り出した。

だが、この南満州鉄道を手段とする満州支配は、日露の戦勝の結果、ロシアの権益を受け継いだものであって、主権国家たる清国とのあいだで締結された協約ではない。たしかにロシアは一九〇七年（明治四十年）七月三十日、日本とのあいだで日露協商条約を締結することにより、北満州と南満州における相互の勢力範囲を定め、日本の朝鮮支配を認めるかわりに、ロシアの外蒙古における特殊権益を承認させた。勿論このことは満州と外モンゴルの宗主国である清国の承認を得た上でのことであったが、それは一九二三年（大正十二年）までという期限をつけた暫定的なものであった。だから、これは、いずれは清国へ返還しなければならぬものということになる。

ところがこのあと、一九一四年（大正三年）ヨーロッパで第一次世界大戦が勃発すると、日本政府は世界列国の目がこのヨーロッパに集中していることに乗じて、清国（中華民国）にこの租借期限を九十九年間に延長するよう要求した。これは同盟国であるイギリスが清国から香港《ホンコン》を租借するときの九十九年間を真似たものだ。当時まだ有効であった日英同盟のとりきめではこの大戦で日本がイギリスを助けるために軍隊を派遣する義務はなかったが、日本は一九一四年八月一日、ドイツに宣戦布告して、ドイツが清国から租借していた山東省の青島へ出兵してドイツ軍を排除し、その権益を肩代わりした。それが日本の大隈《おおくま》内閣による対華二十一か条要求の第一号である。

当時中国では、一九一一年十月十日の武昌蜂起をきっかけに辛亥革命が進行し、翌一九一二年一月一日孫文を臨時大総統とする中華民国が誕生していた。しかしこの中華民国は民衆の期待とは裏腹に、軍閥の中心的人物である袁世凱《えんせいがい》によって政権を奪われ、袁世凱が清朝崩壊後の政治の実権を掌握していた。したがって中国の国内は軍閥と革命派の激しい対立抗争の坩堝《るつぼ》と化し、それに乗じた諸外国の外圧も加わって、危機的様相を呈していた。その間における日本政府の態度は、清朝擁護から革命派援助、軍閥袁政権支持とめまぐるしく変わり、その間隙を衝いて、対華二十一か条の要求を袁世凱政権に通告したのであった。

この対華二十一か条の要求については、日本国内で東洋経済新報の社説のような「好戦的態度を警《いまし》む」という抗議の意見もあったが、東京朝日、東京日日などの大新聞はこぞってこれを支持する社説を掲げて、国民の世論をリードした。すなわち要求の第一号にもとづき「ドイツの膠州湾租借地への出兵を機に日本の権益を拡張して、わが国の中国に対する優越的地位を確立すべし」というのが当時の国民の大方の世論で、とりわけ日本政府が二号において、「日本が南満州において得ていた旅順・大連と南満州鉄道の租借期限を九十九年間に延長せよ」と要求し、これを袁世凱政府が認めたことは、中国人の国民感情をいたく傷つけた。抗日運動が中国全土に広がり、主要都市では日本製品不買の日貨排斥が起こったのである。

第二章
❖満州事変はなぜ起きたのか

満州事変・日本帝国主義の原点

日本が諸外国から日貨排斥と資源の輸入を拒絶されて、国際的に孤立し、自存自衛のため、やむなく国運を賭《と》した武力行使を決意したのは、昭和六年（一九三一）の満州事変以来日本の国策となった満蒙問題がその根っこにあった。

満蒙問題とは、日本が日露戦争によって得た果実である満蒙の特殊権益を足場にして、それを拡大強化するための諸施策である。それは軍部により満蒙領有計画として推進されたから、国際社会から出遅れた帝国主義として非難された。したがって、日本帝国主義の原点はこの満蒙問題にある。

昭和六年（一九三一）九月、南満州に駐留していた日本の関東軍は奉天近郊柳条湖の鉄道線路を爆破して満州事変を起こした。

これはこの三年前の昭和三年の六月四日、それまで日本の関東軍と協調関係にあった満州軍閥の張作霖《ちょうさくりん》が次第に関東軍の意向に従わなくなり、これでは日本の権益が損なわれると、確証はないが関東軍の河本大佐が謀略によって北京から奉天へ帰る途中の張作霖を爆死させたので、これに憤激した子息の張学良が、国民政府と手を結んで反日的な行動をとりはじめた。そこで関東軍は日本がロシアとの協約によって得ていた諸権益を守るため南満州鉄道の線路を爆破し、これを張学良の命を受けた反日分子の仕業として満州の武力平定に乗り出した。

このとき日本の関東軍にはわずかな兵力しかなかったが、たちまちのうちに張学良率いる支那軍を制圧して満州全土を支配した。これは前述した当時の関東軍作戦参謀石原莞爾中佐の作戦計画によるもので、彼はこれによって自分が予《かね》てから抱いていた複合民族による自治政府をこの地に樹立し、ここを五族（漢満蒙日鮮）協和の王道楽土にしようとの下心があった。これは、後世にいわゆる傀儡《かいらい》国家の満州帝国ではなく、日本の主権の及ばぬ別のところで各民族の代表者たちが集まり、平等に協議しながら定めた憲法によって政治を行う共和国構想である。だからそのときの石原の頭の中には翌年三月一日に建国宣言されたような清国廃帝溥儀を執政とする、日本軍部主導による満州帝国などはなかった。

石原莞爾は明治二十二年（一八八九）一月一七日山形県鶴岡市に生まれた。明治三十五年仙台の地方幼年学校に入学して学び、そのあと陸軍士官学校に進み明治四十二年五月卒業した。同年十二月陸軍歩兵少尉に任官して歩兵第三十二連隊に配属されたが、大正四年陸軍大学校に入り、大正七年十二月に卒業した。

石原は陸軍大学校始まっていらいの秀才といわれたが、その直情径行な性格がわざわいして上官の受けがよくなく、陸大卒業後一時歩兵第六十五連隊に勤務し、教育総監部に配属されたのは大正八年七月になってからであった。翌年中支派遣軍司令部付となり、漢口《ハンカオ》に在勤したあと大正十年七月、陸軍大学校兵学教官にむかえられた。囊中《のうちゅう》の錐《きり》は現われる。彼は選ばれて大正十一年八月戦争学研究のためドイツへの出張を命ぜられ、大正十三年九月までベルリンに滞在して戦争学の蘊奥《うんのう》をきわめ、これが後年、彼独創の戦争学大系「世界最終戦争論」となって実を結ぶ。

大正十四年十月、ドイツ留学を終えて帰国すると、再び陸軍大学校兵学教官に復帰し、三年間勤務して昭和三年十月十日、満州某重大事件（張作霖爆死事件）が起こって物情騒然となっていた旅順へ関東軍参謀として赴任したのであった。

関東軍司令部へ着任した石原は他の参謀たちとは異なり、ドイツで研究した戦争学の見地から満州で戦われた日露戦争の戦況報告に多分の疑念を抱き、満州の民情視察と称して都市と危険な山野を歩き、住民や軍閥の有力者たちとも接触して将来の作戦計画の参考にした。それが昭和六年九月十八日に起こった満州事変での奇襲作戦の成功につながるのである。

石原は事変の起こる一か月前の八月中旬に旅順の偕行社《かいこうしゃ》で行われた満州青年連盟幹部たちとの会合に出席したが、議題が満州の治安問題に及び、もし張軍閥との確執で騒動が起こったとき、関東軍はこれに如何に対処するのかと問われると、彼はこう答えた。

「関東軍は微力なりと雖も、二日を出ずして張学良軍を撃滅する用意と決心がある」

これは当時奉天北大営に駐屯していた張軍閥王維哲《おういてつ》の率いる精鋭は一万有余で、その正規軍総兵力は二十二万であるのに対して、関東軍の常備兵力はわずかに五千にしか過ぎなかったから、こんなわずかな兵力で圧倒的に優勢な敵軍にどう対処できるかと危惧していたからである。

ところが石原中佐は少しも動じることなく、右のように答えたのだったが、そのあと彼は言葉を続けて、つぎのようにいった。

「問題はその学良軍を制圧したあとで、この満州をどうするかということです。私の見たところ満鉄などの在満機関の職員も、一般の在留邦人たちも、権益主義のかたまりだ。とても信頼ができません」

この石原の発言には満州連盟の幹部たちは憤然として色をなしたという。

だが、その言葉通りに、石原にとって、内地から満州にやって来て暮らしている同胞たちは、みんな満州を食い物にする利権のかたまりのように見えて、ついそんな嫌味が口に出たのであった。したがって事変が起こったあと、彼は一夜にして、わずか二個大隊でもって東大営の王維哲軍を駆逐《くちく》したが、その後の彼の満州統治方針は、在満一般邦人や日本軍部の満州領有計画とは異なり、在満諸民族の協力と信頼がなければ満州の統治はなしとげられるものではないと、厳格な軍紀で関東軍の将兵を引き締め、軍紀に背いた兵士に対しては容赦がなかった。たとえば北大営占領のあと兵士の一人が満州族婦女への凌辱事件を起こすと、司令部や兵士の所属隊長の「寛大な処置を」と望む決定に断固として反対し、厳罰に処した。また将兵の住民からの物資徴発も決して許さず、張軍閥や役人たちが残して逃亡したあとの莫大な資産についても、軍需品以外は中国側の送産委員会に引き渡し、軍人にも在留邦人にも手を触れさせなかった。接収した建物や住居についても同様である。

だから石原は、事変後しばらくのあいだは占領地域に軍制を施行したが、その軍制は通常概念の帝国主義的なそれではなく、関東軍の武力による国防と治安の維持は当座のものであって、在満三千万民衆の信頼するに足る政府の出現をもって終了し、住民たちの生活が通常にかえり、危険がなくなるに及んで、これを住民の自治に委ねるというものであった。

「もし満州に、真に日本と親善提携し、王道を実践する政府が樹立されたならば、これまで両国紛争の禍根となっていた不平等条約・治外法権は撤廃し、在満鉄道を共有に改組し、旅順大連の租借権は満州政府の建国を祝福して新国家に贈呈すべきである」

これは、石原が日満要人懇談会で発言した住民自治による政府実現の要旨である。すなわち、これが満州事変後の彼の満州統治の真意だったのである。したがって、石原は昭和七年三月一日に満州国の建国が宣言されたあとも、終始一貫、吉林省の熙洽《きは》、奉天省の于沖漢《うちゅうかん》ら満州要人の自主自営を誘発し、関東軍の満州国家への政治干渉を極力戒めていた。

「軍は国防治安に必要な大綱を示し、一切の処置は彼ら（満州要人）に委すべきで、多少はまずくとも、それが民族性だから仕方がない。干渉の失敗は、不干渉の失敗よりも大きい」

右はその石原が常時口にしていた関東軍首脳部への警鐘《けいしょう》である。

だが、その石原は帝国主義路線を歩む日本陸軍中枢と関東軍首脳たちによって疎《うと》まれ、昭和七年八月八日、建国間もない満州国から陸軍兵器本廠付に左遷された。しかし、能力のある彼は昭和十年八月、再び中央に呼び出され陸軍参謀本部作戦課長となり、翌十一年に二・二六事件が起こると戒厳参謀作戦主任、六月に新設された作戦指導課で課長、十二年三月には同部長に進んだ。

だが、彼が去ったあとの満州国の方は帝国主義の権益追求に毒され、国政は日本からやってきた官僚たちの専制に委ねられた。

昭和十二年七月七日、日本は石原が最も恐れていた中国との戦争に突入した。彼は参謀本部で強硬に戦争不拡大を主張したが、容れられず作戦指導部長の職を解かれた。

こうして陸軍中枢の参謀本部から追い出された石原は昭和十三年九月二十七日付で再び満州の土を踏むことになった。肩書は陸軍少将で関東軍の参謀副長としてであったが、昭和十二年十月十三日に彼が関東軍司令部にやってきたとき、彼の再任を喜んで迎えたのは、彼の思想に共鳴していたかつての建国の同士たち、すなわち満州族の要人たちであった。

その要人たちの歓迎とは裏腹に、関東軍の内部は勿論、満州国日本人官吏と利潤を求めて満州に進出してきた財閥の幹部たちは時流に乗って大国主義に共鳴していたから、石原の説く民族協和の建国理念などに耳を傾けようとはしなかった。こうして居場所をなくした石原少将は、わずか一年にして満州を離れ、内地の舞鶴要塞司令官という閑職に就任したのであった。

昭和七年三月一日、清国廃帝溥儀《プーイー》を執政として発足した満州国は、その後溥儀が皇帝となり満州帝国となったが、石原が青年連盟の主張を取り入れて建国理念とした複合民族の互恵平等の王道政治などはどこ吹く風と吹き飛んで、お題目だけのスローガンとなってしまった。

それでも関東軍は、形だけでも在満複合民族の総意によって成立した民主的自治国家としての体裁を諸外国に認めてもらうため、漢族・満州族の代表者や地方軍閥の将星および各省商務会の指導者たちを招いて建国会議を開催させ、この会場で政府の各部署の長官を決めさせた。決定した新国家の政府首脳人事はつぎの如くである。（　）内は出身母体の省市名。

参議府

議長・張景恵《ちょうけいけい》（哈《は》市）、副議長・湯玉麟《とうぎょくりん》（熱河）、参議・金鎧《きんがい》（奉天）、四振玉《ししんぎょく》（天津）、張海鵬《ちょうかいほう》（洮南）、貴《き》福《ふく》（蒙古）

国務院

総理・鄭孝胥《ていこうしょ》（天津）、民政部総長・蔵式毅《ぞうしきき》（奉天）、軍政部総長・馬占山《ばせんざん》（龍江）、財政部総長・熙《き》洽《は》（吉林）、外交部総長・謝介石《しゃかいせき》（吉林）、実業部総長・張燕郷《ちょうえんきょう》（吉林）、司法部総長・馮涵清《ひょうかんせい》（奉天）、交通部総長・丁鑑修《ていかんしゅう》（奉天）、最高法院長・立法院長・趙《ちょう》欣伯《きんぱく》（奉天）、監察院長・于沖漢《うちゅうかん》（奉天）

さて、昭和六年に満州事変が起こったときの内閣は第二次若槻《わかつき》内閣であった。外相は国際協調外交をモットーとする幣原《しではら》喜《き》重郎《じゅうろう》であったから、事変勃発の翌日（九月十九日）軍事行動の停止と事変不拡大を閣議で決め、陸軍中央もこれに従ったが、関東軍はこれに従わず、関東軍から出兵援助を要請された朝鮮軍も独断で国境を越え進軍したので、九月二十日の閣議は軍中央の要請でやむなくこれを追認した。九月二十四日、日本政府はこれを自衛のためと声明したが、中華民国は九月二十一日に事件を国際連盟に提訴した。張学良も、この将総統の支配下に入って錦州《きんしゅう》に仮政府を置いたから、関東軍は十月八日錦州を空爆し、国際問題となって国際連盟理事会は日本軍の撤退を求める決議をした。事変により第二次若槻内閣は総辞職をして犬《いぬ》養《かい》首相の政友会内閣が成立したが、日本軍部主動による満州支配は着々と進行し、翌年三月一日の満州国の樹立まで行きつくのである。

では、この事変に関する日本の国民世論はどうであったか……。

当初は朝日・毎日などの大新聞の論調は、政府と同じく反対自粛の意向を示していたが、行動を起こした関東軍の計画が支障もなく順調に進行すると、その論調が変わり、国民世論もこれに賛同した。折からの世界的金融恐慌の波に呑みこまれた昭和不況とりわけ農村の窮乏がこうした軍部の独走を後押しするようになったのである。そのため政府もこの軍部の仕出かした事変による既成事実を追認し、これを国策としたから、勢いを得た軍人たちは、反対の論陣を張るマスコミに圧力をかけて世論を意のままに操縦するようになった。国民世論を味方につけた軍部の横暴は、ここから始まるのである。

昭和七年五月十五日、犬養首相が海軍将校らに射殺され、昭和八年二月二十四日の松岡洋右《ようすけ》代表による国連での満州撤退勧告案議決反対演説と、同月二十七日の国際連盟脱退通告とは、日本の各新聞と国民大衆を熱狂させた。

かくして国際的に孤立した日本は、同じような孤立化の路線を歩み、国際的な非難を浴びていたドイツとイタリアに急接近して昭和十五年（一九四〇）九月二十七日、日独伊三国同盟を締結し、それまで日本に対して是々非々主義をとっていたアメリカを怒らせてしまった。

　このことは前述の米国エール大学の朝河貫一博士をいたく危惧させ、明治四十三年の『日本の禍機』に続く論文で「日本が満蒙においてかかる私曲を重ねる如き不幸これありとせんか、日本は知らぬ間に天下に孤立し世界を敵とするに至るべし」と警告して国民の覚醒を促す一方、数多く書翰を日本の指導的地位の識者に送り忠告した。さらに思い余った彼は、昭和十六年十一月アメリカ大統領に、日本の天皇へ戦争回避の親書を出すよう進言したが、時すでに遅く、日本は十二月八日、米英両国に宣戦を通告した。

私見「満州事変」―その歴史的背景

　昨今の歴史研究においては、現在の眼と価値観で過去の歴史を解釈することがはやっている。しかし、それは正しい歴史研究の方法論とはいえない。標題の満州事変についても、いわゆる十五年戦争史観の立場からは、日本帝国主義の中国に対する意図的計画的な国を挙げての侵略行為だと解釈され、自虐史観から抜け出すことができず、何時までも中国に頭を下げ続けている。

　だが、それは正しい歴史認識だとはいえないし、公正な史実からみちびき出された歴史評価とはいえない。そこで、当時の眼で、当時の史料を素材として、この事変の真相を究明してみたいと思う。以下の論考は、小生が昭和五十一年（一九七六）に、当時の勤務校の機関誌に発表した論文であり、今でもこれが正しい見解だと信じているので、本書に再録する次第である。

満州事変の歴史的背景

一、

明治維新の後、日本は欧化政策をとり、富国強兵の道を進んだが、隣国朝鮮では、こうした日本の行き方を見習って国政を改革し清国からの支配を離れようとする独立党と、これまでのように清国との関係を続け保守的な政治を続けようとする事大党とが対立していた。たまたま明治二十七年（一八九四）三月に全羅道古阜郡の窮民が叛乱を起こすと、極端な排外政策を主張する東学党が暴動を起こしたので、清国が先ずこの内乱を抑えるために援兵を出し、それとの対抗上今度は日本が朝鮮へ出兵した。いわゆる日清戦争の始まりである。

日清戦争で日本が勝利をおさめ、清国の勢力が朝鮮から後退すると、機会をうかがっていたロシアが清国東北部から朝鮮へ勢力をのばしてきた。論点を満州問題に限って述べると以下の如くである。

日清戦争によって日本軍が南満州の九連城・鳳凰城・海城・営口・旅順・大連といった地域を含む奉天省南部を占領すると、清国は当時の戦争にともなう国際慣行にしたがって、明治二十八年（一八九五）四月十七日に調印された日清講和条約第二条で、これらの地域を日本に割譲した。しかし、この地域に利害関係を有するロシアは、ドイツ・フランス両国を誘って三国干渉を行い、これを清国へ返還させた。当時の日本には、ロシア・ドイツ・フランス三国を相手に戦ってこの新領土を防衛する力がなかったからである。

ところがロシアは、この三国による武力干渉の代償として清国から次のような権益を得た。一つは明治二十九年五月二十二日に調印された露清同盟密約であり、これによってロシアは黒龍江省と吉林省を東西に横断する北満鉄道の敷設権を獲得した。もう一つは明治三十一年三月二十七日調印の遼東半島租借条約で、これによりロシアは旅順・大連の租借権と、奉天省と吉林省を南北に結ぶ南満州鉄道の敷設権を獲得した。こうした鉄道敷設権を獲得したロシアは、鉄道守備を名目に軍隊を南満州に駐屯させ、旅順に海軍鎮守府を置き、関東州総督アレキセーフをして満州東三省の実権を掌握させた。

かねてからロシアはスンガリー上流の北満州に鉄道建設の根拠地を物色していたが、明治三十一年（一八九八）六月にロシア汽船に乗った鉄道建設隊が汽船の発着に便利な一寒村に市街地を建設し、これがやがて北満州第一の近代都市ハルビンとなった。同様にしてロシアは南満州鉄道の終着点大連湾内にも一大商港を建設するために土地をさがして、そこに南満州最大の商港ダリニー（大連）を建設した。この両都市とも清国とは無関係にロシアが建設したものである。ロシアはこれらの都市を起点として、ハルビンとポクラニチヤナ（綏芬河《スイフンガ》）を経てウラジオストークに至る東部線と、ハルビンと満州里《マンチュリ》を結ぶ西部線、およびハルビンから旅順・大連に至る南部線の各鉄道を建設した。

二、

ところが、この鉄道の建設中に中国河北に勃興した義和団（拳匪）が北上して満州に流れ込み、清国が建設中の東清鉄道の引き渡しを要求し、拒絶にあうと、今度はアムール対岸の露領ブラゴヴェシチェンスクを砲撃した。いわゆる義和団の乱（一九〇〇年）である。ロシアはこれを口実に出兵して全満州を占領し、清国政府は満州にたいする領土的主権を失った。

この占領の後、ロシアは一九〇〇年八月二十五日に「満州の秩序が回復され次第に撤兵する」と宣言したが、何時までたってもこれを実行せず、それどころか行く行くは朝鮮全土まで占領する気配を示したので、日本はイギリス・ドイツなどと共に抗議をしたが、ロシアの撤兵は実現しなかった。しかもこのあいだロシアは三回にわたって露清密約を締結し、ついには朝鮮に南下して要地を手に入れ、韓国政府をも自分の支配下に置こうとした。

そこで日本は、清国にはたらきかけてロシア軍の撤兵を実現させようとしたが、清国にはその実力がないことがわかったので、明治三十六年八月二十三日の明治大帝御前会議で、これからは日本が直接ロシアと交渉することを決定した。

日本とロシアとの交渉は明治三十六年（一九〇三）九月十日から外相小村寿太郎とローゼン駐日公使とのあいだで行われたが、そのときの日本側の主張はつぎのごときものであった。

「清国と韓国との独立を承認し、その領土を保全し、商工業に関する機会均等を約すること。満州におけるロシアの鉄道経営の権益を認め、朝鮮における日本の優越権を認める」

ところが、これに対してロシアは、満州については全く触れようとせず、「日本は朝鮮を軍略上に利用しないこと。仁川・元山をつなぐ北緯三十九度を境界として日露の権益を分け合おうではないか」と提案した。

これを知って日本の世論は硬化し、この前の三国干渉のこともあって、全国的に開戦の気運が盛り上がった。日本政府はこのような国民的合意のもとに、明治三十七年二月十日、ロシア政府に対して宣戦を布告した。

三、

日本は日露戦争の前には満州において何らの経済的利権も持っていなかった。だから日本がロシアと戦ったのは日本の満州における経済的利益を擁護するためだという帝国主義公式論は誤りである。多くのアジア人たちは、これをヨーロッパ白色人種の支配に対するアジア黄色人種の解放戦争と評価した。とくにアジアにおける民族指導者たちに与えた精神的影響は大きく、中国革命の父孫文は、この戦争中に東京で中国革命の同盟会を結成したが、日本の勝利を非常に喜んで、「東洋の諸民族が日本に学べば白人の制覇から解放されることは疑いない」と高く評価した。また、その頃はまだ少年であったインドのネールは、その自伝の中で、「日本海々戦勝利のニュースに感激して、その日は終夜眠れなかった」と書いている。そればかりではない。ロシア革命の指導者レーニンは、この戦争を「先進国日本」と「反動的ヨーロッパ」の戦いであると評価し、日本の輝かしい勝利が世界史の前進のために偉大な作用をひきおこすであろうと論評した。

かくして日本は、明治三十八年（一九〇五）八月九日からアメリカのポーツマスにおいてロシアとの間で講和談判を行い、ロシアから満州に関するつぎのような権益を譲り受けた。

一、ロシアは清国の承認を得て、旅順・大連および関東州における権益を日本に譲る。
二、ロシアは長春以南の東清鉄道南部線を日本に譲る。

すなわち、日本の満州に関する権益は、日本が清国から奪ったものでもなければ盗んだものでもなく、宗主権者である清国の承認を得て、ロシアから日本に譲渡されたものである。日露戦争の当時清国が自分の国の領土主権が侵されていることを知りながら、なんら主権回復の努力をせず、いたずらに拱手傍観をしていたことは、満州に対するその後の日本の経済進出に大きな口実を与えた。日本は戦争で国民は非常な重税に耐えて戦費を負担し、その軍事動員数は百万人に達し、死傷者の数は二十二万人にも及んだ。だから当時の日本人たちは、このような犠牲によって獲得した満州における日本の権益を他の欧米列強が中国を脅迫して獲得した権利と同一視することは断じて不当であると思っていたのである。

四、

昔から満州は無主《むしゅ》の地といわれていた。北方系アジア民族の居住地であって、南方系漢民族の固有の領土ではない。万里の長城が示すように、塞外万里《さいがいばんり》の域と呼ばれたこの地域に中国の主権は及び難かった。清朝はこの地域から興って漢民族を支配したが、清朝の首都を北京に遷してからは、漢人と蒙古人が流入して土地を荒らすのを防ぐため、封禁令を発して（一六五八年）、この地域への立入りを禁止した。しかし清朝末期になってその勢力が衰えると、ロシアは一八六〇年にアムール川以北とウスリー川以東の地を獲得して一九〇〇年には遂に全満州を占領して清国の領土主権を排除した。清国がもしこのとき自分の実力によってこの地域の領土主権を回復しておれば問題はなかったが、遺憾ながらこれを肩代わりしたのは日本であった。清国政府は日露戦争のとき局外中立を宣言しただけで、日本と一緒にロシア軍を撃退して満州における主権を回復しようとはしなかった。

日本は日露講和条約によって、旅順・大連の租借権と長春以南の南満州鉄道の権益をロシア政府から譲渡されると、明治四十年（一九〇七）四月一日に南満州鉄道株式会社を創設して鉄道と鉄道付属事業と鉄道付属地の管理運営によって満州の経済文化を飛躍的に発達させた。

主権の確立されていない時代の満州の農民は大変貧窮であった。ところが日露戦争後に南満州鉄道によって満州の大豆がヨーロッパ市場に輸出されるようになると、満鉄の運賃収入が増えるとともに、農民の生活も次第に向上した。満鉄が公主嶺《こうしゅれい》と熊岳城《ゆうがくじょう》に設けた農事試験場と、大連その他の都市に設けた調査研究機関は、満州農業やその他の産業経済の発展に大きく貢献した。満鉄が満州各地で経営した学校や病院は、進出した日本人たちによる市街地づくりと共に、満州の近代化をめざましく進めて行った。いろいろな批判はあるけれども、駐屯した関東軍と近代的組織を誇る日本の警察署によって、満州の治安が中国本土とは比較にならぬほど保たれていたことは否めない。そのため大正四年（一九一五）の対華二十一か条の要求問題で中国本土ではさかんに排日運動が起こったけれども、満州ではあまり排日運動は起こらなかった。満州で排日運動が起こるのは、昭和三年（一九二八）六月四日の張作霖爆殺事件発生以降である。

五、

昭和三年の張作霖爆殺事件は確証はないが、気短かな日本軍人による思慮なき愚行であった。これは田中内閣の満州政策に致命的な打撃を与えたばかりでなく、爆殺された満州軍閥張作霖の子張学良《ちょうがくりょう》をはっきりと南京政府へ走らせる結果となってしまった。張学良は東三省議会の推薦によって昭和三年七月三日に東三省保安総司令に就任すると、日本政府の勧告には耳をかたむけず、東三省の易幟《えきし》を断行し、全満州に南京の国民政府が用いる青天白日旗を掲げた。これにより南京政府は、昭和四年（一九二九）一月七日に張学良を東北辺防軍総司令に任命し、満州を中央化し、政府の支配下に置いた。

その頃の満州軍閥張学良は、父作霖譲りの軍事力として国防軍二十四旅団・省防軍十三旅団合わせて三十七旅団（二十八万人）と海軍三艦隊二十一隻を所有し、奉天の兵工廠では最新式の武器を大量に生産していた。だからこのような強い軍事力を持つ彼が南京政府の蒋介石と結ぶことは鬼に金棒で、これによって若い張学良は、わずか一万余人にしか過ぎない兵力の日本の関東軍など、満州から追い出すことなどわけはないと信じていた。満州事変当時張学良は国民党軍の副司令に任ぜられ、その手で改編された軍隊は、戦車・飛行機等の近代兵器で装備された常備兵力二十二万人の優秀な軍隊であった。これに反して当時の日本の関東軍には飛行機さえもなかったといわれている。昭和六年（一九三一）九月十八日夜に勃発した満州事変は、実にこのような彼我の軍事力のバランスの下で行われた戦いであった。

だからもし日本政府が、計画的に満州で軍事行動を起こすつもりであれば、もっと満州に軍事力を動員していたにちがいない。当時の日本政府は首相が若槻《わかつき》礼二郎で、外務大臣が平和外交で有名な幣原《しではら》喜重郎であったから、いかに軍人たちから突き上げられ、軟弱外交と非難されようと、満州に兵力を増強することなど許そうとしなかった。それにもかかわらず、関東軍は行動を起こして勝利した。

何故であるか……。

ここに満州建国のナゾを解くカギがある。一口で言えば、それは張学良政権によるあいつぐ排日政策によって、当時の満州在住日本人たちが関東軍による局面打開を強く望んでいたことと、張学良の悪政によって奉天省の財政が破綻し、民心が張学良から離反していたことである。これが民衆の新しい建国運動に味方をしたのである。

昭和四年四月五日に張学良政権が旅順・大連の租借地返還と満鉄線の回収を決議したことや、張作霖政権の時代から続けられていた満鉄包囲鉄道網の完成は、あきらかに南満州鉄道の自滅を目的としたものであり、これは明治三十八年十二月二十日に日本と清国とのあいだで調印した条約の規定に違反する不法行為であった。張学良政権が間島《かんとう》居住の朝鮮民族を圧迫したことは、明治四十二年九月四日に調印された「間島に関する日清協約」に違反しており、また張学良が満鉄付属地以外に居住する日本人にさまざまな迫害を加えたことは、大正四年五月二十五日に調印された「南満州および東部内蒙古に関する条約」の第三条に違反することであった。

さらに、張学良が北京に滞在して満州と華北を含む大東北の建設と軍事力の増強に熱中したことは、満州奉天省の収入の大部分をそのために浪費させる結果をうみ、民衆の生活にいちじるしい痛苦を与え、民衆は張学良の華北進出を呪うようになっていたのである。したがって、満州青年連盟とか大雄峯会の下に結束した日本人の活動家たちは、これらの中国人民衆に、張学良軍閥政府にかわる民族協和の理想国家建設を説いた。そのため在満中国人たちの心はほとんど張学良を離れて、新しい国づくりの方向へ向いた。

当時は満州馬賊の親玉といわれた抗日の英雄馬《ば》占山《せんざん》でさえもこの建国運動に参加したのである。それゆえ満州事変とその後に続く満州建国運動を、そのことだけに限定して考えるならば、決して日本の侵略行為とはいえないことがわかる。

第三章

❖日本小国主義の担い手たち——高橋是清・石橋湛山・宇垣一成

大アジア主義に抗した政府要人——高橋是清

大アジア主義とは、欧米列強のアジア侵略に対抗してアジア人の団結と一体性を説く主義主張である。日本の近代化にともない、理論的にはアジア諸民族の平等と連帯を説く植木枝盛《うえきえもり》や大井憲太郎《おおいけんたろう》・岡倉天心《おかくらてんしん》らによって先鞭がつけられたが、一八八〇年代後半、ヨーロッパのアジア進出が激しくなってくると宮崎滔天《みやざきとうてん》らの中国国民革命の援助となって具体化した思想である。

その根っ子は日本が近代国家としてスタートするにあたり、範としたドイツ・イギリス・フランスなどの帝国主義思想にあり、一八七二年の岩倉遣欧米使節団によってベルギー・オランダ・スイスなどの小国主義を国是とせず、ビスマルクのドイツ帝国主義の行き方を模範とすると決めたときから運命づけられたものであった。そして、その後の日本の国運の伸長につれて、日本が日清・日露の戦いに勝利して満蒙へ進出すると、日本を盟主とするアジア諸国の団結というスローガンへと変質し、日本の満蒙領有、満州建国からさらに大東亜共栄圏の確立といった帝国主義的覇権主義へと進展していったのである。だから大アジア主義は大日本主義とも称される。

それではその頃、こうした日本の国是である帝国主義的大アジア主義すなわち大日本主義に異を唱え、それを国民に訴えかける知識人や政治家はいなかったのであろうか……。

当時、大多数の日本国民は新聞・ラジオなどの報道と解説で時局を読みとっていたから圧倒的にこの大日本主義を支持していたが、よく調べてみると、こうした世論に背を向けて、この軍部の主導する大日本主義に異を唱え、小国主義を主張する人々が、学者はもとより、政財界にも軍人の中にもかなりいたことがわかる。

軍人では周知のごとく、日露戦争奉天の会戦でロシアのコサック騎兵を殲滅して日本軍を勝利にみちびいた陸軍大将秋山好古。日本陸軍で軍縮を推進した後述する陸軍大将宇垣一成。海軍では、日本海々戦で連合艦隊の参謀長をつとめ、戦後はワシントン会議で海軍軍縮を実現し、後に首相となった加藤友三郎やその部下で日本海々戦の戦史をまとめ、その後海軍の方針に異を唱えて軍籍から離れた水野広徳と、その水野が尊敬してやまなかった鈴木貫太郎など、多士済々だが、このほか当時は黙殺されて世に出なかった人々をあげると枚挙にいとまがない。

こうした人士は、なべて軍事力をもって他国へ進出し、これを支配下におこうとする国家の方針に反対して、貿易立国により日本を繁栄にみちびこうとする考え方の人々である。

昭和の初期、軍部が主導した大日本主義は満蒙支配であった。彼らがこれを推進したのは、昭和大不況で働き口《ぐち》がなく、娘を身売りしなければならないほど貧困にあえぐ農村人口のはけぐちを、広大で人口の希薄な満州の大原野に求めようとしたからである。

これに対するのが小日本主義の考え方で、これは国内産業を盛んにして、この企業に農村の余剰人口を労働力として雇用し、生産した工業製品を海外に輸出して国富を増やし、国民の購買力を高め、国内の消費経済を煽って国民福祉を増進するという主義である。そのためには無駄な軍事予算はできるだけ削減して、その費用を工業技術の研究開発に向ける。

勿論、これを学説として研究発表するぶんにはなんの支障もないのだが、これを政治家が政府で実践し具体化するとなると夜郎自大な軍人の跋扈する当時の社会情勢下ではまことに至難なわざであった。とりわけ閣僚がその局に当たって、この経済理論を実践しようとすると全く命がけで、よほどの信念がなければできることではなかった。わたしは、そうした希有の政府要人財政家として高橋是清をあげたい。

彼は昭和前期の財政家で、首相と蔵相をつとめたが、当時一世を風靡していた大日本主義に反対し、昭和六年九月十八日の満州事変とそれに続く満州建国によって満州支配を推進する軍部を非難し、帝国陸海軍の軍事大国化をめざした膨大な軍事予算要求を拒絶した。そのため軍部の過激分子に睨まれ、ついに二・二六事件で、その兇弾に斃れた。

高橋是清は安政元年（一八五四）幕府の御用絵師川村庄右衛門の子として江戸芝の中門前町《なかもんぜんちょう》に生まれた。私生児だったので、仙台藩足軽高橋覚治の里子《さとご》に出され、その養子となった。元治元年（一八六四）横浜へ出て英語を習い、慶応三年（一八六七）に渡米してオークランドで奴隷労働をしながら苦学し、明治元年（一八六八）帰国して森有礼《もりありのり》の書生となった。翌年大学南校に入学し、英語が達者なのを見込まれて教官三等手伝となったが、遊郭びたりの放蕩がたたって辞職させられた。

明治四年唐津《からつ》藩の英語学校教員となり、翌年上京して開成《かいせい》学校に入学したところ、語学の才を買われて文部省督学局十等出仕となった。その後東京英語学校教官となり、明治九年二十三歳のとき結婚した。ところが間もなく学校長の不品行を詰《なじ》って辞任させ、自分も辞職して今度は神田淡路町で共立学校をつくり、その時教えたのが正岡子規や秋山真之である。この共立学校はのちに開成中学となった。

明治十四年（一八八一）、彼は文部省に出仕して御用係を仰せ付かったが、農商務省が設立されると、そこの工務局調査課へ転勤させられて、明治十七年商標登録所長に昇進し、さらにその翌年初代の専売特許所長兼務を命ぜられた。そのため彼は欧米の商標登録と専売特許制度を研究するため欧米各国を巡歴して研鑽をつみ、帰国して専売特許局長に抜擢された。

このように高橋是清は進取の気性に富み、野心家でもあったから、日本の殖産興業に貢献しようと志して、鉱山経営に乗り出した。最初はペルーのカラワクラ銀山、次いで群馬県の天沼鉱山開発を手がけたが、両方とも騙されて失敗し資産を棒に振った。困り果てていたところを救われて日本銀行に入り、それからは金融界で活躍することになるのだが、順調で明治二十六年四十歳で日本銀行支配役、西部支店長となった。四十二歳のとき横浜正金銀行本店支配人に転じて明治三十一年副頭取のとき欧米の金融事情視察のため外遊し、翌年四十六歳で日本銀行副総裁に抜擢された。

明治三十七年（一九〇四）二月、日露戦争が始まると彼は外債募集のため渡欧して実績を上げ、翌年帰国して貴族院議員に勅選された。その後も他《ほか》に人材はいないというので、高橋副総裁は米英独仏など各国を歴訪して公債の調達に奔走し、その勲功が認められて明治四十年男爵を授けられ、明治四十四年ついに日銀総裁に昇りつめた。このときの外債募集による彼の軍資金調達がなければ、日本は日露戦争に勝てなかったといわれている。

政界に進出して彼が大蔵大臣となったのは大正二年（一九一三）第一次山本権兵衛内閣のときであった。つづく大正七年の原敬内閣でも大蔵大臣をつとめて子爵となり、昭和十一年の二・二六事件で他界するまで七回も蔵相をつとめた。内閣総理大臣となって蔵相を兼務したのは、大正十年十一月である。その頃は政党内閣の全盛時代で、彼は政友会の総裁となっていたが、財政家高橋是清としての真骨頂は、昭和二年の金融恐慌から始まる昭和の大不況を積極財政によって見事に切り抜け、危機に瀕した日本経済を立て直したことである。彼はこの不況退治を満蒙への軍事進出によってなしとげようとする軍部の大日本主義に反対して、小国主義すなわち米英両国と協調する貿易立国によってなしとげた。

まず、金輸出を再禁止して、低金利による景気刺激策を断行し、多額の公債を発行して日銀に引受けさせて公開市場操作を行わせ、時局匡救《きょうきゅう》事業を興すなどの産業振興策をとることによってこれを実現した。

昭和六年九月十八日に始まる満州事変は、民政党の第二次若槻内閣のとき起こったが、この

とき高橋は閣外にあった。政友会に所属していた彼はこの事変を、

「満州は外国だということを忘れてはならない。あそこに日本を作るのではなく、中国人の本当の国を作り、彼らの幸福をはかるつもりで国づくりをさせなければならない」

と評して、強く軍部の策謀を非難した。だが日本国内の大新聞の論調が軍部に味方したため、事変不拡大の方針をとる若槻内閣は世論の支持を失って瓦解し、政友会の犬養内閣と代わった。高橋は請われて大蔵大臣に就任した。


満州事変が関東軍の筋書通りに進行して翌年三月満州国が樹立されると、これを支持する右翼グループが跋扈してテロが横行し、その軍部を抑え込もうとした犬養毅首相は昭和七年五月十五日、テロの凶弾に斃れた。高橋は亡き犬養の遺志を継いで首相を兼任し、五月二十六日に斎藤実《まこと》内閣が誕生すると蔵相に留任した。斎藤首相も彼と同じく軍縮論者だったから、財政面から締め付けて軍部の暴走を食いとめようとしたのである。したがって、この昭和七年から昭和十一年に二・二六事件が起こるまで、日本経済の舵取りをした彼の財政家としての面目は躍如たるものがあった。


高橋是清は岡田啓介内閣で、昭和十一年度予算が審議される昭和十年十二月の閣議の席上、陸海軍の法外な予算要求に対して、次のように述べて軍部を攻撃した。

「いったい軍部はアメリカとソ連との両面作戦をするつもりなのか……国防というものは、攻め込まれないように守るに足るだけでよいのだ。だいたい軍部は常識に欠けている。現にいま要求されている地方幼年学校の増設などまったく無意味だ。青少年に普通人の常識涵養所たる

中学校教育を受けさせず、小学校から直ちに幼年学校に入れて社会と隔絶した特殊教育をすることは、カタワな人間をつくることになる。陸軍ではこういう教育を受けた者が嫡流とされ、幹部となるから常識を欠くようになることは当然である。その常識を欠いた幹部が政治にまで嘴《くちばし》を入れるというのは言語道断で、国家の災いというべきである」

また高橋が軍部の推進する大日本主義に反対するのは、それが国際収支の上からも決して日本の利益にならないことを知っていたからで、彼の主張は「中国に対しては無意味な威圧政策を廃し、親善によって東洋平和を確立し、もって英米仏の資本を中国に誘致することが日中両国の利益となる」という考え方で、当時の満州が大豆と石炭以外には見るべき産業はなく、インフラ（産業や社会生活の基盤となる施設）もほとんど未整備で、日本の財閥資本にとってはリスクを伴うだけの不安定なマーケットだったからである。

したがって、日本軍部の支配下にある満州の経済的価値は低く、軍部が唱える「日満ブロック」を発展させるには、英米の資本導入をはかった方がよいとされていた。

このことは、高橋蔵相だけでなく、その頃外交評論家として知られていた清沢洌《きよざわきよし》も、次のように指摘してこれを論証している。

「日本の生命線は貿易である。その意味で日本の重要権益は中国の至る所にある。満蒙にだけ特殊権益があると考えるのは錯覚である。満州権益の中核は満鉄であるが、その財産総額は七億円、日本が満鉄から受ける利益は五千万円で、それは中国との貿易総額十億円の五％に過ぎず、それを守るために一個師団をはるかに超える兵を常駐させているのは算盤《ソロバン》に合わぬことである」

したがって、こうした財政的見地から、高橋蔵相は満州の建国およびその支配に反対して、それを推進する軍部の軍事予算要求を断固として拒否した。

ところが、その日本帝国主義の満州進出の時期と高橋財政がもたらした好況の時期とが偶然にも一致したため、国民は高橋財政下の好況が満州事変によってもたらされたものだと錯覚した。すなわちこのことが朝日・毎日など大新聞の論調と、農村不況克服への大衆の願望とに煽られて、軍部の主導する大日本主義の満蒙支配を日本帝国の国策にまで押し上げてしまったのである。

昭和八年から昭和十一年にかけて高橋財政がもたらした日本経済の絶好調は、当時の経済ジャーナリストであった西野喜代作のペンで『時事通信』に次のごとく記録されている。

「昭和六年十二月から昭和十一年二月にかけての日本経済は、日本の最も安定した理想的な経済の時代で、昭和十年の実質GDPは、わが国経済が井上デフレに落ち込む前の昭和四年を基準として一・三四倍。実質経済成長率は七・二％、インフレ率は二％であった」

だから軍人の中でも、高橋蔵相の主張に共鳴していた陸軍大将宇垣一成《うがきかずしげ》は、その『宇垣一成日記』に、高橋が死去した昭和十一年の経済情勢につき、「あの当時の日本の勢いというものは、産業も着々と興り、貿易では世界を圧倒するほどで、英国や合衆国ですら悲鳴をあげたくらいだ。だからこの調子をもって高橋財政がもう五年から八年続いていたならば、日本は名実共に世界の一等国になれたのである」という回想を残している。

日本小国主義の系譜

大アジア主義すなわち日本大国主義の対立軸が日本小国主義である。

小国主義とは強大な武力を背景にして小国を圧迫する理不尽な大国の行動様式に対して、道理にもとづく相互依存を自国の生存の条件とする国家理念である。

一八六八年の明治維新によって、その四年後に廃藩置県を断行し、近代国家となった日本が、その進むべき国是を定めようと、欧米に岩倉使節団を派遣した際、日本が範をとるべく見聞した国家は、アメリカ・イギリス・フランス・ロシアなどの大国と、プロシアおよびベルギー・オランダ・スイス・デンマークなどの諸小国であった。

このとき使節団一行はベルギー・オランダ・スイスなどの小国が周辺大国の狭間にあって独立しながら自主の権利を貫き、外国の侵入に対しては死力を尽くして国家を防衛しようとする、その気概に感動した。それらの国々はなべて国民が同心協力することによって産業を興し、生産物を外国へ輸出して国富を増強させていることを知り、日本もこのヨーロッパ諸国の小国主義を手本としなければならぬと肝に銘じたが、結局プロシアすなわちドイツ帝国の鉄血宰相ビスマルクと参謀長モルトケの大国化をめざす演説を聞いて心を奪われ、その大国主義を国是として採用することとなった。すなわち岩倉欧米使節団は、大国主義か小国主義かの二者択一において、小国主義に心を残しながらも、大国主義の行き方を選んだのである。

岩倉使節団がベルギー・デンマーク・スイスなどの小国主義の生き方に感銘を受けたことは、その報告書（久米邦武編修、特命全権大使米欧回覧実記）によくあらわれている。すなわち「凡そ欧州に於て能《よく》独立を全くせる小国は、其《その》兵の強健非常なり。ベルギー・デンマーク是なり。其人民の気性も亦みな強し」と前置きして、具体的にベルギーの例をあげ、「ベルギーの人民は健にして善く戦ふ。狭小の国を以て、大国の間に介し、其国を立《たつ》るや、自ら守るを以て主とす。（中略）国の民、みな兵に慣《なら》ひ、的射《まとい》の集会行はれて一般みな武を嗜《たしな》み、其兵役《へいえき》につくや意気剛壮にて技術に閑（慣《かん》）熟《じゅく》せること大国も及ばざる所あり」と述べている。またスイスの中立の保持についても、「此国の政治を協定するや、唯三章あるのみ、自国の権利を達し、他国の権利を妨げず、他国の妨げを防ぐ是なり」として、自国の権利を貫いて、他国の権利を妨げず、他国の妨げを防ぐことが国家の基本原則だと紹介している。だからもし敵が攻め来たならば、必ずこれを逐《お》うが、その敵兵が国境を出れば、決してこれを逐わず、兵を国外に発動することはしないといっているのである。

しかも、それが単なる理想論に終わっていないことは次の文章によって理解できる。

「外国侵入の防禦は、国中みな奮《ふる》ふて死力を尽くすこと火を防ぐが如し。家々みな兵を講じ、一銃一戎衣《じゅうい》を備へざるなし。殊に山地の戦いに慣熟《かんじゅく》し、嶮を越へ岨《そ》によりて敵と拒戦するに長じ、散兵の運動をつとむ。隣国より来り侵すとあらば、民みな兵なり、先んずるは壮丁《そうてい》を以てし、其年高《としたか》きも、四肢《しし》猶健なる以上は、みな兵となる。婦人は軍糧を辨じ、創傷《そうしょう》を扶《たす》け、人々死に至るも、他より其権を屈せらるるを恥《は》ず」

まさに、日本の戦国を思わせる高邁な気概である。

それでは、アジアの小国に過ぎぬ日本がこの小国主義を国是とせず、大国主義を国是としたことが、すべての国民の願望であったかというと、そうではない。

まず、明治初期の民権運動のリーダーであった植木枝盛《えもり》が私擬憲法を制定し、これを推進しようとした小国主義がある。つぎに、その高まり広がりつつあった自由民権運動に理論的武器を提供した中江兆民の道義立国にもとづく小国主義がある。植木枝盛の小国主義は、内に民権を確立し、外に「万国共議政府」を樹立して各国の干渉を排し、これを実現しようという考え方である。

中江兆民の小国主義は、日本が道義立国を国是として行くことを理想とする考え方である。すなわち、

「小国の自ら恃《たの》みてその独立を保つ所以《ゆえん》の者は他策なし。信義を堅守して動ぜず、道義のある所は大国といへどもこれを畏れず、小国といへどもこれを侮《あなど》らず、彼もし不義の師《し》（軍隊）をもって我に加ふるあるか挙国焦土となるも戦ふべくして降るべからず。隣国内訌《ないこう》あるも妄《みだ》りに兵を挙げてこれを伐《う》たず。いわんやその小弱の国の如きは宜しく容れてこれを愛し、それをして徐々に進歩の途《と》に向はしむべし。外交の道唯これあるのみ」

と。兆民はこの説を明治十五年（一八八二）の「論外交」（自由新聞）において発表した。

こうした明治初年頃の小国主義の理論は、その後社会主義の革命思想とキリスト教の宗教観のなかとで、幸徳秋水および内村鑑三らによって主張されたが、明治政府はこれを容れず、大

国主義をもって国是とした。これは明治二十二年（一八八九）二月十一日の大日本帝国憲法発布と、翌明治二十三年十月三十日の「教育に関する勅語」発布につづく同年十一月二十五日召集の第一帝国議会における首相山県有朋の施政方針演説によって明らかにされた。

山県はこの演説で、日本帝国の主権線を守護することと、利益線を保護することをもって立国の基本としたが、その利益線が朝鮮であり、その朝鮮を清国から解放するために戦ったのが日清戦争であったと説いた。すなわち日本の大国主義はここからスタートしたのである。

すると、この大国主義の路線が極東への進出をもくろむロシア・フランス・ドイツの大国主義と抵触していわゆる三国干渉を招き、日本はこれに対抗するために臥薪嘗胆《がしんしょうたん》して軍備を増強し、軍国主義の路線を歩み始めた。そのとき日本が仮装敵国としたのが帝国主義的野心を剥き出しにして清国の満州を占領し、朝鮮へ進出しようとした帝政ロシアである。

そこで元老山県有朋は前に述べた保護すべき利益線を朝鮮から満州へ進めて明治三十四年（一九〇一）四月、時の首相伊藤博文にあて、「日本とロシアが早晩一大衝突を見るは勢の免れざる所なり。彼其強を恃《たの》み、進んで我《わが》利益線を侵すに至らば、我《われ》亦意を決して之に当たるの覚悟なかるべからず」と、ロシアへの宣戦の決意をうながし、明治三十七年（一九〇四）から翌年に及ぶ日露戦争となったのである。

日露戦争の結果、日本はロシアから受け継いだ満州の権益を維持拡大するため、旅順・大連・奉天などの要地に軍隊を駐留させて南満州鉄道を警護させた。すなわちこれが日本大国主義の原点である。

ところが日本国内でこれに痛烈な批判を投げかけた評論家がいた。それは『東洋経済新報』の主筆三浦銕《てつ》太郎（一八七四〜一九七二）である。『東洋経済新報』は明治二十八年（一八九五）町田忠治によって創刊された経済専門の旬刊誌である。

三浦がこの雑誌の出版社である東洋経済新報社に入社したのは明治三十二年である。静岡県出身の彼は東京専門学校（早稲田大学）で経済学を修め、卒業して恩師天野為之が経営編集していたこの出版社に入り、明治四十三年（一九一〇）に創刊された月刊誌『東洋時論』の編集長となった。

翌年その三月号に「帝国主義の暗影」と題する論稿を掲載して、日本の軍事費の国家予算総歳出に占める割合を統計数字で示し、その増大が国家の財政難をもたらし、国民に犠牲を強いるものであることを論じた。さらに同年彼は、「帝国主義の恐るべき側面」と題して、「帝国主義の政策は軍事費の過重によって国民を疲弊させ、多数の良民を犠牲にして領土拡張の益を少数資本家に奪掠《だつりやく》せしめている」と論難した。

しかも彼は、「帝国主義は立憲政治の基礎を崩す恐れがあり、排他的な経済上の保護主義と閉鎖主義をもたらす弊害がある」と指摘し、真っ向から政府の軍備拡張に反対した。そして日本国民が日清・日露の大捷《たいしょう》で浮かれ気分になっている愚かさを戒め、軍備拡張の非合理を力説した。

三浦は『東洋経済新報』の大正二年（一九一三）一月五日号および四月十五日号において、「満州放棄か軍備拡大か」と「大日本主義か小日本主義か」という二つの論稿ではじめて満蒙問題を論じたが、前者は「満州の支配者は中国であるべきで、日本の満州掌握はその経済的発展を促進しないばかりか、日本の損失となるものだから、早急に満州を放棄すべし」と主張するものであった。また後者は「領土拡大と軍備拡張をめざす大日本主義は軍事費の増大によって国民に犠牲を強いるものであり、軍閥の跋扈と軍人政治により立憲政治を崩し、対外的に排他主義、経済的に保護主義・閉鎖主義を押し進めるものであるからなんのメリットもない。したがって小日本主義をとり、領土拡大・保護政策は捨てなければならない」と論じたものであった。

すなわち結論として三浦は、「軍事費を削減して、それを商工業と産業の自由な発展に注ぎ込み、科学技術の向上に資し、国民生活を改善して、国利民福をはかるべきである」と主張しているのである。

この三浦銕太郎の小日本主義の考え方は、第一次世界大戦（一九一四〜一九一八）のあと、彼の後輩である石橋湛山《いしばしたんざん》（一八八四〜一九七三）によって受け継がれることになるが、石橋は三浦の説をさらに進めて、大正十年（一九二一）七月二十三日号の東洋経済新報で「一切を棄つる覚悟」と題する論稿を発表した。

この論稿は徹底的な小日本主義であり、全面的な植民地放棄論であった。すなわち、三浦の満州放棄論が日本の国防線を長春《ちょうしゅん》の北、鉄嶺《てつれい》線から旅順および朝鮮国境まで後退させよというのに対して、彼は満州を全面的に放棄することは勿論、朝鮮・台湾を含めて日本が日清・日露戦争で得た全植民地を放棄せよと主張したのである。そして彼は大日本主義無価値論を展開し、現下の日本においては、日清・日露の両戦役において獲得した海外植民地や、第一次世界大戦に参戦して国際的に承認された勢力範囲を維持する効用は、経済的にも人口的にも皆無であると数値的に断定した。

　これは右の「一切を棄つる覚悟」につづく大正十年七月三十日と八月六日および八月十三日各号の東洋経済新報に発表した「大日本主義の幻想」の要旨であるが、諸民族の解放運動が強まりつつある世界史の流れの中で、植民地における民族独立、解放運動の動向を見据えた、先進的な論稿ということができよう。

日本小国主義者の履歴

石橋湛山

石橋湛山は明治十七年（一八八四）九月二十五日、日蓮宗の僧侶杉田湛誓《たんせい》と母きんの長男として東京に生まれた。きんは江戸芝二本榎の畳屋石橋藤左衛門の次女である。湛山は幼名を省三といったが、故あって母方の姓石橋を名乗った。十一歳で僧籍に入り、甲府の長遠寺にあずけられて住職の望月日謙《もちづきにっけん》の下で修行を積み、小学校の高等科を卒業した。そのあと甲府市の尋常中学校（山梨県第一中学校）へ入学したが、そこへは十二キロの道を歩いて通学した。ところが彼はこの中学校を二度落第している。彼の三年後輩で後に早稲田大学で同窓となる小説家・中村星湖《せいこ》の話によると、落第の原因は「なまけて遊び歩き勉強しなかったからだ」ということだが、酒と女が原因だとの説もある。

だが、この二年の落第が、かえって彼の人生のプラスになった。入学したときの中学校長が転任して、後任のすばらしい校長にめぐり合うことができたからである。校長は大島正健《まさたけ》という、札幌農学校の第一回卒業生で、ボーイズ・ビー・アンビシャス（青年よ大志を抱け）で有名なクラーク博士の薫陶を受けた人だったからだ。大島校長は熱心なクリスチャンで小事にこだわらぬ豪傑肌の人物で、生徒たちにしばしば恩師クラーク博士のことを語り、湛山の若い心に火をつけて、怠惰な気持を除いてくれた。

明治三十五年三月、湛山は七年がかりで山梨県立第一中学校を卒業したが、奮起して母のいる東京へ出て、芝魚籃坂《ぎょらんざか》の母の家から正則英語学校に通い、その年七月一高を受験した。旧制一高―東京帝大のエリートコースの波に乗ろうとしたのだ。だが失敗した。やむなく甲府の長遠寺にもどり、住職望月日謙の命により山梨普通学校で英語と博物・日本史を教えていたが、年を越した翌年再び東京に出て一高を受験したがまた不合格となった。これで中学校の落第と入試の不合格とで、失敗が四回も重なったことになる。

その挫折で心がくじけそうになり、屈辱感にさいなまれたが、クラーク博士のボーイズ・ビー・アンビシャスがその屈辱をはねのけた。勧める人がいて、早稲田大学高等予科の編入試験を受けて合格し、翌年の明治三十七年七月この高等予科を終了した。そして二か月後の九月に大学部文学科第一学年に入学することができたのである。

この明治三十七年というのは日露戦争が始まった年である。だからもし彼が早稲田大学に入らずぶらぶらしていたら、軍に召集されて旅順で戦死していたかもしれない。彼はこの年徴兵の適齢期にあったが、大学に入っていたため、その延期を願い出たからである。

早稲田大学の前身は東京専門学校だが、湛山が入学したときは、その東京専門学校が早稲田大学と改められて二年目であった。彼はこの大学で、人生で最大の感化を受けることとなった学者とめぐり合った。田中王堂（一八六七〜一九三二）という埼玉県出身の哲学者である。

王堂は本名を喜一と言い、明治十六年米国へ留学してシカゴ大学を卒業し、ジョン・デューイの感化を受けたプラグマティストである。講義が難解だとの定評があったが、一年もたつと学生はみんなこの講義に心服して彼を尊敬するようになった。王堂と湛山の子弟の縁が教室での講義のあいだだけで終わらなかったことは、後年湛山が、「私は先生によって初めて人生の目を開いていただき、私が後年専門とした経済学は先生の有益なご指導の賜である」と述懐していることでもわかる。具体的にいえば王堂はプラグマティストであったから、湛山にトインビーの『十八世紀イギリス産業革命史』を読めと奨め、これによって湛山は近代経済学の目が開かれたということだ。

このように湛山は、この王堂によって学問の深さと面白さを教えられ、勉学への意欲を触発されたから、その結果は大学の成績となってあらわれ、彼の卒業試験の成績は哲学科で一番であった。早稲田大学の文学科は英文科と哲学科に分かれており、英文科は山梨県立第一中学校で湛山と同窓であった中村星湖がトップだったから、期せずして同じ中学の出身者が文学科の二つのトップを独占したわけだ。かくして湛山は早稲田大学の特待研究生に選ばれ、卒業後も一年間は大学に残って研究生活をつづけることができた。

一年間の研究生活を送ったあと、湛山は明治四十一年（一九〇八）十二月、東京毎日新聞社に雇用されて社会部に配属されたが、間もなく徴兵検査を受けて甲種合格となり、この記者生活は八か月で終わった。

明治四十二年（一九〇九）十二月一日に東京麻生《あざぶ》の第三連隊に入営した湛山は、翌明治四十三年十一月末、二等兵から軍曹に進級して、一年後に除隊した。少尉任官の辞令を貰ったのは大正二年（一九一三）一月である。除隊したとき彼は数え二十七歳であった。

除隊して下宿にもどった湛山が東京毎日新聞の主筆であった田中穂積《ほづみ》の紹介で東洋経済新報社に入社したのは明治四十四年一月のことである。以後、彼は日本が大東亜戦争に突入して戦いに敗れ、その翌年に政界に入るまで、三十五年間を、この出版社で過ごすことになる。

当時東洋経済新報社は東京牛込天神町の六番地にあり、建物はペンキ塗りの木造二階建て洋館であった。会社はロンドンのエコノミストを模範として明治二十八年、町田忠治が創立した。明治二十八年十一月十五日に創刊された『東洋経済新報』は、日本最初の経済雑誌として知られた。

町田忠治はその後、日本銀行を経て政界へ進出し、民政党総裁となるので、早稲田大学教授の天野為之に後を委ね、さらにそのあとを天野門下の植松孝昭《ひさあき》が継ぎ、植松が明治四十五年に病没して、第四代主幹となったのが前にも述べた三浦銕太郎《てつたろう》であった。この三浦こそは、当時の時流であった大日本主義に抗して小日本主義を唱え、日本が日露戦争で得た満州の権益を放棄せよとの論陣を張った硬骨漢であった。

石橋湛山の東洋経済新報社入社は、この三浦の下で、三浦が新しく創刊した月刊誌『東洋時論』を担当する記者としてであった。『東洋時論』の特色は市民的自由の擁護と個人主義の鼓吹にあり、個人主義に反する旧道徳すなわち忠君愛国や家族道徳を否定し、婦人解放に向け女性たちの覚醒を促すことにあった。その頃の新報社の社員は十七人で、時論の編集には主幹の三浦と記者の湛山があたっていたが、雑誌の売行きがあまり良くなく経営が不振におちいったので、間もなく大正五年十月に廃刊になってしまった。

それ以後湛山は新報専属の記者として、経済学を独学しながら政治と外交に関する評論を執筆した。彼が日本のケインズと称されるほどの財政学の大家となるのは、このときの独学が実を結んだものである。

湛山が東洋経済新報社に入った当初から『東洋時論』の誌上で鼓吹《こすい》した個人主義や婦人の解放は、決してお題目だけのものではなく、実践の問題であった。だから湛山は明治四十五年（一九一二）十一月に結婚するとき、結婚相手に選んだ女性は岩井うめという小学校の教師であった。しかも彼はこのうめに良妻賢母たることは求めず、結婚してもそのまま小学校教師を続けさせ、決して家庭にしばりつけるようなことはしなかった。新妻は朝起きて一人で朝食をとり、弁当をもって学校へ行き、夫は妻が出かけたあと起きて用意された朝食をすませて、市電で会社へ通った。このとき彼はかならず部厚い経済学の原書を携え、往復の車中でこの原書を読みつづけた。したがって彼の経済学の先生は書物であり、このあと政治や外交に関する評論や社会時評についても、机上の空論や人からの受け売りではなく自ら体験して学びとったものであった。

彼が『東洋経済新報』に発表する評論は多岐にわたり、めまぐるしく変わる政治の動向や社会風潮の変遷に即応したものであった。しかもその評論にはどんなに世の中が変わろうとも歪《ひず》みのない基本原則が根づいていた。つぎの三原則である。

一、小日本主義を基調とした反帝国主義の主張であること。

二、国民主権論に立脚する、官僚勢力への批判と抵抗であること。

三、普通選挙法による民衆の国政参加推進と、政治的自由の擁護拡大。

右の三原則に立脚した石橋湛山の新報掲載の評論は、具体的には左記の諸論文となってあらわれた。

まず最初に大正二年（一九一三）アメリカのカリフォルニア州で起こった日本移民排斥騒動に関する新報の社説「我れに移民の要なし」がある。

このアメリカの日本移民排斥騒動につき、日本国民は憤激し、開戦論を唱えるものもいて、新聞や雑誌もこれに同調したが、湛山はこの日本国内の反米気運を批判し、日本の対米移民不要論を説いて、人口過剰の問題は別途解決方法を考えるべきだと主張した。

次は大正三年（一九一四）の第一次世界大戦に日本が参戦して、中国山東半島の青島《チンタオ》を占領したことについて、湛山は「青島は断じて領有すべからず」という論文を掲載し、日本の言論界の大半がこの山東出兵を支持したにもかかわらず、日本の軍事行動は「如何なる点より考察するも決して利益にならない。」と非難した。

さらに湛山はこの第一次世界大戦で世界の眼がヨーロッパに注がれていることに乗じて日本の大隈内閣が中国の袁世凱政府にいわゆる対華二十一か条の要求を通告したことに反対して、これを「対支外交の大失敗」と攻撃した。

また、この第一次世界大戦の最中、ロシア革命が起こって、社会主義政権がロシア国内に誕生すると、連合国軍がこれに干渉してシベリア出兵を行い、日本も一九一八年八月寺内内閣が新報の社説で湛山が「不出兵を中外に明示せよ」と忠告したにもかかわらずこれを断行すると、湛山はふたたび九月十五日と翌年の四月に「シベリア出兵を引上ぐべし」と「速やかにシベリアより撤兵せよ」と題する論文を書いて、激しくこの政府の態度を論難した。

第一次世界大戦のあと、大正八年（一九一九）一月から六月にかけてパリで平和会議が開かれたが、石橋湛山はこのとき成立したベルサイユ条約の内容についても東洋経済新報の社説で、敗戦国ドイツに対する賠償・領土割譲・軍備制限などの諸規定がきわめて苛酷かつ不公平であることを論難しているが、この彼の主張はイギリス代表団の大蔵省首席代表であったケインズと全く同じ趣旨の内容だったので湛山の経済学の水準が、この高名なケインズと同じレベルにまで達していたことがわかる。

湛山はこのあと、日本の国内問題にも目を向けて鋭い論陣を張り、つぎのような諸点を政府に要求する内容を新報に掲載した。

まず、衆議院議員選挙法を改正して有権者の幅を拡大すること。

第二に税制を改め貧富負担の公平をはかり、不公平な産業上の保護政策を撤廃すること。

第三に国民の思想言論の自由を保障し、不都合な治安警察法・新聞紙法の諸規則をなくすること。

第四に内閣官制を改め、陸海軍大臣を軍人に限る規定を撤廃すること。

最後に官界に存在する学閥の弊害を除き、その任用について均等の機会を与えること。

以上、湛山が時流に阿《おも》ねず権力を恐れず、旧憲法下でも堂々と国家の政治は全人民に由来することを主張しつづけたことは、驚嘆に価することである。

宇垣一成

宇垣一成《うがきかずしげ》ほど枢密院の元老たちから内閣の首班たるにふさわしい人物とされながら、それが実現されなかった人物はほかにいない。それは当時の日本陸軍が専横をきわめ、それを抑えられるのは彼しかいないと信じられていたが、昭和十一年の二・二六事件で粛軍により皇道派を一掃して権力を握った幕僚たちが、彼に反発して、組閣に陸軍大臣を出さなかったからである。明治三十三年五月の官制改正で「軍部大臣現役武官制」が山県内閣で確立され、「陸軍大臣は現役武官に限られた」から、陸軍が宇垣内閣に陸軍大臣を推挙しなければ、組閣はできなかったのである。

しかし、彼はその数年前の昭和六年（一九三一）に予備役に退いたとはいえ、陸軍大将であり、陸軍省の軍人たちの多くは彼の旧部下である。その陸軍省がなぜ彼の組閣を阻止しようとしたのか……それは、彼が小国主義者たちに肩入れし、海軍の加藤友三郎と並び陸軍の軍縮を推進したからである。

第一次世界大戦の終息により、世界各国は国際的軍縮の方針をとり、これが一九二二年のワシントン条約の成立となったが、海軍では日本全権の加藤友三郎がこれに調印した。この年六月十二日に首相となった加藤大将は当時の陸相であった田中義一大将に軍事予算の縮小を求めた。海軍五千万円にたいして陸軍でも三千万円の節減をせよというのである。ところが陸軍内部は強硬に反対した。しかし田中はこの陸軍内部の反対に対処するため宇垣中将を次官に任命して前任山梨中将の第一次軍縮案につづく大幅な第二次案を作成させて辞任し、後任の陸相に宇垣を推《お》した。この軍縮案には軍事参議官の上原元帥や福田・尾野・町田といった各大将は反対したが、宇垣陸相は議長の奥元帥を説得して同意を得、これを可決させた。

大正十四年（一九二五）五月から実行に移されたこの軍縮案は、多くの大将や中将などの将官たちを予備役に追いやり、軍人たちに肩身のせまい思いをさせた。だから、将来の日本陸軍を背負って立つことになる少壮軍人たちは、宇垣に対して反感を抱き、このしっぺ返しをしたというわけである。

だが、この宇垣陸相の軍縮による四個師団削減の見返りで、日本陸軍は近代兵器・科学兵器によって装備された航空隊・戦車隊および砲隊が創設され、無線電信も改良された。これは彼の功績といってよい。

また宇垣はこれまで陸軍を牛耳ってきた将官たちの長州閥・薩摩閥を押さえ、新たに陸軍大学校出の将官たちで陸軍中枢部を固めた。宇垣と陸軍士官学校が同期で、小日本主義的な思想傾向にある白川義則大将や鈴木荘六大将らと手を結び、帝国陸軍を牛耳っていた皇道派や統制派の暴走を抑えようとした。とりわけ統制派の幕僚たちは権力を掌握して日本を強力な軍事国家にしようと企んでいたからである。

宇垣一成（一八六八〜一九五六）は明治元年六月二十一日、備前国磐梨《いわなし》郡潟瀬《かたせ》村（岡山県赤磐郡《じ》瀬戸町）で農家の五男として生まれた。父は宇垣杢右衛門、母はたかと言い、彼の幼名は杢《もく》次である。

一成の生い立ちは変っていて、小学校を卒業すると上道郡で小学校の代用教員となり、明治十七年に十六歳で上道郡御休村の小学校長となっている。年若くして傑出した才能の持主であったことがわかる。だから彼は小成に安んぜず、十八歳になって上京し、明治二十一年に陸軍士官学校へ進学した。明治二十三年（一八九〇）七月、二十二歳で卒業したが、さらに陸軍大学校で学び、明治三十五年八月から三十七年四月までの二年間、ドイツに留学して軍事研究に専念した。帰国したときの階級は陸軍少佐である。すぐさま日露戦争に第八師団参謀として出征し、凱旋後の三十九年二月、再びドイツへ行ったが、今度は駐在武官としてであった。帰国したのは明治四十一年二月である。

こうして経歴に箔《はく》をつけた一成は四十歳で参謀本部総務部の部員となり、教育総監部へ異動したあと、明治四十四年九月、陸軍省軍事課長となったが、陸軍少将に昇進したのは大正四年（一九一五）四十七歳のときであった。翌年参謀本部第一部長に栄進し、大正八年（一九一九）陸軍大学校長に就任し陸軍中将となった。

陸軍中将宇垣一成が政界に足を踏み入れるきっかけは、大正十二年（一九二三）に陸軍大臣田中義一大将の下で陸軍次官に就任したときからである。このとき彼は先任の陸軍次官であった山梨半造《やまなしはんぞう》中将のあとを受けて加藤友三郎内閣が着手していた第二次軍縮案を実行に移すべく軍備整理の研究を主宰した。そのあと内閣は第二次山本権兵衛内閣を経て清浦奎吾《きようらけいご》内閣と続くが、大正十三年一月、宇垣はこの清浦内閣で陸軍大臣となった。

清浦内閣で陸相となった宇垣はその後も第一次・第二次の加藤高明内閣・第一次若槻礼次郎内閣と四代の内閣で陸軍大臣をつとめ、この陸相の時代に懸案の第二次軍縮を断行した。すなわち陸軍四個師団の廃止をはじめとする大規模な軍備整理を行い、その節減した経費でもって装備の近代化に着手したのである。

しかし彼は、日本が小国主義の路線を歩むとしても侵略からの抑止力である国防の重要さは肝に銘じていたから、国民の国防意識を高めるために学校教練や青年団訓練を推進して大正デモクラシーの軽佻浮薄な風潮を戒めた。この彼の考え方と実行力とが元老西園寺公望《さいおんじきんもち》をはじめ政界の重鎮たちの注目するところとなり、「この宇垣こそ、政界の惑星たり」と囁かれるようになった所以である。

昭和二年（一九二七）四月、田中義一内閣の成立にともない、宇垣は陸相を辞任して軍事参議官となったが、二年後の昭和四年七月浜口雄幸《はまぐちおさち》内閣で再び陸軍大臣となり、第三次の軍備整理を構想した。この軍備縮小は昭和五年二月の第十七回総選挙で民政党が大勝利した時代風潮を背景としたものであったが、四月二十二日のロンドン海軍軍縮条約調印につき、政友会から統帥権干犯《とうすいけんかんぱん》問題が提起されて紛争が生じ、昭和五年十一月十四日、浜口首相が東京駅で暴漢に狙撃されて重傷を負ったことで立ち消えとなった。

そうした世情悪化の中で、昭和六年三月に起こったのが、陸軍桜会の一部将校と東亜経済調査局理事長大川周明《しゅうめい》らが企てた軍事クーデター未遂事件である。この三月事件は、陸軍で人望の高かった宇垣大将を擁立して内閣を組織しようとしたもので、これに宇垣大将本人も加担していたとの嫌疑がかけられたが、彼はこれを否定して、「随想」でこう述べている。

「余は兼ねてより、現に君国より与へられたる地位に満足し、感謝して居るものである。何等政治的進出の野心は勿論希望をも有して居らぬ。唯国家異常の際に処して御奉公を誤らざる丈けの覚悟と用意は国家重臣の立場として常々心掛けて整へて居るのである。余に共鳴し余を推戴せんとする同志は浜口氏負傷後は一段と馬力を掛けて余の蹶起出盧《しゅつろ》を促さんと勉め居りたりしも、余は常に前述の意中を述べ盲動を戒め置くのみならず、余の出盧は四囲の形勢夫れを余儀なくし、而かも出盧によりて余の経綸抱負実現の可能なるべき条件が伴はぬ限り意味を為さぬ。総理や総裁の椅子の如きは余の眼中にはないとの意をも含め置きたりしなり」

したがって伊藤正徳は、その著書『軍閥興亡史』において、

「恐らく宇垣は部下が何か謀っていることはウスウス知っていたが、よもや軍隊出動の革命を実行する如き乱暴なものとは想像しなかったのではなかろうか」

と推定している。

いずれにせよ宇垣一成は、陸軍省の杉山次官と小磯局長からこの決起計画のことを知らされて驚き、「なにを君たちは馬鹿なことを言う。軍隊がそんなものに加担してどうする。軍隊はそんなことに使うべきものじゃない。お国のためになら命を捧げてやらすけれども、そんな事には断じて加担してはいかぬ」と中止命令を出して事件を未然に防いだ。

惟《おもんみ》るに、これは人望が高く些事にこだわらない宇垣が部下たちに利用された事件で、その張本は軍務局長の小磯国昭《こいそくにあき》と民間人の大川周明だったと推定できる。このことは敗戦後の東京国際軍事裁判所の法定で証言した宇垣一成の陳述で、

「この三月事件につき、私が陸軍次官杉山元《はじめ》・軍務局長小磯国昭を呼んで報告を聞くと、果して大川博士等が政府顚覆を陰謀し、私が革命政府の首班に予定されていることが判った。私は陸軍を使って革命計画を遂行せんとする如き一切の計画を即刻中止し、且つ其旨を共謀者に通告することを命じた」

とあり、明白である。

だが、この事件のため、それまで高かった宇垣大将の陸軍部内での人望が一挙に失墜したことは否めない。

昭和十二年一月二十五日、宇垣は広田弘毅《こうき》内閣が崩壊したあと、天皇陛下から内閣を組織して首相をつとめるよう大命を受けた。ところが陸軍がこの組閣を妨害して陸軍大臣を出さなかったため、彼は組閣を断念せざるを得なかった。その陸軍抵抗の底流には右の三月事件の関与

顛末があったが、直接の原因はこれから述べる彼の小日本主義的思想傾向にある。

その一つは彼が大正十四年（一九二五）に行った陸軍軍縮による四個師団の廃止をはじめとする大規模な軍備整理である。

もう一つは当時の陸軍で実権を握っていたのは、昭和六年九月に満州事変を起こして満蒙領有計画を推進した者たちであったが、彼らはもし宇垣大将が組閣して宇垣内閣が成立すれば、この満蒙領有計画がくつがえされるのではないかという危機感があったからである。

もっとも当時の参謀本部で作戦指導部長となっていた石原莞爾大佐らは、組閣を阻《はば》めば大御心に背くことになるから宇垣内閣実現のあとで是是非非《ぜぜひひ》主義をとればよいと主張したが、これは拒否されて、左記のような決議が陸軍省でなされた。

陸軍入閣拒絶ノ件
宇垣総理大臣候補者ヨリ陸軍大臣推薦ノ交渉ヲ受ケタル場合ニハ、左ノ理由ヲ以テ拒絶スルヲ要ス
宇垣総理大臣ノ許ニ於テハ陸軍大臣トシテ部内統制ノ責ニ任ジ得ル者無シ
（「軍務課政変日誌」）

この決定が参謀本部にも及び、西尾参謀次長以下関係部課長と各班長が集合し、部内一致して反宇垣に邁進することを決めたのであった。まさに下剋上の極みで、こうなっては元老たちが天皇に奏上して、その大命を拝受した日本陸軍の最長老宇垣大将であっても、いかんともなしがたかった。

当時の国民世論は圧倒的に宇垣内閣の実現を待望していたが、この軍部の横暴の前に宇垣は涙を呑んで一月二十九日、大命の拝辞を奏上せざるを得なかったのである。もしこのとき宇垣内閣が成立していたならば、どうなっていたであろうか……それについて、前掲伊藤正徳の『軍閥興亡史』はこう述べている。

「政党は政友会も民政党も、かっては宇垣を党首に担《かつ》ごうとした事実があるところから、準挙国一致的な内閣ができていたと考えていい。そして軍の政治進出は必ず抑制されたであろうし、なによりも日支国交が回復されて、この年（昭和十二年）七月に勃発した日支事変は回避されていたであろうし、日本の運命は破滅には向かわなかったであろうというのが、識者の見方であった」

宇垣の対華和平交渉

宇垣内閣流産のあと成立したのは石原たち参謀本部の推進する満蒙政策をそのまま実践する林銑十郎《はやしせんじゅうろう》内閣であった。

その林銑十郎内閣がわずか三か月半で総辞職すると、昭和十二年六月四日、第一次近衛内閣が成立した。すると宇垣はその近衛首相に懇望されて翌年五月外務大臣に就任し拓務大臣を兼ねた。

これは、近衛が首相に就任して間もない昭和十二年七月七日に中国の北平《ペーピン》郊外で盧溝橋《ろこうきょう》事変が起こり、政府の不拡大方針にもかかわらず日中両国の全面戦争となって、とめどもなく戦線が広がり、外交交渉は行きづまってしまった。そこでその外交を正常な軌道にもどすために、中華民国の要人とつながりのある宇垣に御登場願ったというわけである。

そこで宇垣は、その外相就任の条件としてつぎの四項目を提示した。

一、内閣を強化統一すること。

二、外交を一元化すること。

三、支那（中国）に対して平和的な交渉を始めること。

四、本年一月十六日の近衛声明は機を見て撤回すること。

要するに、この対華交渉のすべてを、この宇垣に一任してもらいたいということだ。

というのは、この交渉の行きづまりは、近衛首相が自分で招《まね》いたものであり、彼がこの年（昭和十三年）一月十六日、中国の蒋介石に和平交渉の打切りを通告し、「国民政府を相手にせず」という愚かな声明を発したからである。近衛自身そのあとで「これは失敗であった」と気付き、なんとかしてこれを撤回し、蒋《しょう》総統との交渉を再開したいと考えていたからだ。

こうして近衛首相に右の四条件を承諾させた宇垣は、すぐさま外相就任間もない六月、戦争の泥沼と化した日中関係を正常にもどすべく、中華民国の孔祥熙《こうしょうき》と和平折衝を始めた。

この宇垣の外相就任が国民政府からも好意をもってむかえられたことは、国民政府の前外交部長張群《ちょうぐん》からの祝電が届いたことでもわかるが、国民政府蒋総統も宇垣とは旧知の仲だったからである。蒋介石《しょうかいせき》は北伐後一時下野していたが、このとき日本の東京にやってきて四谷《よつや》の宇垣邸で宇垣と懇談したことがあるし、宇垣が朝鮮総督であったときには使者を彼のところへ派遣し、宇垣に施政のノーハウを尋ねさせたことがある。宇垣は昭和六年六月に朝鮮総督に任じられて赴任したとき、農村の振興に力を入れ「南綿北羊《なんめんほくよう》」といって、南鮮で農民に綿花《めんか》栽培を奨励し、北鮮の高原地帯では綿羊《めんよう》を飼育させて農民の現金収入を増大させ、さらに北朝鮮で大幅に電源開発をさせて重化学工業を興した実績があったからである。蒋がその宇垣の手腕を評価したのだ。

宇垣の交渉相手であった孔祥熙は、当時国民政府の行政院長で、当初交渉にあたって、彼は宇垣に英国あるいは米国の有力者を仲に立てて和平交渉を進めてはどうかと提案をしてきたが、宇垣は「東洋のことは東洋人同士で話し合って解決しようではないか」といって、直接両人が会談することとなった。

この会談で宇垣は孔に「日本側には蒋総統の下野を望む声が強い」と伝えたが、孔は、つぎの五項目を提案してきた。

一、満州の問題はこの際触れないで、暗黙のうちに承認して領事を置く。
二、内蒙古の特殊地域設定は可とするも、北支に設定することは不可とする。
三、賠償金は目下中国は疲弊しているので支払うことはできない。
四、日本人顧問や資源の共同開発の件は良いことであるから承認する。
五、蒋総統の下野は困難であり、代わってこの孔が辞任するというのはどうか。

このように、当時の中国側の申し出た和平の条件は日本側にとってもそれほど悪いものではなかった。

これを日本側は戦勝の驕りで、蒋介石の下野を絶対条件にするなど、難癖をつけて交渉を打ちこわしたのである。

宇垣外相はこれまでの孔祥熙との交渉経過を閣議で報告し、孔の提案も受け入れて、イギリス大使クレーギーやアメリカ大使グルーとも精力的に会談して、なんとかして中国との和平交渉をまとめようと努力したが、この宇垣の英米両大使との会談のことがマスコミに知れて、右翼の執拗な攻撃にさらされた。彼らは街頭に出て「対英媚態《びたい》外交絶対反対」、「宇垣クレーギー会談反対」、「英米の走狗《そうく》宇垣を葬れ」などと中傷宣伝し、国民大衆もこれに惑わされて、宇垣外相の辞任を叫び出す始末だった。

公爵近衛文麿《ふみまろ》が内閣を組織して首相となったのはこうした国民大衆の絶大な支持を受けたからであった。この内閣は「国内的には社会正義、対外的には国際正義を」とのスローガンを掲げてスタートしたが、近衛はこれをラジオで国民に呼びかけ、国民に深い満足感を与えた。彼は天皇家に最も近い五摂家筆頭の家柄の出自であったが、名門育ちにありがちな優柔不断なところがあり、国民世論を気にするところがあって、備前の百姓の出である宇垣とは性格的に噛み合わなかった。だから近衛は、懇望して外相に起用した宇垣ではあったが、国民世論が彼に背を向けると、次第に煙たがるようになり、両人の仲がしっくりゆかなくなり、昭和十三年（一九三八）九月二十九日、宇垣は突如外相を辞任した。

それは対華和平工作への二人の意見のくいちがいに加えて、宇垣が外相就任のとき条件として出した外交一元化を無視して、近衛が興亜院という対華中央機関を設置して、外務省の機能

・権限にとって代わらせようとしたからである。

それればかりでなく、宇垣にはなんのことわりもなく、新聞記者会見を行って「蒋介石を相手にせずという帝国政府の方針は終始一貫不変である」と声明したからである。これでは宇垣が孔祥煕とのあいだで行っている和平交渉をぶちこわすようなものである。近衛は宇垣の入閣に際して、宇垣が要求した四項目を受け入れ、昭和十三年一月十六日の近衛声明についても「あれはつい強気になって余計なことを言ったのだから、上手《じょうず》に取り消してもらいたい」と言明したからだ。それを宇垣がいよいよこれから蒋介石を相手に日本の長崎で会談を始めようとしていた矢先、このような矛盾した声明をするとは全くもって正気の沙汰とは思えぬ。宇垣は憤然とした。

　折しも問題の対中華中央機関興亜院の設置についての閣議が九月二十九日に開かれることになっていたので、宇垣は外務省を出て首相官邸へ向かうが、首相の居る執務室に入ると、いきなり安楽椅子に腰をかけていた近衛首相の前に立ち、一礼して辞表を提出した。辞表の文言に曰く、

「本年初夏、大命ヲ拝シ爾来日夜淬励《サイレイ》以テ聖明ノ重寄ニ奉答センコトヲ期シ眷々《ケンケン》努力罷《マカリ》在リシモ、近時健康ヲ害シ劇務ニ堪へ難ク、為ニ時局極メテ重大ナル折柄充分ナル御奉公ニ欠クル所アランコトニ想到シ、実ニ深憂恐懼《キョウク》ニ堪ヘズ、仰ギ希《ネガワ》クハ此際臣ノ重任ヲ解《ト》キ賜ハランコトヲ誠恐誠惶《セイキョウセイコウ》、謹《ツツシミ》テ奏ス

昭和十三年九月廿九日

外務大臣兼拓務大臣　宇垣一成」

健康上の障害を理由としているが、明らかにこれは興亜院を設置して外務省の宇垣から外交権を取り上げる侮辱的措置への抗議である。

　以後宇垣は閑居を続けるが、近衛は陸軍の将官として珍しく平和主義者であった宇垣に見放されてやむなくこれまで進めてきた対中平和交渉を断念した。そこで新しく東亜新秩序建設を表明して、重慶から脱出してきた汪兆銘《おうちょうめい》と手を結び、国家総動員法を制定強化しながら、軍国路線をひた走りに走る。こうして第一次近衛内閣は昭和十四年一月四日に平沼騏一郎《ひらぬまきいちろう》内閣と代わり、平沼内閣は一月五日から八月二十八日まで続いたが、「欧州情勢は複雑怪奇なり」との名科白《めいぜりふ》を残して総辞職した。そのあと阿部信行《あべのぶゆき》内閣、米内光政《よないみつまさ》内閣と短命内閣が続いて、昭和十五年（一九四〇）七月近衛内閣が再登場して中華民国汪政権との間で日華基本条約を締結した。だが悪名高い日独伊三国同盟を締結して、米英両国を敵にまわしたことは、日本を滅亡へと追いやるものだった。

　けれども国際情勢に疎《うと》い国民世論は圧倒的にこの近衛首相を支持し、彼が対米交渉に行きづまって総辞職をしたにもかかわらず、このポピュリズムの波に乗って、近衛は昭和十六年七月十八日、ふたたび第三次近衛内閣を組閣した。この間《かん》、中華民国の総統蒋介石は夫人宋美齢《そうびねい》の尽力もあって完全に米国大統領ルーズベルトを味方につけ、米国に日米開戦を決意させて、近衛に代わった東条英機《とうじょうひでき》内閣は、その策謀にのせられ、ハワイ真珠湾《パールハーバー》を奇襲攻撃した。

かくして日本は滅亡への道を驀進《ばくしん》することとなったが、そうした時流に抗してなんとかして軍部を抑え、政府の路線を転換させようとした硬骨の外交官がいた。それは軍部の皇道派将校から「君側の奸《かん》」として命を狙われながらも辛うじて生きのびていた元老牧野伸顕《まきののぶあき》の女婿吉田《じょせいよしだ》茂《しげる》である。この吉田の外交官としての最初の赴任先は中国の奉天《ほうてん》であり、その後も度々中国に赴任した体験から、断交されたままの中国との関係を元にもどし、米英両国相手の戦争だけはどうしても避けたいといろいろ画策していたが、その吉田が目を付けた人物がほかならぬ宇垣だった。

吉田は昭和十一年の二・二六事件のあと成立した広田弘毅《ひろたこうき》内閣で、外務大臣に擬せられながら軍部の反対で外《はず》された経緯があり、その広田内閣が翌昭和十二年一月に退陣したとき、重臣たちが推挙して組閣の大命を受けた宇垣を吉田も大いに期待していた。ところがその宇垣が自分と同じように軍部の反対で組閣を断念せざるを得なくなったことを知ると、持ち前の反骨で、どうしてもこの際この宇垣を首相に押したいと画策した。そのことは吉田が宇垣にあてた三十二通の書状によって確認できることだが、昭和十四年八月の平沼騏一郎内閣総辞職のときから昭和十九年の東条内閣崩壊のときまで執拗に繰り返された。これは吉田の憂国の至情から出たことで、己れひとりの野心から出たことではない。

さて、この吉田の宇垣擁立工作……。

昭和十四年八月の平沼内閣総辞職直後、吉田が軽井沢で静養中の宇垣を訪ねて、「対華外交は英米両国を抱き込んで蒋政権に臨むべきである」と宇垣を口説き、宇垣をその気にさせ、元老の牧野伸顕も宇垣推薦を決意した。ところが内大臣の湯浅《ゆあさ》は、宇垣が朝鮮総督府総監のとき、その下で政務総監をつとめていた関係で、宇垣の政治的見解に懸念《けねん》があるとしてその実現を阻んだ。

つぎは第二次近衛内閣が政党の反発で倒閣の気運が盛り上がったときである。吉田は宇垣を近衛と会談させて時局を収拾し、彼を首相に担ごうとしたが、このときも湯浅が「宇垣はいけない。自分は彼を危険だと思っている」と反対した。彼は前述した昭和六年の三月事件に宇垣が関与したと思っていたのだ。しかしこのときは民政党の長老斎藤隆夫が、宇垣に書状で「救国のため、是非御尽力を」と出馬を促すなど、政党の期待も大きかったのだが、もうこの時期では、政党に政局を動かす力などはなく、どうにもならなかった。

最期に吉田が宇垣の擁立工作を行ったのは昭和十六年十月十六日に第三次近衛内閣が日米交渉に行き詰まって総辞職し、木戸内大臣が後継内閣の首班に東条陸相を奏薦《そうせん》したときである。このとき十月十七日の重臣会議で、大正末年から昭和の初期にかけて第一次と第二次の若槻内閣を組織した若槻礼次郎が強く宇垣を推し、「彼を起用して軍部を抑え、対米英戦争の危機を切り抜けよう」との意見を述べ、元老たちもこれに賛同したが、木戸内大臣が反対して東条が首相となった。

しかし、吉田はこの東条政権下でも宇垣擁立工作を断念せず、昭和十七年四月、岳父牧野伸顕への書状で、宇垣・平沼会談を実現させたことを報じている。また同年九月一日に東郷茂徳《とうごうしげのり》外相が大東亜省設置に反対して外務大臣を辞任したとき、政局が動くと見て、宇垣が画策した戦争終結の意見書を近衛文麿に見せた。この宇垣の意見書というのは、欧州と中国へ使節を派遣して講和をはかるというもので、欧州へは近衛文麿《ふみまろ》、池田成彬《しげあき》、樺山愛輔《かばやまあいすけ》、吉田茂らがスイスをめざし、中国へは蒋介石の恩人ともいうべき頭山満《とうやまみつる》と、蒋と親交のあった宇垣が向かうというものであった。

こうした吉田の終戦に向けた暗躍は軍部の妨害で実現せず、吉田自身、彼の周辺に憲兵の目が光って何もできなくなってしまったが、それでも宇垣は独自の立場で中国へ渡り和平工作を行っている。これは重臣たちの東条内閣打倒工作が成功して、昭和十九年七月東条が退陣し、代わって小磯国昭内閣が成立したときであった。このとき小磯はもと上司であった宇垣に無任所大臣として入閣を求めたが、彼はこれを断り、中国との和平交渉ならば協力するといって同年九月中国へ渡って一か月間、重慶政権側の要人と接触交渉している。その結果は小磯首相・重光葵《まもる》外相・杉山陸相らに報告されたが、その報告書による宇垣提示の和平案は、「軍事・外交・経済すべてに権限を持つ者を中国へ派遣し、重慶側と交渉させ、日本軍は揚子江以北へ撤収する」という内容であった。

このように宇垣は昭和十年代後半、軍国主義と大日本主義のうねりの中で、大衆迎合の近衛に押さえられて今一つ人気がなかったが、終始国家のためを思い、日中の和平交渉に尽力したのであった。

余談だが、昭和二十年八月十四日、日本がポツダム宣言を受諾し、新憲法が成立し、昭和二十八年に参議院議員選挙が行われたとき、宇垣は全国区で最高得票をとり参議院議員となった。

政界の惑星として活躍が期待されたが、体力的に遅すぎて、昭和三十一年四月、八十八歳で他界している。

日本小国主義の真骨頂

梅花笑って　三月の雪よりも白し

これは小日本主義の大御所高橋是清が、昭和十一年二月二十六日の未明、陸軍近歩三第七中隊中橋基明中尉の発した拳銃七発によって斃れた前日、省務を終えて官邸の玄関へ向かう途中で詠んだ発句である。このとき大蔵大臣高橋是清、数え八十三歳。

当時の日本の軍部の勢力は異常なほど強大で、軍事予算は膨張するばかり。マスコミ財界もこの軍部に対しては誰一人として反対意見を述べることが出来ないような雲行きの中で、高橋是清ひとり蔵相として正面からこれに歯止めをかけようとして、軍部過激勢力の恨みを買い、こうして生命を落したのであった。いわゆる二・二六事件である。

この高橋是清の死体には、死後に浴びせかけられた軍刀による五箇所の傷痕があったが、そのような惨死にもめげず、この先輩の志を継承して小日本主義の主張を貫いた硬骨の経済評論家がいた。これが東洋経済新報の社長石橋湛山である。

彼は前にも述べたように大正七年（一九一八）に寺内内閣が行ったシベリア出兵に反対したが、そのあとも昭和に入って田中義一内閣の昭和二年から三年にかけての山東出兵に筆誅を加え、日本軍と国民政府軍が衝突した済南《チーナン》事件直後の新報五月十九日号の社説で、「戦死者を思え、出兵は戯談事《ざれごと》にあらず、国民は撤兵を要求せよ」と論難している。

だが彼の評論家としての本命は、なんといっても昭和六年九月十九日の柳条湖《りゅうじょうこ》満鉄線路爆破事件に始まる満州事変と、その翌年三月一日に建国される満州国への帝国政府の対応について記した昭和六年九月二十六日と十月十日付新報の社説である。

それは「満蒙問題解決の根本方針如何」という論題で、経済・国防の両面からわが国がこの建国を推進して中華民国と世界列強を敵に回すことは、決してわが国の利益にはならないことを縷々論証している。いわく、

「支那（中国）がわが国にとっては最も旧い修好国であり、かつてはわが国の文化を開いてくれた先輩国でもあり、時に両国の間で戦いを交えたこともあるが、過去千数百年間の両国の国交は類例少い親睦の歴史を示した。だからこの親睦は将来もまた永久に維持することが両国の利益であり、必要であることは疑いないが、最近十数年間の両国の関係は、残念ながら大いに親善とは言い得ない」として、その依って来たるところを、「その争いの根本が主として満蒙問題にあり、この際この満蒙問題を解決することは、両国のため、また世界の平和のため誠に喜ばしい企てである」としながら、「その両国不和の原因が、日本の満蒙における特殊権益の保持にあり、これは支那の主権を制限することになるから、わが国はこれを放棄しなければならぬ」と力説している。

そして「その放棄が日本の人口問題解決の上からも、鉄・石炭等の原料供給の上からも、ま

た国防の上からも決してわが国の不利にはならない」ことを述べ、最後に結論として、「原料の上から、国防の上から満蒙が日本の領土である方が良い、あるいは領土で無きまでも、せめてそこに相当の政治的権力を有する方が便利である。もし何らかの代償なしに満蒙にさような位置が占め得らるるならば、それは夏の小袖《こそで》であり、貰っておいても悪くないかもしれぬが、満蒙はいうまでもなく無償ではわが国の欲する如くにはならぬ。少くとも感情的に支那全国民を敵に廻わし、引いては世界列国を敵に廻わして、なおわが国はこの取引きに利益があると考えられるであろうか」と、疑問符を投げかけているのである。

だが、残念ながら東洋経済新報社のこの主張も、折からの経済的好景気が、蔵相高橋是清のケインズ学説にもとづく積極的経済政策によってもたらされたものであるにもかかわらず、それが日本帝国主義の満蒙領有によってもたらされたものと錯覚した朝日・毎日などの新聞論調と、それに躍らされた国民世論によって掻き消され、世人の注目するところとはならなかった。

その結果は右の予言の如く、昭和十二年七月七日の盧溝橋《ろこうきょう》事件に始まる日中戦争の開始となり、日本軍はこの広大な中国大陸の泥沼に足を踏み込んで抜き差しならぬ羽目に追い込まれてしまうのである。しかもそれは昭和十五年九月二十七日の日独伊三国同盟の成立によって米英両国を敵にまわすこととなり、挙句のはてにはABCD包囲陣の経済封鎖と、それを打破するための国交断絶すなわち昭和十六年十二月八日のハワイ・パールハーバーへの奇襲攻撃となってしまうのである。

この間日本は、挙国臨戦の非常事態をとるにいたり、政党が解散させられて大政翼賛会が発足。昭和十五年五月から出版界は用紙の面から厳しい締め付けを受け、それが昭和十六年一月には「新聞紙等掲載制限令」の雑誌への適用となり、東洋経済新報のような国家目的に副わない雑誌社には編集面からの締めつけが厳しくなった。加えて同年三月に入ると「国防保安法」「改正治安維持法」の公布となって、いよいよ苛烈さを加えたのであった。

こうして時局が進み太平洋戦争への突入によって『改造』『中央公論』『日本評論』『文藝春秋』などの大手編集者は、日本編集者協会の会合をもって戦争目的に協力し、「謹みて聖旨を奉戴し、聖戦の本義に徹し、誓って皇国将兵の忠誠勇武に応え、鉄石の意志を以て言論国防体制の完璧を期す」という決議を行った。

この決意表明は各社雑誌の昭和十七年新年号に掲載されたが、石橋湛山の『東洋経済新報』には掲載されなかった。そのため社の内外から非難の声が上がったが、その理由を湛山は後年こう述べている。

「東洋経済新報は決して単なる商売で雑誌を発行しているのではない。我が誌の目的は言論に依って国運の興隆に寄与することにある。（中略）故にこの目的に照らして欠ける所があるというなら、如何なる咎めでも我々は喜んで受ける。しかし理由なき外部からの要求に倉皇屈従《そうこう》し、迎合《げいごう》するが如きは、如何なる場合に於ても断じて国運の興隆に寄与する行動ではない（中略）倉皇《そうこう》屈従により雑誌の発行は便宜を得るであろうが、それでは東洋経済新報は精神的に亡ぶのである」

昭和十二年七月の日中戦争突入以降、日本は挙国一致の戦時態勢に入り、厳しい思想統制が始まったが、それでも石橋湛山は『東洋経済新報』の発行を続け、政府批判のペンを捨てなかった。新報の昭和十四年九月二日号には「ドイツの背反は何を訓《おし》えるか、この神意を覚《さと》らずば天譴《てんけん》必ず至らん」という社論を掲載しているが、これはドイツのヒットラー総統がこれまでのソ連敵視政策を改めて昭和十四年（一九三九）八月二十三日、突如独ソ不可侵条約を締結したからで、そのため平沼騏《き》一郎内閣がそれまで進めていた日独伊三国同盟の締結交渉を八月二十五日をもって打ち切り、同月二十八日、「欧州情勢は複雑怪奇なり」と声明して総辞職をしたことを論評したものである。これはわが国が共産主義ソ連を敵視して独伊両国と締結しようとしていた三国同盟を裏切るもので、これを教訓に日本はドイツと同盟など結ぶべきでないと述べた論考である。その論評にもかかわらず、翌年の一九四〇年九月二十七日になると、右のドイツの背反などけろりと忘れて、第二次近衛《このえ》文麿《ふみまろ》内閣によって日独伊三国同盟が締結されて日本を破滅へと追いやるのである。

この昭和十五年（一九四〇）二月二十四日の新報社論で、石橋社長は「いわゆる軍人の政治干与の責は政治家の無能にある」という論評を書いている。これはこの年衆議院で起こった民政党代議士斎藤隆夫の軍部非難への懲罰問題について、石橋湛山がこれを理不尽として、「もし政府にして有能であり、政治家にして識見高く、しっかりと国政を遂行して隙間《すきま》を与えなければ、どうして軍人が政治に干与する余地があろう……今日の我が政治の悩みは、決して軍人が政治に干与することではない。逆に政治が、軍人の干与を許すが如きものであることだ。黴《ばい》菌《きん》が病気ではない。その繁殖を許す身体が病気だと知るべきだ」と述べているのである。

米英と敵対する太平洋戦争が始まって以降も、石橋湛山は政府批判の筆を折らなかったが、前にも増していよいよ当局の締め付けは厳しくなり、社内にも石橋社長へ退陣を迫る声が起こったが、社長石橋は断固として信念を曲げず、二五〇人の社員を集めてこれからの社の方針を如何にすべきかを討議させた。社長石橋が社員たちに選ばせた社の方針は次の三つであった。
一、これまで通り正面から主張を貫く。
二、政府・軍部と妥協しながら自己規制して、社を存続させる。
三、絶筆して社を解散する。
その結果、社員たちが出した結論は、二の自己規制によって社を存続させることで、あくまでも政府・軍の弾圧には屈しないが、婉曲《えんきょく》なかたちの表現で、これまで通りの主張を続け、無理のない対応をすることであった。

こうして東洋経済新報社は存続したが、昭和十七年六月七日のミッドウェー海戦の敗北以降、戦局は苛烈化して昭和十九年十一月二十四日にマリアナ基地から飛来した米空軍B29の東京初空襲が始まると、湛山は東洋経済新報社の本社を秋田県の横手町（現横手市）に疎開させて出版活動を続け、そこで小さな印刷工場を買った。

そうした困難な中でも湛山はひるむことなく、執筆活動を続け、当時の論考として今も残る代表的なものに次の二つの社論がある。

一つは昭和十六年十月十八日から昭和十九年七月十八日まで続いた東条英機内閣が退陣して、

新しく小磯国昭内閣が七月二十二日に成立したとき、「敢えて婆心《ばしん》を披瀝し、新内閣に望む」と題した昭和十九年八月五日号の社論で、つぎのような十四項目で新内閣の刷新を要望した。

一、言葉を飾るな率直に語れ
二、進んで批判を求めよ
三、国民の忠誠心に甘えるな
四、日曜出勤を停止せよ
五、尾大不掉《びだいふとう》の弊を一掃せよ
六、軍人は軍務に専心すべし
七、翼賛翼政両会を整理せよ
八、全面的要員制を速やかに実施せよ
九、増産促進に警察網を善用せよ
十、隣組式小作業所を設置し活用せよ
十一、国家は民営事業の借上経営を断行せよ
十二、食糧問題の解決は自由市場併置によれ
十三、インフレ防止策をとれ
十四、内閣の弱点を自覚せよ

これは、これまでの東条内閣による専制的憲兵政治に替わる新しい小磯・米内《よない》内閣に多分の期待をかけた要望であって、結論として湛山は右の論考をこう結んでいる。

「この内閣は、近年の我が内閣が総てそうであった如く、寄合世帯の内閣である。新内閣の閣員諸公は、この事を篤と反省し、その弱点を除去することに力を尽さねばならない。それは勿論協調だ。しかし米内海相がまたいみじくも述べた如く、協調は盲従ではない。国民をして率直に物を言わしめると同様、閣員もまた閣内において率直の論議を戦わし、そこに初めて真の協調は生まれるのだ。

以上、国を思うの余り、言《げん》あるいは礼を失える点があろう。せつに寛恕《かんじょ》を乞う次第である」

もう一つの社論は、終戦の年の六月二十三日に書いて発表した新報の社論で、「ベルリン最後の光景　奇蹟はついに現われず」と題したものである。

これは、日本国民に終戦の日が間近いことを知らしめるもので、時の内閣は昭和二十年四月七日に成立した小日本主義者の鈴木貫太郎内閣である。

当時の日本国民の中には未だに日本は神国で、最後には神風が吹いて国民は救われると信じているむきもあったが、湛山はこれを「奇蹟など現われるはずはない」と一蹴し、この論考の最後をこう結んでいる。

「奇蹟は今日の戦争には現われない。頼るは我が実力のみ。また我々の深く覚悟を要する所だ」

こうして彼の予言したごとく、この日から五十二日目の昭和二十年八月十四日に日本帝国は終戦をむかえたが、湛山はこの敗戦をそれほど苦痛と考えている様子がない。そのことは、彼が廃刊することなく最後まで刊行を続けた『東洋経済新報』の昭和二十年八月二十五日号に掲載した社論「更生日本の門出　前途は実に洋々たり」を読めば釈然とする。いわく、「戦局を見誤ったドイツのヒットラーは国民をあのような悲惨な状態に陥れた。万一にも我国がこの際かかる誤れる指導を受ける時は、国民の蒙る苦難はともかくとして、前陣の如く三千年の歴史を一朝にして亡ぼさねばならぬ。これ記者（湛山）がソ連の開戦宣言を見ると直ちに一文を草して政府にその交渉の一切の経緯と戦局の真相とを明らかにし、国民に計りて以て国体護持に勇往すべしと勧告した所以である。

しかるに有難くも記者の右の心配は杞憂に止まった。我が国とドイツとは根本的に国体を異にした。畏《かしこ》くも、上御一人の御聖断は神の如く、一切の論議を止揚《しよう》し、戦争は終結された。而して今や万民心を一にして更生日本の建設に邁進し得るの恵に浴するに至った。昭和二十年八月十四日は実に日本国民の永遠に記念すべき新日本門出の日である」

と。続けて「聖旨に曰く」として、

「挙国一家子孫相伝え、確《かた》く神州の不滅を信じ、任重くして道遠きを念《おも》い、総力を将来の建設に傾け、道義を篤くし、志操を鞏《かた》くして、誓て国体の精華を発揚し、世界の進運に後《おく》れざらんことを期すべし」

という聖旨を体して、「これ我が更生日本の針路を示し賜うたものであって、我が国民の一人一人が永く拳々服膺《けんけんふくよう》すべき所である」と結ぶのである。

このように石橋湛山は戦前・戦中・戦後を通じて一貫してその志を曲げることなく、出版活動を続けることができたが、この東洋経済新報に限ってなぜそのようなことが可能であったのであろうか……それは前述の如く、あくまでも聖旨を奉戴して国体の精華を発揚しながら、婉《えん》曲《きょく》・屈折《くっせつ》した表現を駆使して主張を貫いたことと、この新報が経済誌であったために経済人の強い支持があり、新報の読者サークルが全国各地に組織されていたことにある。実はこの全国各地に組織された経済倶楽部《くらぶ》こそは、湛山の戦後における政界進出の地固《じがた》めとして大いに役立つのである。

だが、この湛山が日本の敗北による終戦を喜んで迎えたわけではない。彼は昭和十九年二月に子息をケゼリン島で戦死させているからである。彼はこの息子の戦死公報を昭和二十年二月に受け取るが、このあと追弔《ついちょう》の法会を開き、その席上でつぎのように述べている。

「私はかねて自由主義者であるため、軍部とその一味の者たちから迫害を受け、東洋経済新報も常に風前の灯の如き危険にさらされている。しかしその私が今や一人の愛児を軍隊に捧げて殺した。私は自由主義者ではあるが、国家に対する反逆者ではないからである」

敗戦を秋田県横手町で迎えた湛山は当分の間、町民や秋田市民に講演してGHQの対日方針と日本経済の見通しについて述べた。それは戦時下ではあまり口に出来なかった小日本主義の復活宣言であり、なかんずく得意の経済面での論説でこう主張している。

「貿易の自由さえあれば領土縮小の不利益は克服することは可能である。戦前の好況期における完全雇用状態に復するためには占領軍には気兼ねせずに産業復興計画を立てて実行すべきである。巷間《こうかん》の農業立国主義では農業さえ維持できず、大量の失業者を生む」

そうして、この自信に満ちた経済復興計画を実行に移すべく彼は政界入りを決意し、鳩山一郎を盟主とする自由党に入って昭和二十一年四月の選挙戦に臨むのである。

第四章

❖大日本帝国の外交官―吉田茂と松岡洋右

最後の気骨外交官

近代国家日本の外交官は外交が下手だといわれている。それは近世江戸期の日本が鎖国政策をとって内国人に外国人との接触を禁じ、国民がかれらとの交際テクニックを学んでこなかったからである。

どこの国でも外交官たる者は、国益を代表しており、その交渉のやり方次第で国家の利害が大きく左右されるから、己れの体面だけを重んじていては国家の利益が損なわれる。わかりやすくいえば、その駆け引きは騙し合いとはったりで、個人の徳義など問題外である。断固として自国の主張を曲げず、これを押し通す強引さがなければ、国家の主張は貫けぬ。

こうした前例は日露戦争を終局にみちびく講和条約の締結で、日本側全権小村寿太郎とロシア側全権ウイッテとが繰り広げた両者の交渉技術の差があるが、ここでは大正期から昭和前期にかけて外交官として活躍した二人の人物の能力の差を比較してみよう。

明治三十九年（一九〇六）に外交官及び領事館補に任命され、同期に外務省に入った広田弘毅と吉田茂の御両人である。この二人の人物を比較してみると、二人とも外交官としての最初の赴任先は中国で、広田が北京、吉田が奉天である。だが、その後は広田がイギリスのロンドン在勤四年間、大正二年通商局第一課長就任、ついでアメリカ大使館勤務を経て、帰国後の大正十二年に欧米局長と、日の当たる場所を歩んだのに対して、吉田は一年間のロンドン勤務を経たほかはほとんどが中国在勤で、外務省大臣官房文書課長心得となったのも大正六年だったから、広田と比べて随分と遜色がある。しかも広田は昭和八年に外相となり、その後も度々外相を歴任して昭和十一年に政界のトップ（首相）に登りつめた。だが吉田はそのあいだ外相にすらなっていない。

だが、それは吉田が当時跋扈《ばっこ》して国政を牛耳ろうとした軍部のいうがままにならなかったのに対して、広田は軍部と妥協し、出世のためにこれを利用したからである。広田は昭和十一年の二・二六事件のあと組閣の大命を拝受したが、その組閣にあたって軍部の言いなりに閣僚を任命し、折角廃止されていた軍部大臣の現役制を復活して軍の政治介入を許した。だからそのあと、彼は寺内陸相のために閣内が不統一におちいり、総辞職しなければならなかった。後継林銑十郎内閣のあと、第一次近衛内閣で彼は再び外相となったが、そのとき軍部が日中戦争を始め、近衛首相は不拡大方針を決めたが、彼は軍部をはばかって戦争不拡大に積極的でなかった。だから近衛は、翌年の五月、内閣改造に際して広田を更迭し、宇垣一成を後任として講和をはからせている。

いわゆる二・二六事件は、日本陸軍の幕僚らが皇道派と統制派に分かれて派閥抗争中、皇道派の青年将校たちが決起して国政改革の名の下に元老・重臣と政府首脳たちを襲撃したクーデターであるが、これが天皇の御英断によって鎮圧されたあと、広田弘毅に組閣の大命が下った。このとき広田は吉田の協力を得て、自分たちが望む内閣をつくるべく人材を登用して閣僚名簿を作成した。けれどもこの名簿から外務大臣に予定されていた吉田茂ほか、めぼしい人物が自由主義思想の持主だという理由で入閣から外された。陸軍の横槍が入ったからである。このときもし広田が、このことを天皇に奏上して、「陸軍の妨碍で組閣ができませぬ」と大命を拝辞すれば、天皇は二・二六事件でお示しになったのと同じ御英断で妨碍の張本人である寺内陸軍大将を召して厳しく叱責し、これ以降の陸軍の横暴はなくなっていたにちがいない。立憲君主として、そうした奏上がない限り、天皇が陸軍をたしなめるすべはなかったからである。ところが広田は前述のごとく、無条件降伏のかたちで陸軍に屈服し、それ以降わが国の政治は事実上陸軍の支配に委ねられてしまったのである。

それればかりか、このあとも広田が組閣した内閣によって、日本の政治は日独防共協定の締結をはじめとする英米を敵視する帝国外交の方針が確立され、そのレールの上を日本は破滅に向かって驀進することになるのである。

では、その広田に対して、彼の親友であった吉田茂の場合はどうであったか……。話を彼の生い立ちから始めよう。

吉田茂（一八七八～一九六七）は明治十一年九月二十二日、旧土佐藩士竹内綱《たけうちつな》の五男として高知県幡多郡宿毛《すくも》村で生まれた。卓絶した経済的手腕の持主でもあった父の綱は自由民権運動の志士として活躍したので、茂もその父の血を受け継ぎ、生涯を志士的な気概で貫いた。三歳のとき、父綱の親友で貿易商として大成した吉田建三（神奈川県横浜市南太田町）の養子に出された。彼が生涯金銭に不自由しなかったのは、その養父が莫大な資産を残して明治二十二年に死去し、彼がその遺産を相続したからである。

同年（一八八九）二月耕余義塾《こうよぎじゅく》に入学して初等教育を受けた。耕余義塾は国家を重視するとともに生徒に広く国際的視野を持たせるように教育した学校である。五年間をここで学んだあと彼は明治二十七年（一八九四）九月、日本中学校に入学した。学習院大学科に進学したのは明治三十四年（一九〇一）だったが、在学中学習院長の近衛篤麿が死去して学習院大学科が閉鎖されたので、明治三十七年（一九〇四）九月東京帝国大学法科大学政治学科に編入学し、明治三十九年七月に卒業した。同年九月外交官及び領事官試験に合格して領事官補、高等官七等に任じられた。

外交官として茂の最初に命ぜられた赴任先は中国の天津《てんしん》だった。だが、明治四十年（一九〇七）二月九日実際に赴任したのは奉天であった。茂の鼻っ柱が強く、それを矯《た》めようと、厳格な領事がいるこの満州の奉天へ遣《や》られたのだといわれている。

当時奉天の総領事は荻原《おぎはら》守一であったが、彼は気骨のある外交官で、元老伊藤博文と林外務大臣の意を体して奉天に赴任し、日本がポーツマス条約で露国から譲渡された関東州と南満州鉄道及びその付属地の管轄以外にも支配権を伸ばそうとする軍部（関東都督府）に対抗して一歩も譲歩しなかったことで知られている。吉田茂はその荻原総領事の薫陶を受けて、その後昭和十四年三月二十日に駐英大使の任を免ぜられるまで、中国でこうした外務省の正統的立場を貫いた。吉田は国家を重く見ると同時に、つねに国際的視野に立って外交に臨むという明治気質《かたぎ》の最後の外交官である。

吉田は翌明治四十一年十一月十六日、イギリスのロンドンへ転勤を命ぜられたが、生涯師と慕って教を請うた伯爵牧野伸顕の長女雪子と結婚したのは、その翌年の明治四十二年（一九〇九）三月十日である。結婚式の当日彼は病気で臥せっていたので、披露宴の花婿茂の席には彼の身代わりに茂が父から形見に貰った家伝の宝刀が置かれていたというエピソードがある。

七日後の明治四十二年三月十七日、病の癒えた新郎の茂は新婦の雪子をともなって新任地のロンドンへと旅立った。

ロンドン在勤九か月の後、明治四十二年十二月二十八日、茂は大使館二等書記官を拝命し、イタリアのローマへの赴任を命ぜられた。ローマ在勤は明治四十五年五月までである。

そのあと大正元年（一九一二）八月二日から大正五年（一九一六）まで中国の安東領事。その後も彼の赴任先は済南《チーナン》領事、天津総領事、奉天総領事とほとんどが中国ばかりだったので、彼と同期に外務省に入った広田弘毅、武者小路公共《むしゃのこうじきみたか》、林久治郎《きゅうじろう》と比べて随分と遜色がある。外交官勤務の花形はなんといっても欧米勤務で、中国勤務などは出世コースから外れた者の行くところとされていたからである。それればかりか、彼は安東領事のあと、大正六年七月十六日東京に帰って外務省官房文書課長心得という閑職に追いやられている。これは、彼がこの一年ほど前、第二次大隈重信内閣が中国大総統袁世凱に出した対華二十一か条要求に反対して、在満の領事たちに呼びかけ撤回運動を起こそうとしたからである。本来なら免職にもなるところだが、岳父牧野伯の威光で罪一等を減ぜられたというわけだ。

だが、幸運にも彼は大正七年（一九一八）十二月十日、その岳父牧野伸顕が全権となった第一次世界大戦の戦後処理パリ講和会議に随員として参加し、翌年九月十日に帰国している。これも内幕を覗《のぞ》けば、当時済南領事であった茂が東京に帰って舅の牧野伸顕に懇願し、その親七光《ななひかり》で実現した人事だった。それともう一つ、昭和三年（一九二八）には田中義一内閣の外務次官に就任しているが、これは彼が首相兼外相であった田中義一と直談判《じかだんぱん》して実現した人事だったが、本当はその背後に内大臣伯爵牧野伸顕の御威光があったことは否めない。その点で、彼の雪子との結婚は、非常に恵まれたものであったといえる。

雪子は彫の深い顔立ちの近代的な美女で、教養が深く、語学にも堪能《たんのう》で外交官夫人としてはうってつけだったが、なんといってもその家柄がよい。父の伸顕は維新の元勲大久保利通の次男で、彼は大久保家の遠縁にあたる牧野家を相続した。明治四年（一八七一）実父利通に伴われて岩倉遣外使節団に随行してアメリカへ渡り、そのまま留学して同七年帰国。東京開成学校（東京帝大）へ入学した。明治十二年同校を中退して外務省御用掛となり、ロンドンの日本公使館勤務を経て、栄光の外交官の道を歩んだのであった。彼が娶った妻の峯子は明治藩閥政府の名県令《めいけんれい》三島通庸《みしまつねみち》の次女で、伸顕は明治三十九年第一次西園寺公望《さいおんじきんもち》内閣が成立すると文部大臣として入閣した。爾来、明治四十四年の第二次西園寺内閣で農商務大臣、大正二年の第一次山本権兵衛内閣で外務大臣をつとめ、大正十年宮内《くない》大臣、大正十四年から昭和十年（一九三五）まで、十一年の長きにわたって内大臣をつとめている。まさに西園寺公望に次ぐ天皇の重臣で、この舅が茂の背後にいるかぎり彼には洋々たる前途が約束されていた。

ところが、その彼の前に立ちはだかった怪物がいた。ほかならぬ日本陸軍である。

茂は昭和三年七月二十四日に田中義一の内閣で外務次官をつとめたが、そのあと昭和五年十二月六日駐イタリア大使に任ぜられ昭和七年八月までローマに在勤した。だが、その頃日本国内では軍靴の音が高くなり、昭和六年九月の満州事変から始まって翌昭和七年三月の満州建国と、いわゆる満蒙問題が軍部の政治介入を許し、外交官は正常な外交権を行使することができなくなった。そのため、朝日・毎日などの新聞論調も軍部支持にかたむき、世論がそれにリードされたから、吉田は日本外交の無力さを痛感し、昭和七年十一月十九日、外交の第一線からしりぞいて待命《たいめい》となった。そして、その年の十二月五日、誕生したばかりの満州国と中華民国への視察旅行に出かけ、そのあと昭和九年十月、巡閲使という名目で欧米諸国を巡回した。正式に外務省を退官したのは昭和十年（一九三五）十一月十八日である。

吉田茂が外交官として、最初にその無力さを痛感したのは、彼が上司として仕えた先輩幣原《しではら》喜重郎《きじゅうろう》の外交方針についてであった。幣原の外交方針は平和外交として一部の政治家たちには評価されてはいたが、何事についても消極的で、特に中国に対しては徹底して不介入の原則に終始し、中国に長らく滞在して、その内情に通じていた吉田には歯痒《はがゆ》く、飽き足らぬ思いがあった。平和外交とは何もしないで傍観することではない。積極的に国際問題に介入して平和手段によって国益をたたかい取らねばならない。とりわけ軍部が大きく頭を擡《もた》げたこの時期、吉田は強くこのことを痛感していたのであった。

昭和十年十一月十八日、退官となって無聊《ぶりょう》をかこっていた吉田茂が、ふたたび政界の表舞台に出て活動を始めるのは昭和十一年二月二十六日以降である。この日早暁《そうぎょう》いわゆる二・二六事件が起こって陸軍皇道派の青年将校が下士官兵一四〇〇余名を率い、政府諸機関を襲撃し、斎藤内大臣・高橋蔵相・渡辺教育総監・鈴木侍従長らを殺傷した。湯河原《ゆがはら》で静養中の牧野も襲撃されたが危うく難をのがれて九死に一生を得た。この珍事《ちんじ》で二月二十八日、岡田啓介《けいすけ》内閣は総辞職したが、そのあとこの内閣の外務大臣であった広田弘毅に組閣の大命が下り、広田と同期に外務省に入った吉田が外相に擬せられた。そればかりか、彼は広田に懇望されて組閣人事を任され組閣本部に入って各大臣を人選した。ところがその閣僚名簿が出来たところへ粛軍によって権力を握った統制派《とうせいは》が介入してそれをくつがえし、吉田は外相候補を外された。陸相候補となった寺内大将がやってきて、自由主義的人物を入閣から除くよう要求し、その要求が入れられなければ陸軍は大臣を出さないと脅したのである。

こうして三月九日、広田内閣は成立したが、広田は外相から外された吉田を気の毒に思って、彼を駐英大使に任じ、このあと吉田茂の英国ロンドン在勤は昭和十三年九月まで三年半に及んだ。

こうした経緯で駐英大使になった吉田であったが、彼はあくまでも外交官として自分の信念をつらぬき、破滅に向かって舵を切った日本外交を、正常の進路にもどすべく懸命の外交努力を続けた。その一つに、日独防共協定の調印阻止があった。

広田内閣は昭和十一年十一月二十五日、陸軍の要求で調印に漕ぎつけたこの協定につき、各国大使の賛同をとりつけるため特使を派遣したが、彼だけは断固としてこれを肯《がえ》んぜず、これは、英米両国を日本の敵に追いやる第一歩だと主張してやまなかった。すなわち、この日独防共協定が、後にイタリアを加え、昭和十五年九月二十七日の日独伊三国同盟となって、それまで中立的であった米国をはっきりと敵陣営に向かわせ、日本を破滅にみちびくのである。

昭和十二年一月二十三日総辞職に追いやられた短命の林銑十郎内閣を経て、第一次近衛内閣となり、広田も外相となったこの内閣のとき日中戦争が始まった。そして、近衛首相の戦争不拡大の方針を無視して、陸軍はどんどん戦線を広げ、日本はとどまるところを知らぬ泥沼にのめりこみ、駐英大使の吉田は日本をこの泥沼から救い出すべく、英国に講和の斡旋を依頼していたが、その途中の昭和十四年三月二十日、彼は本官を免ぜられた。

民間人となった吉田が、憂国《ゆうこく》の至情にかられて、どのような活動をしたかは、すでに宇垣一成の対華外交々渉のところで述べたが、その努力はことごとく水泡に帰し、日本は太平洋戦争に突入して、米軍の空爆で国土は焼土と化す瀬戸際まで追いつめられた。

吉田はこの窮状を見るにしのびず、一日も早く戦争を終結させるべく、命懸けで奔走をはじめたが、これがいわゆるヨハンセングループ（吉田反戦グループ）の利敵行為として陸軍憲兵隊の知るところとなり、彼は昭和二十年（一九四五）四月十五日東京憲兵隊に逮捕された。空襲下の留置場をあちこちと盥回しされながら取り調べられたが、決定的な証拠がなく五月末に釈放された。容疑は彼が宮中の重臣たちと接触して終戦工作をしたことだが、このように当時は国民の生命財産を守るために尽力することが犯罪とされ、日本を救う方途はただ一つ、上御一人（天皇）の御命令によって、戦争を終結させることしか残されていなかったのである。

吉田茂の対中国外交

前項で述べたように、外交官としての吉田茂の最初の赴任先は中国の奉天であり、かかわった外交の舞台はほとんど中国の東三省すなわち満州であった。したがって外交官赴任先のエリートコースが欧米であったといわれていても、大正末期から昭和初期にかけての日本国策の本命は対中国政策であり、日本が日露戦争で得た満蒙の利権をいかにして擁護し、どのように発展させるかにあったのだから、この吉田が歩んだ道こそ、外交官としての本流だったのである。しかも、その時期は、中国で辛亥革命が起こり、国内に軍閥が割拠して内乱を起こし、それに乗じた諸外国の内政干渉と、干渉に反発する民衆の排外運動が中国全土に蔓延している最中であったから、この地に赴任してきた外交官の責務は重且《じゅうか》つ大であった。

吉田は大正十四年（一九二五）十月十九日に奉天総領事を命ぜられたが、それは大正十三年六月に加藤高明を首班とする護憲三派内閣が誕生した直後のことであり、外務大臣は理想主義を掲げて国際協調を推進する幣原喜重郎であった。前述したように当時の政府の対中国外交は日露戦争で獲得した関東州および南満州鉄道と付属租借地の権益の確保を第一義としていたが、日本陸軍はこれにあきたらず満蒙全域を支配下に置こうと画策していたから、どうしてもこの政府の方針とは反《そ》りが合わず、幣原外交は軟弱外交として非難されていた。

幣原は吉田より十年先輩の外交官で、吉田も彼を先輩として尊敬はしていたが、明治四十年に奉天へ領事官補として赴任し、総領事荻原守一の薫陶を受けて「外交官たるものすべからく現実主義の路線を歩むべし」とたたき込まれた吉田にとって、この幣原の外交方針には飽き足らぬ思いがあった。荻原は奉天総領事として、奉天の清国将軍と日本の関東都督府の双方と対抗しながら如何に日本の国益を守って日本外交を推進すればよいかを身をもって後輩の吉田に示したからだ。だから吉田も幣原のように満鉄と付属地以外の地は日本とは無関係として突き放ち、不干渉を標榜する頬被り主義はとれなかった。多額な借款を当時の満州軍閥張作霖に与えて、日本の財政顧問がその指導にあたり、経済を繁栄させて、日満双方がその儲けを分け合う実利優先の現実主義をとるべきだと考えたからだ。勿論これは関東軍が目論む軍事支配ではない。

この吉田の考え方は、加藤内閣のあとを受けた若槻礼次郎内閣でも黙認されていたが、昭和二年の金融恐慌のあと組閣された政友会総裁田中義一首相の下で、政府の基本路線として推進されることとなった。首相兼外相の田中は中国を統一した国民政府の蒋介石総統とも親交があり、彼が昭和二年四月二十日に組閣して二か月後の六月二十七日に開催した東方会議は、こうした日本の対中国政策を明確にするためのものであった。「東三省の主人は誰であろうと、日本の権益には大きな影響はない。現在、日本の満州においての権益は強固であるから、今後は正面から堂々と公平かつ合理的な主張でもって日本の権益を確保し、日本と中国が共に経済的な発展をとげるようにしなければならない」という吉田たち外務省の主張が、この東方会議で満蒙政策の基調として採用されたのである。

だが、この東方会議では陸軍側が反論を述べた。いわく、「満蒙は日本が対ソ戦略をとるうえで重要な地域であり、軍事的にも経済的にもここを確保支配し、資源を独占的に開発しなければならない」と。だが、退役して予備役となったとはいえ、陸軍大将の肩書きをもつ田中首相には、当時はまだこの陸軍の主張を抑えるだけの力量があった。

この田中首相に、吉田が自分を売り込んで田中首相が兼務している外務大臣の次官となったのは、昭和三年七月二十四日である。吉田はこの東方会議に出席して当時外務政務次官であった森恪と親密の仲となった。森は幣原喜重郎の理想主義的外交路線に反して、その支配下にありながら堂々と現実主義の所信を貫き通す吉田茂に惚れ込んだわけだが、その森はもと三井物産出身の実業家で、商社員として長いあいだ上海に滞在した体験から中国通として知られ、政友会の中では対中強硬論者で通っていた。彼は吉田とはちがって陸軍とは親しい関係にあったが、こと満蒙問題への対処の仕方が似通っていたので、肝胆相照らす仲となり、吉田を外務次官に据えるため仲介の労をとったのもこの森恪である。

このとき、吉田はスウェーデン総領事の辞令を受けていたが、田中首相に会うとつぎのように切り出した。

「私は自分が外務次官として最適任だと自負するものですが、閣下が御承諾なさらぬとのことですからやむを得ずスウェーデンへ赴任いたします。ついては出発前に、仮りに私が外務大臣であったとしたならば、斯くの如くいたしたいということをお話し申し上げたくて参上いたしました」

と、滔滔として対満・対中国についての自分の所信を披瀝した。すると田中首相は黙って聞いていたが翌日吉田に電話で次官就任を承諾したという。

だが、この吉田と田中首相との関係は長くは続かなかった。吉田茂が外務次官の辞令を受け取ったときには、中国と満州の事態は東方会議の開かれた当時とはすっかり変わって、田中首相が吉田外務次官にその辣腕をふるわせるべき相手の満州軍閥張作霖は、蒋介石の北伐軍に攻撃されて、北京から列車で奉天へ逃げ帰る途中、六月四日に爆殺されてしまっていたからである。列車を爆破させたのは関東軍で、謀略の張本人は陸軍大佐河本大作だといわれている。東方会議で決まった田中首相の満蒙政策では、日本陸軍が意図する満州の軍事支配は実現しないので、この際吉田ら外交官が交渉の相手とする張作霖を爆殺し、日本軍が治安維持の名目で挙兵して蒋介石の北伐軍の北上を阻止し、東北三省を日本軍の支配下に置くという関東軍の企《たくら》みだった。

だが、この謀略は失敗した。北伐軍は蒋介石の指示で満州に入らず、張作霖の息子張学良が七月三日わずか一か月にして東三省保安司令官に推されて治安を維持し、七月二十二日に中華民国の青天白日旗を満州全土に掲げてしまったからである。

勿論、この不祥事は田中首相にとっては寝耳に水の出来事である。まさか関東軍の謀略とは知らぬから、満州某重大事件として天皇陛下に奏上していたが、次第に事件が明かるみに出て、日本陸軍の仕業と分かり、この軍紀の乱れを正すと奏上しながら、それが出来ぬまま、彼は七月二日に総辞職のやむなきにいたったからである。

吉田茂が田中首相兼外相の下で外務次官となったのは、彼が田中外相の満蒙政策の大筋に賛成していたからである。田中は陸軍大臣のとき、平民宰相原敬の薫陶を受けた自由主義の政治家で、その外交方針は原や幣原の国際協調外交に近く、中華民国国民政府の蒋総統とも話が合い、奉天総領事の吉田らをして張作霖の内面指導をさせ、中国は関内を蒋介石に、関外は張作霖に委ねるという外交方針を貫こうとしていたのである。これは吉田が崇敬してやまない岳父牧野伸顕や元老西園寺公望らに共通した外交方針でもある。

したがって、吉田茂の外務次官としての初仕事は八月五日からはじまる張作霖の葬儀に男爵林権助を田中首相の特使として奉天の張学良のもとへ派遣することであり、自分の後任となった奉天総領事林久治郎に右の田中外交の真意を張学良に伝えさせることであった。すなわち、満州の経営は張作霖の後継者張学良にすべてを任せ、日本は彼への協力と満州の治安の維持に専念するということで、

「満州が発展すれば、日本の状態もよくなり、外国人も利益を受けることになるから、日本も満州に限り治外法権を撤廃する。東三省内での居住・営業・商租の問題などは日本からではなく、彼らから進んでやるように仕向けたい。目下彼らは日本が満州を併合するのではないかと

いうふうな恐怖心を抱いているようなので、なんとしてもそうした誤解だけは、解かねばならない」

というのが田中の対中国外交の真意だったのである。

しかるに、この田中構想の真意を理解せぬ日本陸軍とりわけ関東軍は、張作霖爆殺後も次々と謀略をもってこの構想を踏みにじり、ついに首相を辞任に追い込み、辞任した田中の没後、昭和六年九月十八日に満州事変を引き起こし、彼らが目論む傀儡《かいらい》満州国を昭和七年三月一日に建国して日本を国際的に孤立させてしまったのであった。

田中外相の下で次官をつとめていた吉田茂は田中首相のあとを受けた後継内閣（浜口雄幸内閣）の外相幣原喜重郎の下でも外務次官に留任した。留任した吉田は田中外相の下で盡力した不戦条約締結につづき、今度は幣原外相の下でロンドン海軍軍縮条約の締結に奔走した。浜口首相はその軍縮条約が批准され（昭和五年十月二十七日）て、十八日後に東京駅で右翼のテロリストに狙撃されて重傷を負い、翌年八月二十六日他界した。吉田が外務次官を解任されて、特命全権大使としてイタリア駐箚《ちゅうさつ》を命じられたのは昭和五年十二月六日である。

したがって、日本の運命を暗転させた昭和六年九月十八日の満州事変は彼のローマ滞在中に起こった。ローマで比較的なすこともなくのんびりと過ごしていた吉田は、このときを境に、俄然《がぜん》忙しくなった。奉天総領事として四年前まで勤務していた馴染《なじ》みの土地で起こった出来事だから、とても他人《ひと》事とは思えなかったからである。

時の内閣は浜口を引き継いだ若槻礼次郎の内閣で、外相は協調外交の幣原喜重郎であった。

したがってその外交は事なかれ主義を建前として事変不拡大を方針としたが、事変を起こした中心人物である関東軍参謀石原莞爾中佐は上司の高級参謀板垣征四郎大佐とともに、この政府の訓令を無視して、かねてからの目論見である満蒙独立計画を実現しようとした。しかも林銑十郎朝鮮軍司令官までもが、奉勅命令をまたず、独断で越境出兵して関東軍に協力したから、政府もこれを追認せざるを得なかった。こうして大アジア主義者たちが望んだ満州国が建国されたのである。

勿論吉田はこれに大反対で、これを推進した陸軍省・参謀本部・関東軍の参謀たちを「国を誤まる浮浪輩」と罵倒した。同時にこれを追認した若槻内閣幣原外相の弱腰と無策にも全く失望した。国際協調外交とは何もしないことではなく、こういうときこそ、死を賭してでもその信念を貫くべきが本当の平和外交なのだと、口惜《くや》しがった。

それでも吉田は、この日本外交を見離すことはしなかった。満州建国問題が国際連盟理事会で取り上げられると、連盟の日本代表の一人佐藤尚武大使に代わってパリに出張し、芳澤駐仏大使、松平駐英大使と共に理事会に出席し日本の弁明につとめた。錦州爆撃など満州事変の際に日本軍がとった一連の軍事行動をも、「これは日本が満州における既得権益を守るためにやむを得ず発動した自衛権の行使である」と連盟加入各国の代表たちを説得して中国の対日強硬論を抑えようとした。

その結果、パリの国際連盟理事会は日本の立場に配慮しながら理事会の面目を保つため、調査団を現地へ派遣することを満場一致で決議し、リットン調査団が満州へ派遣された。このとき吉田は満州を日本の委任統治下に置くことを提案して、関東軍が推進しようとした満州建国を棚上げにしようとした。こうすることによって英米両国の諒解をとりつけ、日本を国際社会から孤立させることはどうしても避けたいと思ったからだ。

だが昭和六年十二月十三日、若槻内閣に代わった犬養毅内閣は、あくまでも満州に独立国家をつくることを主張する軍部の強硬意見を抑えることができず、この吉田大使の提案は闇に葬られた。かくして昭和七年三月一日、日本はリットン調査団の報告書が連盟に提出される前に満州国の建国を世界に向かって宣言したため、それまで日本の動向を見守って報告書の提出をためらっていたリットン調査団の委員長リットン卿も、ついに九月三十日、日中両国政府と国際連盟に、日本の満州での行動は九か国条約違反であるから、国際的に許されないとの報告書を提出し、それが連盟理事会で承認されてしまった。そのため日本は国際連盟総会で、満州国の独立を承認せぬ連盟から脱退せざるを得なくなり、昭和七年十一月二十一日から開催された連盟理事会と、それに続く臨時総会で日本代表に選ばれた政友会代議士松岡洋右は、決議に反対して連盟脱退を示唆した。

吉田茂の記録『回想十年』によると、吉田はこの頃、駐伊大使の任を解かれて帰朝していたが、連盟総会の日本代表となった外務省の先輩松岡が滅法強気な人物であることを知っていたので、彼が代表ではまとまる話もぶちこわしてしまうことをおそれ、外務省の大先輩で、パリ講和会議の全権団顧問として西園寺全権を輔佐したことのある秋月左都夫《あきづきさつお》を、目付役として同行させるよう松岡に勧めたが、松岡は怒ってこの提案を蹴った。すると勝ち気な吉田も癇癪を起こし、「松岡さん、あんたは出かける前に気違い病院にでも入って、頭から水を浴び、少し落ちついてから行くべきだ」と言ったという有名な話がある。

ことほどさように、松岡は十月十一日、日本代表に選ばれて国際連盟理事会および総会へ出席したが、出かける前に元老西園寺公爵から「くれぐれも慎重に」と忠告されていたにもかかわらず、総会に提出された報告書が支持四十四票、棄権一票で、反対票は日本だけだったのを見て逆上し、連盟脱退の大見得を切って「サヨナラ」演説を行った。

ところが驚いたことに、当時の日本の新聞も世論も、こぞってこの松岡の連盟脱退演説に拍手を送り、陸軍の将星でこれに反対したのは宇垣一成ぐらいなものであったという。

吉田は昭和七年十一月十九日に待命となったあと、時の首相斎藤実《さいとうまこと》から実情視察のため満州国と中華民国を訪問するよう配慮された。このとき彼は天津で旧知の有識者曹汝霖《そうじょりん》に会って極秘裡に相談し、なんとかして日本軍の軍事行動である熱河進攻《ねっかしんこう》をやめさせるため、日中双方の在野の元老を会談させることができないものかと、その斡旋を依頼した。そこで曹汝霖は、これを中国の在野の元老段祺瑞《だんきずい》に話してみたところ、やはり彼も、日本に東三省を開放してもらうのでなければ、たとえ西園寺公爵とでも話し合うことはできないと答えたという。その頃ではもう、日本軍の暴走はとどまるところを知らなかったのである。

松岡外交の光と陰

わが国は満州国の承認をめぐって国際的に孤立し、同じく孤立していた独・伊両国と三国同盟を結び枢軸《すうじく》国の仲間入りをした。そのため米国の反感を買い、石油市場から締め出されたので、日本政府はその局面を打開しようと、日ソ中立条約を結び北方の脅威をなくして南進政策をとり、東南アジアに進出してその石油資源を手に入れようと南部仏印に武力進駐をした。

ところが、それが裏目に出てオランダも加わるＡＢＣＤ包囲陣が形成され、二進《にっち》も三進《さっち》も行かなくなったので、時の首相近衛文麿は米国の大統領ルーズベルトに首脳会談を呼びかけたが、拒否されてしまった。そのため日本はやむなく自存自衛のため昭和十六年（一九四一）十二月八日、米英両国に対して宣戦を布告した。

こうした国際連盟からの脱退、日独伊三国同盟の締結、日ソ中立条約調印の立役者とされたのが松岡洋右《まつおかようすけ》（一八八〇〜一九四六）で、彼は吉田茂・広田弘毅より二年先輩の外交官であった。松岡はどのような意図をもってこうした外交々渉を推進したのか、後世の外交史家たちが非難するように、彼は反米強硬派の好戦主義者だったのだろうか……以下、この問題を彼の生い立ちの記録にさかのぼって、話を進めて行くことにしよう。

松岡洋右

松岡洋右は明治十三年（一八八〇）三月四日、山口県熊毛《くまけ》郡室積浦《むろづみうら》すなわち現在の光市室積町に松岡三十郎の四男として生まれた。生家は十代続いた今津屋という廻船問屋。母のゆうは防州徳山藩の侍講《じこう》小川道平の娘で、三十郎の先妻於幸《おこう》が慶応二年に病死したので、その後妻として嫁いだ。したがって先妻於幸には英太郎、ゆき、勧次郎という三子があり、ゆうはまつ江、賢亮《けんすけ》、洋右、ふじ江という四人の子を生んだ。したがって洋右は七人きょうだいの四男ということになる。ところがこの松岡家の戸籍簿を見ると、洋右は家督《あとつぎ》となっている。それは異母兄の二人が道楽息子で廃嫡され、実兄の三男賢亮が夭逝したからである。しかも松岡家といえば維新前後までは今五（今津屋五郎右衛門）として全国に知られた名家だったが、洋右が誕生したころから家運が傾き、間もなく倒産してしまった。したがって洋右は小学校を高等科まで通って十二歳で中退しなければならず、二年後の明治二十六年には労働移民としてアメリカへ渡った。以降十年間合衆国オレゴン州ポートランド、カリフォルニア州オークランドなどで苦学し、働きながら勉強してハイスクールを出たあと、オレゴン州立大学法科の夜間部に入学して、昼間はパン会社の通訳、鉄道工夫や皿洗いなどの仕事をしながら勉学につとめ、一九〇一年（明治三十四年）大学を二番の成績で卒業し、法学士となった。大学の教授は彼に帰化して弁護士になれと勧めたが、彼は東部の名門大学であるハーバードかエールに再入学するつもりであった。ところが翌明治三十五年、日本内地で事業に成功した兄の賢亮から「母が病気だから帰国せよ」という便りが届いたので帰国を決意した。洋右の非常な母思いは有名で、今津屋が倒産したときの母の苦労を目の当《ま》たりにしているので、なんとしても親孝行がしたくて志を曲げたのであった。

しかし、松岡がこの西部のアメリカで、拳銃《ピストル》の力を信じるアメリカの一面だけを見て、東部アメリカのエリート社会を知らずに帰国してきたことは、彼が日本の外交を背負って立つ上でマイナスとなったことは否めない。彼がアメリカ人と交渉するときにはむやみに頭を下げることなく、昂然と胸を張りなぐられたらなぐり返すくらいの気概をもって接するのが一番良いと信じていたからである。それは西部劇のアメリカで、アメリカ人のすべてではないからだ。

それはともかく、帰国した松岡は明治大学に入学したが、ある朝、新聞で外交官試験があることを知り、明治三十七年十月に受験し、首席で合格した。すぐさま領事官補に任命され、中国の上海に赴任した。上海生活は二年間だったが、ここで彼は三井物産の上海支店長であった山本条太郎と知り合い、「刎頸《ふんけい》の交わり」を結んだ。松岡はヴェルサイユ講和会議で日本全権団の報道係主任をつとめたあと外交官を退官し、この山本が社長となった南満州鉄道株式会社で副社長をつとめることになる。

松岡がヴェルサイユ講和会議日本代表団六十四名の随員の一人としてパリへ渡ったのは、一九一九年（大正八年）一月であった。首席全権は西園寺公望、次席全権は牧野伸顕で、事実上の全権は牧野だが、松岡はこのときの随員の経験で、日本のこうした国際会議での宣伝外交がいかに欧米諸国に比較して幼稚で、お粗末であるかを思い知らされた。国際会議における外交は、二国間のそれとはちがって、相手の心中をさぐり合うだけでは駄目で、集まってきている各国代表に、いかにして自国の主張を伝え、それを共感させねばならぬことを会得した。だから欧米の代表団にはスポークスマンがいて、活発な宣伝外交をくりひろげるのだが、日本の全権団にはこのスポークスマンがいなかった。全権団事務所に新聞記者室さえ開設していないのである。

そこで松岡は、牧野に新聞係が必要であることを進言して、記者室を開設してもらい、自分がその報道係主任となった。このとき彼は公爵近衛文麿と懇意になった。近衛は首席全権の西園寺公望に頼みこんでこの講和全権団について来ていたのだった。彼は一九一八年十二月に「英米本位の平和主義を排す」という論文を雑誌『日本及び日本人』に発表しており、こうしたマスコミ対策には関心をもっていたので、新しく開設された日本の記者室に度々顔を出し、報道係主任の松岡と顔馴染みになったというわけである。

このとき日本帝国は世界五大国（英・米・仏・伊・日）の一であったが、全権の牧野が首相の原敬から「直接日本に関係のないことは、あまり口出しせぬように」と釘をさされていたこともあり、日本全権団は総じて無口であった。これは雄弁家揃いの諸外国の代表団からサイレント・パートナーという綽名《あだな》が与えられ、喋ろうにも喋れないという揶揄《やゆ》であった。それもそのはず、日本の代表団諸氏は語学が不得意で、他国の代表団の演説に即座に反応して立ち上がり、自分の見解を披瀝することができないでいたのである。

そこで原首相も考え直し、二月に入ってこの不名誉を払拭すべく、「必要があれば遠慮なく自分の意見を述べよ」と指示してきたが、依然として日本代表団のサイレントが続き、実際にこうした相手国に向かって即座に反論できる全権メンバーは、十三歳で渡米して英語を学び、オレゴン大学で教養を身につけた松岡洋右しかいなかったのである。けれども全権団首席の西園寺にも次席全権の牧野にもこうしたスポークスマンを置いて自国の立場や主張を参加国へ正確に伝えるという発想はなかった。

総じて日本の外交官は貴族・名門の出身者でかためられ、彼らはアイボリーマスク（能面）で外国全権に接し、能力よりも伝統的家門の大切さを見せつけた。だから松岡はこのことを知って、こうした名門・名家出身者でかためられている外交官の世界に自分はそぐわない人物であることを肝に銘じた。松岡がこのヴェルサイユ講和会議の日本全権団の報道係主任を最後に外務省を退官したのはそのためだ。退官した彼は南満州鉄道株式会社の理事となり（一九二一年・大正十年）、昭和二年七月に満鉄副社長となったが、その二年後の昭和五年二月に政界へ進出して山口県第二区選出の衆議院議員となった。所属は政友会である。

嚢《のう》中の錐《きり》は現われる。

政治家となった松岡がその名声を轟かすのは、第三回太平洋問題調査会京都会議における満州問題に関する会議の公用語（英語）での演説と、翌昭和六年一月帝国議会本会議における幣原喜重郎外相の平和主義経済外交が、満蒙においては日本の権益を犠牲にするのみで、所期の効果を上げていないとする批判演説とであった。

そのため、その年九月十八日に起こった満州事変で松岡は翌年七月、外相になったばかりの内田康哉《ゆきや》外相から、

「来たるべき国際連盟臨時総会で、君が日本代表をつとめてくれないか」

と打診された。

関東軍が一月三日に錦州を占領し、二月末には国際連盟のリットン調査団が東京に到着したが、その翌日の三月一日に満州国が建国を宣言して、同月九日に清朝最後の皇帝だった廃帝溥儀が執政に就任したからだ。

そこで松岡は七月下旬から二週間満州を視察して現地の空気を吸い、その準備に没頭した。その間にもリットン調査団は建国事情を調査して報告書をまとめ、連盟にその報告書を提出した。報告書の内容は満州における日本の立場に一応の理解を示しながらも、満州を独立国とは認めず、中国の一部として自治権を与えて、これを国際管理の下に置こうとするものであった。

だがそれでは日本帝国として到底受け入れることができず、とりわけ事件を起こした関東軍の如きは、政府や参謀本部がこれを受諾するというなら、われわれは日本国籍を返上して無国籍の軍隊となってでも素志を貫徹すると放言する始末だった。

したがって、日本代表としてこの連盟総会に臨む松岡の全権として取るべき道は限定され、連盟を脱退するか、留まって最後まで局面打開につとめるかの二者択一《にしゃたくいつ》しかなかった。だが脱退すれば日本は国際社会の孤児となるから、なんとしても脱退だけは避けねばならない。そこで松岡は連盟へ出かける前、元老の西園寺をたずねてその意向を聞いた。すると西園寺は、「脱退はせず、しかも日本の面目を失わぬかたちで、あくまでも総会を乗り切れ」ということであった。そして「この西園寺は、どんなことがあっても政府に連盟から脱退するようなことはさせない」と激励してくれたので、意を強くした彼はそのつもりで総会に臨んだ。

かくして松岡洋右は、一九三二年十月二十一日、東京駅からジュネーブへ向けて出発したが、

芙蓉書房出版の新刊・売行良好書　1908

近代国家日本の光芒

「坂の上の雲」流れる果てに

森本 繁著　本体 2,000円【8月新刊】

昭和の全時代をフルに生きた著者だから書ける同時代史。

「不況と戦争」の昭和前半……日本は何を間違えたのか。「復興と平和」の昭和後半、そして平成……日本が国力回復とともに失った大事なものとは。先人たちへの敬意を語り継ぐ教育、そして日本の伝統文化の美風の復活を強く訴える。

非凡なる凡人将軍下村 定

最後の陸軍大臣の葛藤

篠原昌人著　本体 2,000円【7月新刊】

“帝国陸軍の骨を拾った”最後の陸相下村 定《さだむ》の初めての評伝。昭和20年の第89帝国議会で、当局者でありながら陸軍の政治干渉を糾弾し、“火元は陸軍”とその責任を認めて国民に謝罪し、「陸軍解体」という大仕事をやり遂げた人物。陸大卒業から陸軍解体、巣鴨拘置所収監、そして交通事故死するまでの半生を描く。

東北人初の陸軍大将大島久直

渡部由輝著　本体 2,500円【4月新刊】

戊辰戦争・西南戦争・日清戦争・日露戦争。明治四大戦争すべてに従軍し、東北人初の陸軍大将となった旧秋田藩士大島久直の評伝。

その経路は敦賀から船でウラジオストックへ渡り、シベリア鉄道でモスクワへ向かうものであった。十一月三日にモスクワに入り何日かをこの露都で過ごしたが、これは彼が日本を発つ前に外相の内田から、「ソビエトロシアがわが国と不可侵条約を結びたい気持があるようだから、その本当の気持を打診して欲しい」と頼まれていたからである。それと、モスクワ駐在の外交筋を意識して、

「もし国際連盟が満州国不承認を決議して日本を連盟から締め出すつもりなら、日本としてはソビエトロシアと手を組むかもしれないぞ」

というジェスチャーを示して、なんとかして局面を日本に有利な方向に転回させたいという下心《したごころ》があったからである。

こうして松岡がジュネーブに到着したのは十一月十八日の朝であった。迎えに出て来た杉村陽太郎に連盟の空気をたずねると、聞きしに勝る強硬姿勢のようだが、イギリス・フランス両国は中国とインドシナに巨大な利権を持っているので、そうした帝国主義の先進国の立場から日本にかなりの理解を示していて、「こちらが強く出ればあるいは妥協してくるかもしれない」との感触をサジェストしてくれた。

そこで松岡は宿舎に入って、折から訪ねてきてくれた連盟事務総長のドラモンドに、

「もし連盟が、日本の存立と極東の平和保持の原則を無視したり、わが国の権威を傷つけるような処置をとるようであれば、日本は連盟から脱退するかもしれない」

と大見得を切った。

聞いていてドラモンドが驚いた。日本が連盟を脱退したのでは連盟の権威が失墜するからだ。

しかもドラモンドは、世界じゅうから集まってきている新聞記者たちから、総会議題の当事国である日本代表が何を言ったかを聞かれて、ついこのことを喋ったから、記者たちも「これは特ダネだ」と一斉にこれを本国に打電したので、この報道が全世界に流れた。そしてその反応は松岡が目論《もくろ》んだのとは逆の効果となってあらわれた。実は松岡のねらいは、右の前置きの言葉に続けたつぎの言葉にあったのだ。

「そういう事態になるとは、わたしは考えていません。そして大多数の日本人は連盟が日本の立場や主張を理解してくれるなら、連盟にとどまって、忠実な連盟の一員として世界の平和に貢献しようと思っているからです」

だからこれが言いたくって、その前置きにあのような大見得を切ったのだったが、各国の記者はドラモンドが強調した前置きの方だけを記事にしたから、松岡のねらいとは逆の結果となってしまったわけだ。

こうして松岡は不本意ながら、この連盟会議の最初から各国代表の敵意のこもった視線を浴びながら帝国代表の席に座らなければならなくなってしまったのである。それはともかく、十一月二十一日から開かれた国際連盟第六十九回理事会および十二月六日から開かれた臨時総会では、冒頭で松岡全権と中国全権の顧維鈞《こいきん》とが公用語の英語で丁丁発止《ちょうちょうはっし》とやり合った。その弁舌の巧みさにおいては、ユーモアを適宜加えた松岡の方に分があったが、両者の意見は平行線をたどり、前述した松岡の発言のこともあって、日本に好意的な雰囲気は会場にほとんどなかった。中国は老弱国であり、日本は少壮強国で、松岡がいかに雄弁をふるっても、関東軍が日本政府の指示を無視して勝手に振舞っていることは世界周知の事実だったからである。しかも日本政府はその関東軍の首脳を処罰するどころかその行動を追認しているのである。

だから中国側の主張は次の四項目、すなわち
一、総会は日本が連盟規約・パリ不戦条約を侵犯していることを宣言せよ。
二、日本に軍隊の撤収を求め、満州国を解消させよ。
三、連盟は満州国の不承認を宣言せよ。
四、総会は連盟規約による紛争処理の報告書を決定して速やかに公表せよ。
であり、これに対して松岡は、「いたずらに理想論をもてあそぶより、現実を重視した解決策を出していただきたい」ということを連盟に要求した。

ところがチェコ・スペイン・アイルランド・スウェーデンの四か国が中国に同情し、共同して総会第二日目に次のような決議案を提出してきた。
一、満州における日本の九月十八日以降の行動および軍事占領は自衛手段とは認められぬ。
二、満州の新政権は日本軍が勝手に作ったものである。
三、したがって満州国の承認は不可能である。
これは日本側の言い分も取り入れて妥協の余地を残してくれていたリットン報告書よりも厳しく、全く妥協の余地はない。そこで松岡全権は次のような言辞でもってこれを論破した。

「ここに各国代表諸君が集まっているのは何のためか？　日中間の問題を平和的に解決するた

めではなかったのか……しかるにこの提案は、現下の満州国の状態にも、リットン報告書の内容にもそぐわないし、連盟の精神にも合致しない一方的できわめて不適切なものである。したがってわが国としてはこの提案の撤回を要求するが、もしそれが認められないのであれば総会議長に対して連盟総会の表決を求める」

そして松岡代表は一瞬の間を置くと、今度は語気鋭く、こう付け足した。

「最後にわたしをして付言せしめられたい。すなわち、本決議案の取り扱い如何によっては、勿論わたしとしてもそのようなことになろうとは思わないが、提案国の意図しなかった、また は期待しなかった結果が引き起こされることをわたしは恐れるものであります」

この結びの言葉は、はっきりしている。もしこのような決議案が可決されるならば、日本は即座に連盟から脱退するであろうことをほのめかしたものである。

勿論連盟からの脱退は日本を国際的に孤立させて不利益を蒙むることになるであろうが、連盟の側としても、米・ソ両大国が加盟していない現状で、さらに日本が連盟から抜け出れば組織としての弱体化は否めない。またこの決議案は日本が参加していてこそ意味があり、日本が居なくなっては全く意味をなさない。だから、驚いた英仏両大国は慌てて直ぐさま舞台裏で根回しをはじめた。

その落ち着いたところは、この決議案を主要国である十九か国で構成されている十九か国委員会に付託するということであった。すなわち理事会から総会へ、総会から十九か国委員会へのタライ回しで、事実上の流産となることをねらったものである。したがってこの決議案は総会で採決されず、決議案を付託された十九か国委員会でも、第一回会議を十二月二十日に開催しただけで、すぐクリスマスが来て年末となり、休会してしまった。再開は明年すなわち一九三三年（昭和八年）の一月十六日である。

ところがその間の二十数日、日本の代表団はこの休会の期間を利用して、自国の立場を諸外国代表団に理解してもらうようはたらきかけておくべきであった。各国へ特使を派遣するなどして、日本の立場を説明し、事態の好転をはかるべく宣伝活動をすべきであった。だが、日本政府もジュネーブの代表団も、そうしたことに気付いて、奔走する者は誰一人としていなかった。

というのは、実はこの年末の連盟総会の最終日、松岡代表はこの会場で流暢な英語を駆使し、一時間にも及ぶ名演説で会場をゆるがすような大拍手を一身に浴びていたからである。そのためフランス代表のボンクール陸相、イギリスのサイモン外相といった大物が次々と席を立って演説が終わって自席に帰る松岡に握手を求め、イギリスの陸相で代表をつとめていたヘールシャムの如きは、松岡の肩に抱きついて、「すばらしかった。余は三十年間も外交生活をしているが、こんな演説は初めてだ」と言い、サイモンもボンクールも「歴史に残る名演説だった」と激賞したのだった。

だからこのことにより、今まで反日的であった連盟総会の空気が一変して、日本への同情論が俄《にわか》に沸き起こっていたのである。それを、日本側はこの折角のチャンスを見逃してしまった。これが結局日本の命取りとなってしまうのである。

国際連盟脱退の真相

松岡洋右は連盟の総会が休会になったあと、十二月二十二日に書記官二人を連れてジュネーブを発ち、ウィーン、イスタンブール、ローマへと旅に出た。ジュネーブに残って外交工作がしたくても、各国代表は帰国して、ジュネーブは空っぽになるからである。

新年をローマで迎えて一月十日までナポリ、フローレンス、ミラノ、ゼノアと各地を巡り、十一日の朝ジュネーブへ向かった。そのあいだにローマでイタリアのムッソリーニ首相と会談したが、予定より早く旅行を切り上げたのは、一月三日に関東軍が再び軍事行動を始めて山海関を占領したとの知らせを受けたからだ。この関東軍の山海関占領は、松岡の年末総会での演説で好転しかけていた連盟総会の雲行きを再び暗転させる暴挙だった。

したがって、この暴挙がなく、次に述べるイギリス提起の妥協案を日本政府が受諾さえしておれば、日本帝国の連盟脱退ということはなかったであろうが、遺憾ながらこの二つが松岡外交の命取りとなった。

右のイギリス提案の妥協案というのはこうである。

イギリスは中国に多くの利権を持っていたが、そのほとんどは中国本土の南部にあり、北部の満州にはロシアが進出してきていた。ところが日本がそのロシアを抑えたから、ロシアの強大化を恐れていたイギリスは日本に協力的であった。けれども連盟の規約にのっとり、理事会を運営しなければならぬ常任理事国としてのイギリスは、日本への協力的調停に限界があり、十九か国委員会の中に和協委員会を設立して日中両国双方の調停をはかろうとした。すなわち総会の決議案となると、拘束力を持ったものになるが、議長の宣言ならば拘束力はない。日本はこの宣言に対して反対である旨の声明をすればよく、一方連盟の方も面目を保つことができる。その上で、日本は和協委員会において、中国と直接交渉し、局面の打開をはかればよいではないかというのである。

そこで松岡はこのイギリスの提案に賛同して、日本の内田外相に長文の電報を打ち、「このイギリス提案は渡りに舟であり、日本はこれを受けて連盟に留まり、連盟の顔を立てながら、しかも満州問題に限り、わが行わんとするところに支障を生じさせないように落ち着かせればよいではないか、……物事は八分ぐらいでこらえておくのがよいのであって、なんでもきれいさっぱり完全を期することは望み得ないことで、このことは、わが政府内部においても最初からご承知のはずである」

と、内田外相の了解を求めた。これは松岡が日本を出発する前に元老西園寺に会って、彼から「どんなことがあってもわたしは政府に連盟から脱退するようなことはさせない」という確約を得ていたから、それを信じていたからにほかならない。

ところがなんと、その内田外相からジュネーブの松岡へ向けて発せられた返事の訓電は、「連盟の総会で十九か国委員会の勧告案が提議採決されたら日本政府は直ちに連盟から脱退する旨を表明せよ」というものであった。

これは内田外相が元来満州問題に関する限り「焦土外交をも辞せず」というほどの強硬論者

であったこともあるが、当時の日本の国民世論が新聞各社の圧倒的な連盟脱退論説に幻惑されて、脱退を支持していたことによるものである。たとえば二月七日に日比谷《ひびや》の公会堂で開かれた集会では「政府は速やかに頑迷なる国際連盟を脱退して直ちに公正なる声明を中外に宣言し、帝国全権をして即時撤退帰朝せしむべし」という大会宣言を採択している。また全国の新聞各社百三十二社は共同声明を発して、「満州国の存在を危うくするような解決案はいかなる事情があろうとも絶対に受諾すべきではないことを、全言論機関の名において声明する」という記事を一面に載せたのであった。だから、元老西園寺も松岡との約束を反故《ほご》にせざるを得なかったのである。

かくしてジュネーブの連盟総会における対日世論は悪化の一途をたどり、日本がイギリスの調停案を事実上拒否したため、やむなく連盟規約第十五条第四項（紛争解決に至らないときは表決によって紛争の事を述べ、公正なる勧告書を作って公表すべし）による処理が進められ、十九か国委員会が作成した勧告書（日本軍の定められた駐屯地以外からの撤退と、中国の行政的保全と両立する自治機関の設立）が総会にかけられた。

この国際連盟臨時総会は、二月二十四日、午前十時五十分から開催された。議長はベルギーのイースマンである。

まず中国代表の顔恵慶《がんけいいけい》が演説し、次いで松岡が立って四十分間、テーブルを叩き、拳を突き出すなどのジェスチャーをしながら熱弁を振るった。そのあと総会はいったん休憩に入ったのち、午後から採決に入った。出席国は四十四か国で、各国代表の「イエス」の連呼が続き、

「ノー」と発言したのは日本だけだった。終わりに近くタイ国の代表が立って「棄権」と叫んだが、これは本国からの訓令が間に合わなかったからで、その結果、表決は四十二対一、棄権一で日本への非難決議が採択された。そのあと松岡が発言のために立ち上がり、十分ほど喋って「日本はこの勧告書を受諾することは不可能である。日中戦争について、国際連盟に協力する努力はもはや限界に達した」と述べ、最後に日本語でサヨナラと付け加えた。

史書によると日本はこのとき連盟から脱退したと書かれているが、そうではない。正式に日本が連盟へ脱退を通告したのはこの年の三月二十七日である。だからそれまでは連盟に加入していたことになる。もし連盟に踏みとどまろうと思えば、それもできたわけである。連盟には脱退を強制する権限が与えられていないからである。それは現在の国際連合も同じで、イスラエルはヨルダン川西岸からの撤退を幾度も勧告されながら、それを無視して今でも国連から脱退しないでいる。

勿論、勧告に従わなければ規約により加盟国から経済断交その他の制裁を受けるが、それさえ辛抱していれば済むことである。だから一九三三年のこの時点で、国際社会の大方の見方は、日本が連盟から脱退しないで、そのまま頬被りして居座るだろうというのが大多数であった。だが、日本は連盟から脱退した。また日本から正式に脱退の通告があっても、その脱退が公式に認められるのは二年後で、その二年間に連盟に戻りたくなれば、前の通告を取り消せばよかったのである。

松岡洋右は総会議場から配下の随員たちとともに退場したあと、「自分は外交に失敗した。外交官としての資格はない」と悄気《しょげ》た。だから日本へは直行せず、アメリカを経由して傷心を癒したあと帰国した。その回想記によると、「連盟脱退を防止できなかった責任は自分にある。これから僕は田舎に帰って百姓でもやろうか」と真剣に考えていたそうである。

ところがアメリカに立ち寄った松岡には、そうした傷心とは裏腹に、新聞・ラジオのインタビュー申し込みや講演の依頼が殺到した。

三月二十一日、松岡はホワイトハウスに大統領フランクリン・ルーズベルトを訪問したあと、米国西部へ向かい、シカゴを経て苦学時代を過ごしたポートランドに立ち寄った。少年の頃親身《しんみ》になって世話をしてくれた故ベバリッジ夫人の生家を訪ね、夫人への謝恩碑を建立して、四月九日その除幕式に出席したが、その碑文には「母と並んで私の精神と人格を形成してくれた一人の女性に対する感謝の印として…」と書かれていた。そのあと母校のオレゴン州立大学で講演をしたが、そのとき大学から彼に名誉博士号を贈る話があった。ところが松岡は学問的業績を理由にそれを辞退している。

四月十八日、松岡はサンフランシスコから出港して日本へ向かい、途中ハワイ島ホノルルに寄港して在留邦人主催の歓迎会で講演し、日系二世に向かってつぎのように話した。

「諸君たち日系市民は百パーセントアメリカ人であるべきだ。万一、日本とアメリカが戦火を交える不幸な事態が起こった場合、諸君らは銃を執って立ちアメリカのために身命を抛《なげう》って日本軍と戦うべきである。そして日本人の血を受けた日系市民は優秀だという観念を白人に抱かせるのが日系の名誉であり、かつ日本の武士道にも叶っているのである。もし日系市民にしてアメリカに弓を引くような者がいるとすれば、それはアメリカにとっては獅子身中の虫であり、武士道精神に背くことである」

日本敗戦後の話なればともかく、戦前の皇国史観華やかなりしこの頃、このような講演を彼がしたことは驚きである。事実、第二次世界大戦の際編成されたハワイの日系二世は、第四四二部隊に入隊してイタリア戦線で大活躍をして、ハワイ日系市民の社会的地位を高からしめた。

それはともかく、このあと松岡は浅間丸で、四月二十七日横浜港に着き、嵐のような歓声に迎えられた。新聞各社の論調も、東京日々新聞が「彼の帰京を歓迎してその労に対して満腔の謝意を表する」と書き、読売新聞は「連盟脱退につき松岡代表を責むべき理由は何処にも見出し得ず、何人《なにびと》を派遣しても恐らくこれ以上の働きはできなかったであろう」と述べているのである。しかも東京駅では首相以下全閣僚が出迎え、皇居へ向かう沿道は大群衆で埋めつくされた。そして当時の貴族院議長であった公爵近衛文麿でさえも、雑誌『日の出』で、「悪口もあるようだが、とにかく松岡君は一方の雄であり、国民的英雄である」という讃辞を書いた。

勿論、連盟総会での各国代表団の心情と新聞論調の真相を熟知している松岡は、この日本国内の歓迎陣の大仰《おおぎょう》さを、青年時代に見聞した外相小村寿太郎のポーツマス条約締結後のあまりにも冷淡で悲劇的な横浜埠頭での出迎え風景と対比して、内心忸怩《じくじ》たるものがあった。

だが、それも束の間のことで、たちまち彼は国民世論の時流に眩惑されて、少しもためらうことなく、その後も外交官として日本外交をリードして行くことになる。これは決して日本国民にとっても、また日本帝国にとっても、幸せなことではなかったのではあるが……。

日本外交の十字路

日本外交の十字路は日独伊三国同盟の締結と、日ソ中立条約の締結である。

前者は日本を欧米の民主々義陣営から離反させてファシズム枢軸国家へ仲間入りさせ、後者は日本がこれまで国是としてきた北進政策を転換して南進政策をとらせるきっかけとなった危険な条約だったからである。それを決定したのは政府首脳であるけれども、その条約を外交官として実際に締結した立役者は松岡洋右であった。すでにその大局《たいきょく》のことはこれまでの論考でふれてきたが、実際にこれを担当してきた政治家がどのようにしてこれを推進してきたかをあとづけるのが、この項のねらいである。

国際連盟総会に出席して諸外国代表団の空気を読んだ松岡は、日本主席全権として、日本をその空気とは全く別の進路に追い込んでしまった責任を痛感し、自分の政治生命はこれで終わったと思った。

ところがアメリカを経由して日本に帰国してみると、その思いとは正反対に日本のマスコミは、彼を鬼ヶ島征伐を終えて凱旋した桃太郎の如く讃えたので、再び気力を盛り返し、政治家として国政革新の道を驀進しはじめた。すなわち所属していた立憲政友会を脱党し、挙国一致の体制を確立すると称して、衆議院議員を辞し「政党解消連盟」を結成した。その手法はイタリアのムッソリーニやナチスドイツのヒットラーと似通ったところがあり、日本では近衛文麿の大日本大政翼賛会に近い。勿論ムッソリーニやヒットラーには及びもつかないが、それでもそれから二年間は日本全国を遊説して歩き、連盟会員数も二百万人に達した。

だが、このときは時期尚早としてこれを打ち切り、昭和十年八月から昭和十四年三月まで南満州鉄道株式会社の総裁をつとめた。この三年八か月に及ぶ満鉄総裁の時代、松岡は二キ三スケ（満州国政府総務長官星野直樹、関東軍の参謀長東条英機、満鉄総裁松岡洋右、満州国政府産業部次長岸信介《のぶすけ》、満州重工業社長鮎川義介）の一人として辣腕をふるい、関東軍最高顧問の職をも兼任している。そのあと昭和十五年七月望まれて第二次近衛内閣の外相となり、十月に近衛首相が発足させた大政翼賛会の副総裁にも就任している。

すなわち、これからが政治家・外交官としての彼の腕の見せ所で、松岡は外相就任に先立って昭和十五年七月十九日、近衛首相荻窪《おぎくぼ》の私邸「荻外荘《てきがいそう》」で近衛首相と陸相に予定されている東条英機および海相予定の吉田善吾を加えた四人で会談し、日本外交の一元化について要望を述べた。

「わが国が中国における戦争を早期に終わらせることができなかったのは、現地と中央の統一ができていなかったからで、外交というものは一本でなければ絶対に成功しない。それが守れぬようでは、わたしは責任をもって外交を担当することはできない」

これは次期陸相の東条に向けた牽制で、これまでの歴代の外相はみんな軍部の横槍で苦杯を嘗めさせられ、不本意な外交をしなければならなかったことへの苦情で、首相の近衛もこの松岡の見解を支持し、東条と吉田もまたこれを了承した。近衛が松岡を外相に起用したのも、実はこの男ならば軍刀に怯えることなく、自分の信ずる外交方針を貫徹してくれるだろうと思ったからであった。

こうして松岡は軍部に駄目押しをしたあと、新内閣の外交方針を次の如く述べて、その了承をとりつけた。
一、世界情勢の急変に対応し、すみやかに東亜新秩序を建設するため、日独伊枢軸の強化をはかり、東西互に策応して諸般の重要政策を行うこと。
二、ソ連とは日満蒙間国境不可侵協定を結び、懸案の急速解決をはかるとともに、右の不可侵協定有効期間内に対ソ不敗の軍備を充実すること。
三、東亜にある英米蘭ポルトガルの植民地を東亜新秩序に含めさせるために積極的な処理を行うこと。
四、米国とは無用の衝突を避けるが、東亜新秩序の建設に対する実力干渉はこれを排除する。
ねらうところは東亜新秩序の建設であり、日本が明治維新以来北方に向けていた目を南方に転じたことである。これによって日本は日独伊三国同盟に加えて、ソ連とも不可侵条約を締結し、米国に備えた。しかも右の三国同盟締結の交渉は外相の松岡に一任されたのである。

そして新外相となった松岡は、この交渉に臨むに先立ち、外務省の人事に前人未踏の大鉈《おおなた》をふるった。すなわち、自分の外交方針に不同意な邪魔者を排除したわけで、諸外国の大使たちにこれまでの外務省とは違うぞという印象を与え、かつ、これまでとかく人事に口出しをして軍の主張をごり押ししようとした陸軍の横暴を封じたのである。このときの外務省人事の刷新により駐米大使堀内謙介、駐ソ大使東郷茂徳ら三十九名に帰国命令が発せられ、省内局長クラスも一新された。

　こうして外交新体制を確立した松岡が最初に手がけた対外交渉は新内閣の基本政策の第一である日独伊三国同盟の締結であった。この三国同盟は昭和十一年（一九三六）十一月に締結された日独防共協定の延長線上にあるものだが、この三国同盟にソ連を加えて四国同盟とする構想は松岡独自の発想である。彼は外相に就任したとき、元外務官僚であった斉藤良衛《よしえ》を自分の腹心として外務省顧問に迎えているが、彼はその時、顧問の斉藤に向かってこう言っている。

「日本とアメリカとの関係は悪くなるばかりである。このままでは戦争になってしまう。そうなれば鉄や石油のない日本はとてもアメリカには勝てない。この危機を回避する道は二つしかない。第一は軍部に反省させて中国から撤退することだ。だが、これはもはや不可能だ。陸軍大臣が承知したって現地軍が言うことを聞かないから、どうにもならない。そこで第二の道だが、これは日本に対する強力な同調者を求め、これと結んで日本の威力を高め、アメリカの反日態度を挫くことだ。目下ヨーロッパでは英独戦争、アジアでは日中戦争が続いている。これが第二次世界大戦にならないのはアメリカが参戦していないからで、そのアメリカを参戦させないためにはドイツ・イタリアと三国同盟を結び、これにソ連を参加させれば、日本の外交的権威が高まり、アメリカもこれまでのように反日政策を続けて行くことはできなくなり、日本とアメリカの平和が回復することになる。なんといってもアメリカはこの松岡にとっては第二の母国なのだから、アメリカとの和平が最重要課題である」

聞いていて斉藤はあっけにとられた。日本もドイツも思想的に反共をモットーとしている国家だ。その共産主義国のソビエトロシアと手を結ぶことなど、ありうべくもないことだと思われていたからだ。この時代にそんなことを考えている政治家など日本には一人としていなかったからである。

ところが、この一年前の一九三九年（昭和十四年）八月二十四日、ドイツのヒットラーはその共産主義国の首相スターリンと独ソ不可侵条約を締結したと発表したのである。この発表は文字通り全世界を驚倒させ、日本でも三国同盟を推進していた平沼騏一郎《ひらぬまきいちろう》内閣は八月二十八日に「欧州の天地は複雑怪奇なる新情勢を生じたり」という声明を発して総辞職をしたくらいだ。だから、このあと内閣は阿部信行内閣に続く米内《よない》光政内閣のとき、米内首相が三国同盟に強く反対したこともあって、その締結の論議は立ち消えの感があったが、ドイツがソ連と不可侵条約を結んだことでドイツはポーランドを制圧し、ノルウェーとデンマークを降伏させ、さらにマジノ線を突破してフランスまでも降伏させると、俄然日本の親独派が勢いを盛り返し、このドイツと手を結んでイギリス・フランスの東南アジア植民地に兵を進めるべきだという論議が陸軍を中心に高まった。彼らは重慶で蔣介石《しょうかいせき》が頑張っているのは、イギリスがビルマからの援蔣《えんしょう》ルートで中国を支援しているからで、このルートを遮断してしまえば蔣介石も降伏せざるを得ない。だから今こそ日本はドイツと同盟して南進し、東南アジアを占拠すべきだと主張し、こうした陸軍の意向で畑俊六陸相が辞職し、陸軍が後継の陸相を推挙しなかったから米内内閣が崩壊し、第二次近衛内閣が成立したのだった。つまり時勢を見るに敏なる松岡は、この気運に乗じ第二次近衛内閣の外相になると、これまでの三国同盟案に共産主義国のソビエトロシアを上乗せしたわけだ。

だが、この昭和十五年（一九四〇）八月の時点で、松岡は陸軍が主張するような三国同盟の強硬な推進者ではなかった。彼は近衛内閣の外相になると、前内閣（米内内閣）の時代に陸軍が作成した三国同盟の草案を取り寄せて子細に検討してみた。外務省の官僚たちも陸軍の意向を受けて「この草案通りに同盟の締結を急ぐべきだ」と進言したが、彼は、「こんなものは駄目だ。ドイツ本位の草案で、これではドイツに利用されるだけだ」と言って取り合わなかった。

とはいっても、彼が三国同盟そのものに反対だったわけではない。陸軍作成の草案にあるようなドイツとのみ強力に結びつくことに危惧の念を抱いていたのだ。ドイツに利用されるのではなく、彼を利用して日本が利益を得ることには反対ではなかった。換言すればドイツのヒットラーの向こうにスターリンを意識し、ルーズベルトの動きを見ていたのである。ヒットラーはイギリスと戦っていたが、海軍力がなく、ドーバー海峡の制海権を完全にイギリスに握られていたので、イギリス本土への上陸作戦が出来ないでいた。だから日本と同盟を結び、イギリス海軍を弱めるために日本軍によってシンガポールを攻撃して占領してもらうのがねらいだったのである。もし日本がドイツと軍事同盟を結ぶならば、イギリスは東洋のイギリス植民地への日本軍の脅威に怯《おび》え、その海軍力を東洋へ向けなければならなくなるからである。これに対して日本側の当座の目的は泥沼にはまり込んでいる日中戦争から一日も早く手を引いて日本を敵視するアメリカの経済封鎖を解除させ、国民生活の困窮を取り除きたいのだったが、中国は東南アジアを利用した米英両国の援蒋ルートによって軍需物資の補給を受け、いつまでたっても強気で降伏しない。そのすべての原因は日本陸軍の横暴にあり、同時にこれを利用している大資本家も存在していて、これを政府の政治力で抑えればよいわけであるが、それが出来ないでいるのが現状である。

そこで松岡はそれを打開するには、自分がいかにも軍部の方針に同調し、軍部のお先棒をかついでいるかのように見せかけて、その実、行く先を自分の考えている方向に向けかえて、この難局から抜け出そうというのがねらいであった。そのために三国同盟を利用してドイツの力でイギリスの軍事力を弱めてビルマからの援蒋ルートを骨抜きにし、この三国同盟にソビエトロシアを一枚加えることにより、日本の外交的権威を高めてアメリカを交渉の場に誘い込み、日米間の危機的状況を打開しようというのが、この松岡外交の構想だったのである。

その三国同盟締結に向けて、松岡外相は関係各省庁長官及び東条陸相、及川海相、参謀部次長、軍令部次長らと幾度となく会議を行い、また臨時閣議も何回か開かれた。そして九月十九日、最後の御前会議が開催されて、松岡は原《はら》枢密院議長から次のような質問を受けた。

「三国同盟がアメリカを意識したものであることは理解できる。アメリカは日本に対して圧迫を加えつつあるが、それでも日本を独伊側に立たせぬため、かなり圧迫を手びかえているのではないか？　しかるに、この同盟によって日本の態度が決まれば、アメリカは経済的圧迫を一層強化し、重慶の蒋政権を援助し、石油・鉄を禁輸し、日本からの物資も買わなくなり、日本を疲弊させて長期戦に耐えられなくすると思うが、どうか？」

すると松岡は答えた。

「ご意見はごもっともです。日本が中国の全部、少くとも半分を放棄すれば一時的にアメリカと握手することができるでしょう。しかし、それで将来も対日圧迫が無くなるというものでもありません。目下アメリカの対日感情は極度に悪化していますから、わずかの機嫌取りで回復するとは考えられません。ただ日本の毅然たる態度のみが戦争を回避する道なのです。ドイツのヒットラーもアメリカとの戦争は好まず、対英戦争が終われば、アメリカと親善をはかる気持でいるようです。アメリカには二千三百万人のドイツ系市民が在住していますから、日本はドイツと手を結び、そのドイツ系市民の力をかりて、日米関係の改善をはかることも考えられるのです」

「アメリカは自負心の強い国家である。わが国が毅然たる態度をとれば、かえってそれは逆効果になるのではないか」

「たしかに一時的には硬化するかもしれませんが、日本の強大な海軍力とも勘案して、やがては平静な態度に戻ると思われます。益々硬化するか、平静に戻るかは五分五分の確率だと思います」

したがってこの御前会議でも、確たる結論は出なかったので、不安を感じた枢密院は九月二十六日さらに会議を開き、外務省出身の石井菊次郎が「歴史の教えるところでは、ドイツは最も悪しき同盟国で、この国と同盟した国家はすべて災難を蒙っています。ビスマルクはかつて同盟には騎馬武者と馬とがあると言って、同盟していたトルコやオーストリヤを馬のように扱った。またヒットラーは、条約など一片の紙切れに過ぎないと言って日独伊防共協定があるのに、ソビエトと独ソ不可侵条約を結んだではありませんか」と言い、それに追従して日本銀行出身の深井英五も同じようなことを言ったが、議長が最終的に賛否を問うと、この二人も他の議員たちに同調して、松岡が胴元《どうもと》となったこの危険な五分五分の丁半博奕《ちょうはんばくち》に、松岡が勧める半《はん》（凶）の賽目《さいのめ》に賭けたのであった。

かくして日独伊三国同盟は、その翌日の九月二十七日に成立した。

後日談だが、昭和十六年十二月八日の朝、大本営の「帝国は米英両国と戦闘状態に入れり」というラジオ放送を聞いた元外務官僚の斉藤良衛は、五か月ほど前外相を辞めて病気になり自宅で伏せっている松岡を東京の千駄ヶ谷《せんだがや》に訪ねた。前述の如くこの斉藤は外相時代の松岡の腹心だった人物だ。すると松岡は彼の顔を見るなり涙を浮かべてこう言った。

「あの三国同盟の締結は僕一生の不覚だった。僕はあのとき、アメリカの参戦防止によって第二次世界大戦が起こるのを予防し、国家を泰山《たいざん》の安きに置くことを目的としたのだったが、その後の国際情勢はことごとく僕の志と違い、死んでも死にきれない思いである」

勿論この時は、日本海軍がハワイパールハーバーへの奇襲攻撃に成功し、アメリカの太平洋艦隊を撃滅し、マレー沖でもイギリス東洋艦隊の最強艦プリンス・オブ・ウェールズを撃沈して大勝利を博し、日本列島が歓喜の渦に巻き込まれていた時だったが、松岡はすでにこの時点で日本の敗戦を予想していたようである。

だが、この頃ではまだ次項で述べる日ソ中立条約が、スターリンによって一方的に破棄され、北方鎮護のため北満州に送り込まれていた同胞開拓民が悲惨な地獄のどん底に追い込まれることなど、彼は予想だにしなかったにちがいない。

では、稿を改めて、その松岡とスターリンとの日ソ中立条約締結交渉の顚末を記してみよう。

日ソ中立条約の締結と南進策

昭和十六年（一九四一）三月十二日、松岡は東京を発《た》ってモスクワ、ベルリン、ローマ訪問の途についた。松岡が三国同盟を進めたのは、ソビエトを加えて対米ブロックを形成するための前段階であったから、次の仕上げとなるソビエトとの協調にとりかかったのである。折しもドイツの外相リッペンドロップからベルリンへの招待があったので、その途中でモスクワに立ち寄り、ソビエト首脳と交渉するベストチャンスと思ったわけだ。当時日本からドイツへ行くにはウラジオストックへ渡ってシベリア鉄道でモスクワを経由するのが最も速いコースだった。

ドイツが松岡を招待したのは、日本にシンガポールを攻撃させてアメリカの目を日本へ向けさせ、アメリカの独英戦争介入を阻止するのが目的である。こうしてアメリカ参戦の望みがなくなれば、イギリスは対独戦争に勝ち抜く気力を失い、フランスに続いて間もなく降伏してくるだろうというのが、ヒットラーの希望的観測だった。

だが松岡は、そのドイツの誘いに乗ることなく、モスクワを訪問してスターリンと交渉し、日ソ中立条約を結んで「北方静謐《ほっぽうせいひつ》」を保ち、第二次近衛内閣の南進政策を推進させるつもりである。前述のごとく松岡の三国同盟の主張は独ソの良好な外交関係を前提にして日独伊ソの四国同盟を成立させ、彼の抱負である世界再分割構想を実現させることにあった。

世界再分割構想というのは、世界を大東亜圏、欧州圏、米州圏、ソ連圏に分け、日中戦争と独英戦争終結後の国際会議で、その実現をはかり、日本は大東亜圏の政治的指導者となるという構想である。そのためには、アメリカに参戦をさせぬようドイツ当局との了解をとりつけ、独伊にソ連を牽制させ、もしソ連が日本を攻撃する場合には独伊がソ連を攻撃するという取り決めである。もっともこの構想はドイツのヒットラーが一九四一年六月二十二日、ドイツ軍百五十個師団をもってソビエトを攻撃し、独ソ戦争が始まったため崩れてしまうのだが、このときには松岡はその構想が実現すると確信していた。

三月二十三日、モスクワに入った松岡は、まずクレムリン宮殿に首相モロトフを訪ねた。昨年十月、松岡はモスクワ大使館の建川《たてかわ》大使を通じて日ソ間の不可侵条約を打診していたので、その意向を尋ねたが、モロトフはドイツとのかけひきもあるからと、態度を曖昧にした。だがモロトフは松岡に、スターリン書記長に会っておくよう勧めたので、彼は「しめた」と思った。

そしてスターリン書記長が現われると、開口一番、

「日本人は古来道徳的な共産主義者です」

と言った。驚くスターリンを尻目に、松岡はなおも続けた。

「もっとも政治的共産主義を信じているわけではありませんが、家族生活における共産主義者だということです。しかしこの家族的共産主義は西欧から入ってきた個人主義によって毒されました。これはイギリスのアングロサクソンの思想を導入したせいだと考えられます」

こうして打ち解けた両人は、約一時間にわたって会談し、ほとんどの時間を松岡が喋った。そして最後に松岡が、

「アングロサクソンはソ独日三国の共同の敵だと思います」

と言ったのに対して、スターリンは笑って頷き、

「わがソ連邦とイギリスの関係は、これまでも良くなかったし、これからも良くなるとは思えない。貴下のベルリンからの帰りにここへ立ち寄ってもらい、もう一度会談しようではないか」

と言って席を立った。松岡はその夜モスクワを発って三月二十六日にベルリンに到着した。まずリッペンドロップと会談を行い、ついでヒットラーと会談して、そのあとローマを訪問してムッソリーニ首相と会い、四月四日にベルリンへ引き返し、再びドイツ首脳陣と会談したが、ドイツ側はこのところソ連とは関係が悪化しているから松岡の望む日ソ中立条約の締結には反対であるとの意向を表明した。そしてヒットラーは松岡の予想通り英帝国を決定的に打倒するため、日本軍をしてシンガポールを攻撃せしめるよう度々要求した。速やかにイギリスを打ちのめすことが、アメリカの参戦を防止することになるのだというのである。だが松岡はこのヒットラーの説得には応じなかった。

ドイツ首脳陣との会談によって、独ソ関係が悪化したことを知って、松岡は彼の望む四国同盟は実現できないことを知ったが、既定方針に従ってドイツから日本への帰途、再びモスクワに立ち寄り、スターリンと会って日ソ間の国交調整をはかりたいと思った。したがって四月五

日にベルリンを発った松岡は、七日にモスクワに着き、直ちにモロトフと交渉を始めた。この交渉で松岡はモロトフに不可侵条約の締結や北樺太の買収を提案したのに対して、モロトフは中立条約を提案し、北樺太における日本の石油・石炭利権の解消を要求した。そこで松岡は不可侵条約案を撤回し、ソ連にも北樺太における日本の利権解消要求を撤回させようとつとめたが失敗して交渉を断念した。そしてやむなく松岡は悄然として帰国の途につこうと思い、その挨拶のためクレムリンのスターリン書記長を訪ねた。

ところが、この四月十二日の松岡とスターリンとの会談で瓢簞《ひょうたん》から駒《こま》が出て、思いがけなく急転直下日ソ中立条約が調印されたのであった。

この条約は日ソ両国相互の領土保全および不侵略の尊重、締約国の一方が第三国から攻撃を受けた場合、他方の中立維持を約束したもので有効期限は五年。満期の一年前に締約国の一方から廃棄の通告がなければさらに五年間自動的に延長されるという内容であった。

調印式後に宴会が開かれ、スターリン書記長は至極上機嫌で、松岡の乗る帰国列車の発車時刻を政府命令で遅らせ、自ら駅頭まで彼を見送りに来た。そのときスターリンが松岡を抱擁し、「これで日本は北に備えることなく、南進ができる」と述べたという有名なエピソードがある。

だが、あとになって考えると、松岡はスターリンによって日米開戦を仕向けられたことになり、まんまと手玉に取られたことがわかる。この二か月と九日過ぎの六月二十二日に独ソ戦が始まり、日本は条約によって北進が封じられ、ソ連は命取りともいうべき不利な二正面作戦を免れたからである。

それはともかく、松岡はこの日ソ中立条約の締結によって自信を深め、アメリカ駐ソ大使スタインハートを通じて、かねてからの所信であった日華関係和解の斡旋をルーズベルト大統領に依頼した。ところがその彼が知らぬうちに東京の近衛内閣では彼の好まぬルートを通して、密かに日米交渉が進められていた。しかもこのルートのアメリカ側の交渉相手は、「日本にナチスドイツと手を組みその征服政策を支持しているような外交の指導者がいては、この日米交渉が実質的な成果をおさめることは期待できない」と、あからさまに松岡外相を非難したので、近衛首相は、松岡が内閣にいてはこの日米和平交渉は進まないと、彼を内閣から除くため七月十六日に内閣総辞職を断行した。こうして松岡を追放して松岡外交を破綻させた近衛は、二日後の七月十八日、外相を松岡から豊田貞次郎に変えただけの第三次近衛内閣を発足させ、これに乗じた軍部が七月二十八日から南部仏印へ武力進駐を行ったため、怒ったアメリカは、日米和平交渉どころか、この報復のため在米日本資産を凍結し、つづく八月一日に対日石油輸出を全面的に禁止したのであった。

日本の南進政策は、昭和十五年八月三十日松岡外相とアンリ駐日フランス大使との間の協定で、北部仏印（ベトナム北部）への日本軍進駐が平和裡に始まった。ところが九月二十七日に三国同盟が成立すると、日本陸軍の強硬派が勢いづいてこの協定を無視し、トンキン湾からハイフォンに強硬上陸し、さらに昭和十六年七月十六日、松岡が外相を辞めると、七月二十八日南部仏印（ベトナム南部）へ武力進駐を強行し、蘭印（オランダ領東インド）をうかがう気配を示した。そのためオランダが日本への石油輸出を禁止し、イギリスのビルマからの援蒋ルート再開と合わせて、ここにいわゆるＡＢＣＤ包囲陣（米・英・支・蘭の四国による対日経済封鎖）が発動されることになったのである。

第五章

❖太平洋戦争は何を間違えたのか

日米開戦原因の検証

昭和十六年（一九四一）十二月八日、日本は米英両国に対して宣戦布告をした。英国はともかく、アメリカの工業力は日本の十倍もあり、軍事力においても雲泥の差があった。日清・日露の戦役の時代とは異なり、その後の科学技術は急速に進歩し、それが軍事に応用されて、第一次世界大戦後の戦争で勝敗を決するのは精神力や戦術ではなく、国家の持てる総力すなわち、人口と資源・財力・社会資本・工業力・技術力のすべてであった。それでいて、何故日本は米国を相手に宣戦を布告したのだろうか……それは、かつて日本が同じような強大な国力を持つ超大国のロシアと戦って勝った僥倖の体験があったからである。

アメリカは国民の世論が政治に反映する民主主義国家であるから、戦争に向けて国民世論を一つにまとめることが困難で、日本が宣戦布告直後の緒戦でアメリカに大打撃を与えれば、国民のあいだに厭戦気分が蔓延し、それをねらって、すぐさま講和を持ちかければ短期に戦争を終結できるとの打算があったからだ。

だが、この日本の目論見は宣戦布告の十二月八日未明に行ったハワイ真珠湾米軍基地への奇襲攻撃で裏目に出た。

なんと、米国第三十二代大統領フランクリン・ルーズベルトは、この日本の奇襲攻撃を事前に察知しながら、わざとこれをアメリカ国民に知らせず、日本がアメリカに宣戦を通告せずして卑怯《ひきょう》にも騙し討ちにしたと国民に公表したからである。しかも、日本はこのとき、米国への宣戦通告を、あまりにも切迫した直前に行ったため、その通告が奇襲攻撃決行のあとで米国政府に届き、結果的に大統領ルーズベルトの目論見通り日本の騙し討ちとなって、それがラジオ放送で米国内のみならず全世界に宣伝されて、日本はアンフェアな破落戸《ならずもの》国家との烙印を押されてしまったのである。

そのためアメリカ国民は、真珠湾攻撃によって蒙った被害で、厭戦気分におちいるどころか、激昂して「リメンバー・パールハーバー」と敵愾心を燃やし、一致団結して戦争支援に驀進してしまった。まさに大統領ルーズベルトの思惑《おもわく》通り、対日膺懲《ようちょう》と、英国首相チャーチルの要請に応えて対独参戦へと合衆国々民を駆り立てることができたのである。

このことは、戦後の実証的研究によって明白となった事実であり、アメリカの第三十一代大統領ハーバート・フーバー（一八七四〜一九六四）も、自分の次の大統領であったフランクリン・ルーズベルトについて、「彼は自分が対独参戦の口実をつくるため、ドイツと同盟国であった日本を対米戦争に追い込み、この国が戦争に突入しなければならないように仕向けた」と批判し、さらに「彼はそのようなことをする狂気な男であった」と非難している。

さらにアメリカの歴史家ジョージ・ナッシュは、右のフーバーのメモなどをもとに『裏切られた自由』という著書をあらわし、その中で、

「ルーズベルト大統領は、対ドイツ戦にアメリカが参戦する口実をつくるために、ドイツの同盟国であった日本の、在米日本資産の凍結や石油禁輸措置といった対日経済制裁を発動して、日本を破滅的な対米戦争に引きずり込んだ」

と述べている。

また、日本の敗戦後GHQ総司令官となって日本に進駐したダグラス・マッカーサーも、ルーズベルト大統領を批判して、

「一九四一年八月、日本の首相近衛文麿がアメリカのルーズベルト大統領に平和のための頂上会談を呼びかけたとき、これに応じて会談を行い、戦争回避の努力をすべきであったが、それをせず、かえって日本への石油輸出を禁止し、在米日本資産を凍結した。そのため、日本は自存自衛のため、対米戦争に突入せざるを得なかった」

と述べている。

さらにそのマッカーサーが、日本の降伏後食糧危機におちいったとき、食糧を支援して日本人を餓死から救ったのは、右のフーバーが、一九四五年に死去したルーズベルトに代わって第三十三代大統領となったトルーマンの要請で戦後の日本へ視察のためやってきたとき、東京でGHQ司令部のマッカーサーに会ってそのことを説いたからだといわれている。このようにフ

ーバーはルーズベルトとは異なり、良識の政治家だったのである。

右はアメリカ側から見た日米開戦原因の検証である。それでは、日本側から見て、この開戦はやむを得ずして選択した不可避の国策だったのだろうか……。


これまで述べてきたように、日米開戦のきっかけをつくったのは昭和十一年十一月二十五日、広田内閣が締結した日独防共協定に始まり、昭和十五年九月二十七日の調印で完結する日独伊三国同盟であった。これにより、日本は、民主主義を価値観とする米英両国と異なる全体主義・ファシズム枢軸国に仲間入りをしたと、この両国から敵視され、米英両国は日本と戦っている中国・国民政府を全面的に支援するようになった。

日本でこの三国同盟の締結を推進したのは第二次近衛内閣の外相であった松岡洋右であったが、彼は若い頃米国で生活し、アメリカの国情に通じ、その国力を知っていたので、この米国を相手に戦うことの不利を弁え、米国が日本へ戦争を仕掛けないための抑止力としてこの同盟締結を推進したといわれている。だからこの松岡は、昭和十六年十二月八日のハワイ真珠湾攻撃の知らせを受けると「あの三国同盟の締結は、僕の一生の不覚であった」と懺悔の涙を流したということである。

だが、そのハワイ真珠湾の奇襲戦略を立てたのは、当時の日本海軍連合艦隊司令長官山本五十六である。たしかにこの奇襲は大成功で、日本国中は歓喜で沸いたが、これが米国大統領ルーズベルトによって騙し討ちの宣伝材料にされたから、外交的には取り返しのつかぬ大失敗となった。後年のベトナム戦争に見られるような、米国内の反戦・厭戦気分を醸成させて、戦争を早期に終結させるチャンスを、永久に失わせてしまったからだ。

したがって、このときの外交々渉は、あのような三十分や一時間前というきわどいタイミングの宣戦通告によって相手国に不意討ちをかけるという奇襲戦法ではなく、普通の戦争の作法に従って、四十八時間の期限付きの予告で、石油禁輸の解除を条件として宣戦を通告していれば、ルーズベルトも国民世論の反発を押し切ることができず、あるいは石油禁輸を解除して、改めて外交々渉に乗り出し、戦争は回避されていたかもしれなかったのである。

たしかに山本五十六大将のような戦術でアメリカの太平洋艦隊を攻撃すれば緒戦の大勝利は疑いないが、外交手段としてはまことに拙劣で、この場合はアメリカの国民に、開戦の原因がアメリカ合衆国の日本への石油禁輸にあることを知らしめて、世論を戦争支持から遠ざけるという方法をとった方がよかったのである。だから事前に対米戦争の臍《ほぞ》を固めて開戦日を十二月八日と決めてしまわず、なお対米交渉を続行して開戦をのばしていれば、間もなくヨーロッパ戦線でドイツ軍がソ連軍との戦いで敗退したことが明かるみに出て、日本は米国との戦争を回避せざるを得なくなっていたはずである。

そうなれば、日本は三国同盟を破棄して外交々渉により米国政府と妥協し、その要求を受け入れて中国から撤兵し、アメリカと共にヨーロッパ戦線の圏外にあって軍需物資を輸出し、第一次世界大戦の時以上の特需を得ることができた。わが国は天皇も元老たちもなべて英米派であり、国民も大正デモクラシーの洗礼をを受けて英米派の考え方を身につけた知識人が多かったから、ヨーロッパ戦線で独伊両国が敗北すれば、貿易立国による特需によって経済的に繁栄する道を選び、国民生活は向上し、時代おくれで夜郎自大な日本陸軍など国民から見離されてしまう。こうして、日本は文化国家として、国内に自由民主な気運が盛り上がったと思える。

しかし、遺憾ながら日本帝国は、これとは逆の方向に突き進んだ。何故そうなったのか……日本は昭和十五年九月、ドイツにイタリアを加えた三国同盟を締結したが、この三国同盟には、後にソ連を加えて四国同盟へ発展させ、米国との戦争を回避する狙いがあった。だが、この狙いは翌年六月になってドイツがソ連に向かって宣戦を布告し進撃を開始したため外れてしまった。だから日本が米国との戦争を本当に避けようと思えば、この時点で三国同盟から離脱すべきであった。ところが日本は昭和十六年四月十三日、ソ連の首相スターリンの巧妙な外交手腕に翻弄されて日ソ中立条約を締結し、国策をこれまでの北進論から南進論に転じて同年七月、日本陸軍を南部仏印に進駐させた。これは米英両国が中国の蒋介石政権を支援するために設けた援蒋ルートを断つためであったが、米国大統領ルーズベルトは、これに激怒し、日本への石油輸出を禁止してしまった。

このアメリカの対日石油輸出全面停止は、先月二十五日の在米日本資産の凍結とともに日本にとって致命的なダメージで、石油資源のない日本は武力に訴えてでもこれを獲得するしか方法はなかった。そこで当時の首相であった近衛文麿は豊田貞次郎外相をして在米野村大使に、米国大統領ルーズベルトとの頂上会談を設定するよう訓令したが、ルーズベルトはこれを拒否した。当初は乗り気であったルーズベルトも、ハル国務長官が反対したため、会談は流れたと伝える。もともとこのルーズベルト民主党政権はアメリカの歴史始まって以来の反日政権だったからである。

頂上会談は流れたが、近衛首相はなんとしても米国との戦争だけは回避したかった。しかし、日本の軍部はもとより、国民世論も、このアメリカの強硬姿勢には怒り心頭に発し、いかに人望のあった近衛首相をもってしても、この怒りを抑えようがない。

そこで万事休した近衛は、日本陸軍統制派の首領である陸軍大臣東条英機に政権を移譲した。昭和十六年十月十八日、東条英機大将は内閣を組織し、天皇の叡慮を体して戦争回避への努力を続け、外相東郷茂徳にその打開策を講じさせた。その打開策は世にいう甲・乙二案のうち乙案なるもので、「南仏印から日本軍を撤退して米国に石油禁輸を解除してもらう」という日米合意案である。東条首相はこれを容れて米国政府へ提示したところ、米国務長官のコーデル・ハルも最初これを受諾する意向であったが、ハルは前述したようにルーズベルト大統領が、アメリカの国民世論を対独戦線に導くためには、その裏工作として日本に米国を攻撃させる必要があるとの意向であることを知って、急遽これを撤回し、到底日本が受諾することの出来ない新提案と変えた。これが有名なハル・ノートで、その内容は①満州を含め中国・印度・支那からの全面撤退②重慶の国民政府を正当と認め、南京の汪兆銘《おうちょうめい》政府を否認すること③日独伊三国同盟からの脱退を日本に要求するものであった。

このハル・ノートが昭和十六年十一月二十六日、米国大統領からの正式回答として日本政府へ通告されたから、東条内閣は、天皇陛下御臨席の下に御前会議を開き、慎重審議の末、万斛の涙を流して、開戦やむなしと、十二月八日の真珠湾奇襲攻撃を決したのである。

太平洋戦争の分岐点

一九四一年十二月八日に始まった対米英戦争を大日本帝国は大東亜戦争と命名したが、アメリカ合衆国は太平洋戦争と呼称した。

戦いは日本政府の目算の如くハワイ真珠湾《パールハーバー》で大勝を博し、マレー沖でもイギリスの東洋艦隊を撃滅し、日本陸軍はマレー半島へ奇襲上陸して戦果を上げ、開戦後五ヵ月にしてフィリピン、インドネシア、マレー、ビルマにわたる東南アジア一帯を占領した。だがアメリカの反撃は意外に早く開戦後半年にして形勢は逆転した。その分岐点となったのはミッドウェー海戦である。

前項でも述べたように、日本が対日強硬姿勢を示すハル・ノートを受けて対米英戦争を決めたのは昭和十六年十二月一日の御前会議であったが、米国の国力を熟知している連合艦隊司令長官山本五十六《いそろく》大将は、戦いが長期にわたれば到底勝ち目がないと知っていた。だから開戦劈頭の航空機による奇襲によって相手に壊滅的打撃を与え、米国民の戦意を挫き早期の講和に持ち込むしか手がないと考えてハワイ・オアフ島真珠湾の米海軍基地に奇襲攻撃をかけたのであった。

たしかにこの山本の目論見は適中し、大戦果を上げて「アリゾナ」「オクラホマ」などの戦艦五隻を撃沈した。この作戦の成功で山本の名は国民の熱狂的な支持を受け、日本海海戦の東郷元帥と並ぶ名将と讃えられた。だが、そこには思わぬ誤算があった。一つには日本空軍の攻撃が右の第一次・第二次の攻撃で終わり、それに続く燃料タンクや修理施設への第三次攻撃を怠り、徹底したものでなかったこと。もう一つは日本の奇襲攻撃が米国側の暗号解読によって事前に察知されていたのか、真珠湾に航空母艦が一隻もいなかったことである。

このことは当時米太平洋艦隊司令長官だったミニッツ提督が戦後記した「太平洋海戦史」で、次のように書かれていることでも明らかだ。

「日本軍は攻撃目標を艦船に集中し、機械工場を無視し、修理施設に手をつけなかった。また湾内の近くにあった燃料タンクに貯蔵されていた四五〇万バレルの重油を見逃した。この燃料がなかったならば、艦隊は数ヵ月にわたって真珠湾から作戦することは不可能であったろう」

これは前項で述べたルーズベルトのアメリカ国民と世界に向けた巧妙な「日本の奇襲攻撃」という発信とあいまって、アメリカ国民の戦意を挫くどころか、かえって「リメンバー・パールハーバー」という戦意高揚へとつながってしまった。だが、この当時はまだ日本軍の戦果は赫赫《かくかく》たるものであり、マレー沖で「世界最強」を誇っていた英国の戦艦「プリンス・オブ・ウエールズ」と巡洋戦艦「レパルス」を一九四一年十二月十日に撃沈して制海権を獲得し、陸軍もシンガポールを占領したあと破竹の進撃を続けていた。

しかし、連合艦隊司令長官山本にとって気がかりなことは、十二月八日に攻撃して無傷のままにうちもらした敵航空艦隊による日本本土への反撃であった。これをそのままにしていては彼が目論む米国との早期講和は夢となってしまう。そこで彼は哨戒機による索敵でハワイ真珠湾に代わるアメリカ艦隊の防衛拠点がミッドウェー諸島であることをつきとめて、日本海軍の総力をあげてこのミッドウェー諸島を攻撃し、真珠湾で撃ちもらした航空艦隊主力をここへおびき寄せて一挙に殲滅しようと決意した。

ところが陸軍参謀本部は「緒戦で奪い取った東南アジア一帯を死守し、米英がヨーロッパ戦線で敗れて戦意を喪失するのを待ち、そのとき講和に持ち込むべし」と反対し、海軍の軍令部もこれに賛成したが、昭和十七年四月、太平洋で無傷のまま残っていた米軍空母から飛び立った十六機のＢ25爆撃機が日本本土に飛来して東京・横須賀・名古屋・神戸などを爆撃したのでその報復のため、この山本の作戦が実行に移された。

出撃は海軍記念日の五月二十七日、出動の主力は真珠湾攻撃のときと同じ機動部隊で、「赤城」「加賀」「飛龍」「蒼龍」の四空母。司令官も真珠湾攻撃のときと同じく、南雲《なぐも》忠一中将で、二日後の五月二十九日には戦艦「金剛」以下の攻略部隊と山本司令長官の座乗する戦艦「大和」以下の主力部隊が次々とミッドウェーへ向かった。だが、この極秘の作戦計画はいちはやく日本軍の発する暗号解読によって米軍に捕捉されており、ミッドウェー海域の東方で待ち伏せされていた。

こうした米軍の素早い動きに対して、レーダー（電波探知機）のない日本海軍の水上偵察機は肉眼で敵機動部隊を発見できなかったので、南雲中将は魚雷を装備していた攻撃機をミッドウェー島の陸上基地を攻撃すべく、爆弾に切り換えるよう命じた。そうして、その切り換え作業が終わった直後、索敵機から「敵艦見ゆ」との無電が入り、慌てて再び元の魚雷装備に切り換える作業を始めたところへ、米空母から飛来した爆撃機の大群がわが機動部隊の航空母艦めがけて襲いかかり、急降下爆撃を繰り返した。そのためわが空母はなす術が無く、敵の爆撃に加えて、甲板で装備していた我《わが》爆撃機の爆弾と魚雷の誘爆によって大爆発を起こし、主力空母である「赤城」「加賀」「蒼龍」の三隻が炎上後三十分にして海底に沈んだ（六月五日）。もしこのとき司令官南雲中将が、敵機動部隊発見の知らせを受けたとき、爆弾を装備した攻撃機をそのまま出撃させておれば、魚雷攻撃のような戦果はなかったとしても、敵空母の甲板を破壊し、互角の戦いを続けていたであろうのにと、残念でならない。

さて残る「飛龍」だが、これは指揮官の山口多聞《たもん》少将が、司令官南雲中将に代わって航空艦隊の指揮を執り、山本司令長官に「我れ、航空戦の指揮を執る」と打電をしたあと、この「飛龍」だけで敵空母に立ち向かい、敵の「ヨークタウン」を大破炎上させたが、残る米軍航空艦隊の集中攻撃を受けて、これまた空母「飛龍」の加来《かく》艦長ともども艦と運命を共にしたのであった。

こうして帝国海軍は貴重な主力航空母艦四隻を一挙に失い、太平洋の制空権を奪われてニューギニアとガダルカナルを失った。以降、日本軍はガダルカナル島の奪還に失敗し、サイパン島・硫黄島の玉砕、沖縄戦の敗退へと滅亡の坂を転げ落ちて行くのであるが、奇襲攻撃によって米軍に大打撃を与え、米国民の戦意を挫いて早期講和を実現しようとしていた山本五十六海軍大将だが、彼は最早日本軍に勝ち目はないと達観したのか、その後は危険な第一線陣地から身を引くことなく、昭和十八年（一九四三）四月十八日朝、ニューブリテン島のラバウルから一式陸攻機に搭乗し、ブーゲンビル島へ向かった。ガダルカナル撤退後も、そこで戦っている航空基地隊員の士気を鼓舞するためである。

だが、ここでも米軍はいち早くその情報をキャッチして、ブーゲンビルの上空で待ち伏せしていた。米軍機十六機が山本の搭乗機を攻撃し、山本は全身に銃弾を浴びて即死し、その搭乗機はジャングルに墜落した。

年が明けて昭和十九年六月十五日、米軍はマリアナ群島のサイパン島に上陸し、七月七日に日本軍守備隊は全滅したが、陸軍大臣や陸軍参謀総長を兼任し、独裁色を強めていた首相の東条英機も、七月十八日ついに内閣を投げ出した。後継首相となったのは陸軍の小磯国昭大将だが、もはや誰が首相になってもこの敗色は如何ともしがたかった。この小磯国昭内閣が昭和二十年四月五日に総辞職したあとを受けて首相に指名されたのは、この戦争の幕引きをした枢密院議長鈴木貫太郎であった。彼が組閣した四月七日から五日後の四月十二日に、アメリカのルーズベルト大統領が死去したが、彼は発信して、その死去に哀悼の意を表した。日本武士道の真髄である。

帝国海軍大艦巨砲主義の誤算

日露戦争で大日本帝国の連合艦隊は艦隊決戦によりロシア帝国のバルチック艦隊を完膚なき

までに撃ち破り、続く第一次世界大戦ではジュトランド海戦でイギリスとドイツの両艦隊が互いに戦艦と巡洋艦の艦砲で撃ちあい、敵に大打撃を与えた。

これを見た列国の海軍は、海戦で勝利を決するのは大口径《だいこうけい》の艦砲を備えた戦艦であると、その威力を確信した。またその防備面でも重装甲《じゅうそうこう》をほどこした軍艦でなければ敵に勝つことはできないと、その重装甲に着目した。その結果、各国の海軍力をはかる基準の物差しは、保有する戦艦の隻数と一隻に搭載されている艦砲の数及び砲口径《ほうこうけい》の大小並びに防御装甲の強弱であった。

したがって世界の大海軍国である英米と肩を並べた日本帝国の海軍は、そうした戦艦を集中的に建造して敵国の軍艦と相対する戦略を国是として採用し、そこから艦隊決戦主義という言葉が生まれた。またこれと並んで大艦巨砲主義という思想が生じたが、これは大口径の艦砲を搭載する戦艦を重視する海軍の戦略思想であって、その思想の全盛期は日露戦争から第一次世界大戦を経て第二次世界大戦開始の頃までであった。

ところが帝国海軍が一九四一年十二月八日にハワイ真珠湾で湾内に停泊中のアメリカ太平洋艦隊を空爆によって撃沈してからは、被害を受けた米国によってその思想が改められ、敵艦を撃沈できるのは戦艦同士の決戦によってでなく、航空機とその航空機を搭載する航空母艦であるとの認識に変わった。こうして大艦巨砲主義にかわる航空機全盛時代が到来したが、これは米国海軍だけではなく、英国の海軍も同じで、一九四一年十二月十日のマレー沖海戦で、英国のプリンス・オブ・ウェールズとレパルスの両艦が、日本の海軍機八十五機によって撃沈されたことから生まれた戦略でもあった。とりわけこの英国海軍のプリンス・オブ・ウェールズは14インチ砲10門を積み、分厚い銅板を張りめぐらした世界最強を誇る不沈戦艦であったから、それが低空飛行で来襲した爆撃機の魚雷と爆弾でいとも簡単に撃沈されたから世界中が驚いた。

すなわち、このハワイ真珠湾とマレー沖の日本海軍機による空爆が、もはや時代は艦隊決戦や大艦巨砲主義の時代でなく、航空機の時代だということを列強に気づかせたのであった。

しかるにそのことを気づかせたわが帝国海軍が敗戦により海軍の終末をむかえるまで、この時代おくれの大艦巨砲主義にしがみついていたのは何故であろうか……たしかに基準排水量六万四千トン、舷側甲板の厚さ41センチメートル、口径46センチメートルの主砲九門を備えた世界無比の戦艦大和はすでに着工しており、竣功が成ったのは一九四一年十二月十六日であるから納得ができるが、それに続く同規模同型の戦艦武蔵の竣工は翌年すなわち一九四二年の八月五日であるし、そのあと最後の大艦巨砲の軍艦信濃は途中で航空母艦に改造されたが、その竣工は一九四四（昭和十九）年十一月十九日であったのだから腑におちない。そうした大艦の建造費は一艦あたり約一億六千万円で軍艦大和起工時の国家予算二十七億円の約六パーセントにもあたる巨額だったのである。その建造費をすぐさま敵空母の撃沈と来襲する敵爆撃機を撃墜できる航空機の増産にふり向けるべきではなかったかと首を傾げたくなる。

そもそも帝国海軍がこのような大艦巨砲主義をとるにいたったのは、一九二二年（大正十一年）七月のワシントン軍縮会議と一九三〇年（昭和五年）四月二十二日に調印されたロンドン海軍軍縮条約のせいである。この両条約によってわが国の軍艦保有数が米英両国の六割（主力艦）に制限されたから、それでは量より質をということで、このような大艦巨砲主義がとられるようなことになり、一九三七年（昭和十二年）からの無条約時代に入ってから軍艦大和と武蔵とが建造の着手にいたったのである。

前述したように、この両艦は世界最大の排水量と主砲を備え、舷側の厚さも敵の砲撃を物ともしない堅牢を誇り、世界無敵と称されたのであるが、この両艦が実際の太平洋の戦場で米軍を相手にどのような活躍をしたのであろうか……これを昭和十七年（一九四二）八月五日に三菱重工業長崎造船所で建造された戦艦武蔵を例示して検証してみよう。

ミッドウェー海戦とそれに続く一九四四年六月十九日から二十日にかけての空母対空母の海戦であるマリアナ沖海戦に敗れた日本海軍は、サイパン、テニアン、グアムの島々を米軍に各個撃破され、遂に米軍は一九四四年十月にフィリピンの奪回をめざしてレイテ島に上陸しようとした。これに対してわが連合艦隊は主力の水上部隊をレイテ湾に突入させ、アメリカの輸送船団を攻撃してその上陸を阻止しようとした。これがフィリピン沖海戦ともレイテ湾海戦とも称される戦いである。

このときわが国の大本営は作戦指導大綱を決定して米軍迎撃のため四つの捷《しょう》号作戦を策定した。すなわち南から捷一号（フィリピン）、捷二号（台湾、南西諸島）、捷三号（日本本土防衛）、捷四号（千島列島防衛）の四つの捷号作戦で、右のフィリピン沖海戦は、その捷一号作戦である。

このフィリピン沖の海戦は東西六百カイリ、南北二百カイリにわたる海域で四昼夜にわたって戦われたが、巨大戦艦武蔵は乗組員二四〇〇名が猪口敏平《いのぐちとしひら》艦長指揮の下に出陣した。

大本営による捷一号の戦略は、出動したわが艦隊が敵の上陸を阻止するためアメリカの輸送船団から米軍が上陸する地域へ突入する部隊と、それを護衛する米軍機動部隊を引きつける囮《おとり》の部隊とに分けられ、前者の上陸阻止部隊は栗田健男中将の指揮の下、戦艦七、重巡十一など三十九隻が米軍上陸地点に突入すべく出動し、後者の遊撃機動部隊は小沢治三郎中将の指揮の下、空母四、戦艦二など十七隻が米軍機動部隊を誘《さそ》い出す囮《おとり》の任務を果たそうとした。捷一号作戦が発動されたのは十月十七日である。

大艦巨砲の戦艦武蔵は大和と共に栗田中将の指揮下にあって南方洋上からレイテ湾に突入すべく航行してきたが、サマール島の沖で待ち構えていた米軍第七艦隊の砲撃により行く手を阻まれ、やむなくサマール島の北を迂回してパラワン水道にさしかかった。このとき、十月二十三日未明、先頭を行く巡洋艦「愛宕《あたご》」「高雄《たかお》」と「摩耶《まや》」が敵潜水艦の魚雷攻撃を受けて沈没あるいは大破され、戦列を離れた。そして運命の日十月二十四日の朝をむかえる。以降は左右両舷に二十四門ある口径十二・七センチの高角砲台と射撃盤とで、測距儀を担当していた「武蔵」特年兵《とくねんへい》の記録である。

「このとき艦隊はミンドロ島の南方から北東に針路を変え、シブヤン海に進出していた。午前八時十分、〝敵機来襲、配置につけ〟の命令が下り、対空戦闘のラッパが艦内に鳴り渡った。見るとはるか北方の上空に敵機三機があらわれ、間もなく姿を消した。偵察機である。

十時になった。わが測距儀に東方から来襲する敵機の大編隊が姿を映し出した。十時二十五分約三十機が雲間から太陽を背に武蔵めがけて突っ込んできた。投下した爆音が艦をゆすぶり、耳をつんざく。わが方の砲煙は艦を包み、青い空は弾幕に覆われた。〝右一〇度敵機〟〝水面に雷撃機〟指揮官や見張員の指令が飛び交う、その前を敵機がかすめるようにして左舷を抜け、腹をえぐるような重い地ひびきとともに水柱が艦を覆い、敵機の放った魚雷が右舷中部に命中して上甲板に突き上げ爆発し、甲板は十メートルにわたって裂け、鰐《ワニ》の口のようにポッカリと穴をあけた。甲板を埋めつくしていた機銃群は木端微塵《こつぱみじん》に吹きとばされてしまった。」

以上は第一波の敵機が来襲したときの「武蔵」乗組員の戦闘描写であるが、続いて第二波の来襲が十二時七分、第三波の来襲が十三時三十分、第四波が十四時二十五分と執拗に繰り返された。勿論わが方でも高角砲や機銃でこれに応射し、負けずに対抗して何機となく撃墜し撃破するのだが、来襲する敵機の数はいっこうに減らない。むしろ増えるばかりである。しかもわが軍の高角砲と機銃座には遮蔽のためのシールドが設置されていなかったので、敵機からは戦闘員の動きが丸見えで、格好の標的となり、たちまち射撃されて死体の山がきずかれた。

では大艦巨砲が自慢のわが武蔵の口径四十六センチで最大射程四・六キロに及び、三万五千メートルの距離で厚さ三十センチの鋼板を撃ち抜く威力を有した三連装九門の主砲は、このときどんなはたらきをしたのか……その主砲の砲手たちは艦隊決戦を想定した戦いの訓練ばかりを受けて対空戦で敵機を撃墜することは想定外であったから、応射に手間取り、第一波の来襲のときはこの世界無敵の主砲が砲火をひらくことはなく、砲火を敵機に浴びせたのは第二波以降の来襲のときからであったという。もっともこの武蔵には対空戦闘用に開発された「三式対空弾」という弾丸が準備されていて、これを主砲から発射すると弾丸が破裂してそれが焼夷弾のように広がり一キロ四方の敵機に被害を与えるという触れ込みであったが、寡聞にしてその「三式対空弾」が、武蔵の三連装九門の主砲から発射されたという記録は見当たらない。

つまりこの大艦巨砲の不沈戦艦武蔵という呼称は触れ込みだけの宣伝文句で、独活《うど》の大木《たいぼく》のようなものであったことがわかるのである。

こうして、十時二十五分から十五時十五分まで前後約五時間にわたって第一波から第五波にわたって攻撃を受けた戦艦武蔵は、十五時に猪口艦長の命令でシブヤン海からコロ湾に後退することになったが、その十五分後の第五波の米軍機の攻撃では百余機という戦爆雷連合の大編隊がまるで浮塵子《ウンカ》の如く群がり寄せてきたため、その爆雷で生じた艦橋側面の鉄板のマクレによって速度が十二ノットに落ち、それが更に六ノットにまでなって、猪口艦長はシブヤン島の北岸に艦を座礁させて、文字通り不沈戦艦の陸上砲台にしてあくまでも戦おうと決意した。ところがその艦長の望みも空しく、それまで動いていた機関《エンジン》が敵機の爆撃で停止してしまい、武蔵はシブヤン海の海底深くゆっくりと沈んでいったのであった。

武蔵が全長二六三メートル・幅約三九メートル・高さ三一メートルの巨体を海底深く沈没させたのは、その三連装の砲台めがけて、米軍機が投下した爆弾が、砲座に残っていた主砲の弾丸一六〇発と火薬一〇〇トンを誘爆させて大穴を開け、そこから艦内に海水が流れ込んだためと推定されている。

武蔵の司令塔にも米軍機の爆弾が命中し、五十人以上の士官が戦死したといわれる。猪口艦長も重傷を負ったが、その負傷にもめげず、戦闘を指揮し、最後には艦内日誌を部下に託して艦長としての最期を全うした。記録によると、この武蔵の戦死者は艦長以下千百名で生き残った者約千三百人も、艦から脱出の途中で溺死したり、救助された者もコレヒドル島やマニラの防衛軍に従軍が命ぜられて戦死し、生き残った者はわずかに二百人にも満たなかった。

さてこの武蔵の犠牲によって、襲撃をされながらも沈没を免れた栗田艦隊だが、サンベルナルジノ海峡を出たところで敵空母群と遭遇し、長時間の海戦を余儀なくされ、その後態勢を整えて、あと一時間でレイテ湾突入という地点まで来たとき謎の反転をして戦機を逸した。これにより小沢艦隊の囮の役目は無駄となったが、このときレイテ湾では米軍の輸送艦が揚陸作業の最中であり、陸上の仮設司令部にいたマッカーサー大将は、後年「もしあのときこの栗田艦隊が予定通り来襲していたら、わが軍は完全にお手上げだった」と述懐したということである。

日本海軍の零戦に二五〇キロ爆弾を抱かせて米軍機動部隊の空母に体当たりさせる特別攻撃隊の敷島隊が、レイテ沖に出撃して敵空母一隻を撃沈、二隻を大破させたのは、この武蔵沈没の翌日、すなわち十月二十五日のことであった。

この日、航空本部総務部長であった大西瀧次郎中将は第一航空艦隊司令長官としてフィリピンのマニラに着任した。そしてその日の特別攻撃で関《せき》行雄大尉の率いる敷島隊が戦果をあげたことを知り、以降帝国海軍の戦法は特攻中心となり、翌年の一月までに海軍の特攻出撃は一〇六回（約四四〇機）に及んだといわれる。

しかも、この特攻出撃は航空機に限られたものでなくなり、戦艦武蔵と並ぶ大艦巨砲主義のシンボル大和が軽巡洋艦一、駆逐艦八をともない沖縄に向かったのは米軍が沖縄に上陸した直後の一九四五年四月六日のことであった。戦闘機の護衛はなく、自滅を覚悟の海上特攻であり、その予想の如く翌七日に九州沖で米艦上機の波状攻撃で、あっけなく撃沈されてしまった。

ヤルタの密約

大戦末期の一九四五年（昭和二十年）二月四日から十一日まで、クリミヤ半島のヤルタで、米国大統領のルーズベルトと英国首相のチャーチルにソ連の首相スターリンも加わって三カ国首脳会談が開かれた。この密談による取り決めは国際条約ではなく法的な根拠に乏しくて、第三国にたいして何らの拘束力を持たない。だが、この密約で米国大統領のルーズベルトはソ連のスターリンに、ソビエトロシアが日本とのあいだで結んだ国際条約である日ソ中立条約を破棄して対日参戦をするよう促した。当時はまだ米国で原子爆弾が完成しておらず、このまま米軍が日本本土での上陸作戦を敢行すれば莫大な人命が失われることを危惧したからである。そしてルーズベルトはその見返りに「米政府は日本の占領下にある南樺太と千島列島についてソ連の領有権を承認する」とスターリンに約束した。

ところがこの日ソ不可侵条約は前にも述べたように昭和十六年（一九四一）四月十三日近衛内閣時代に締結されたもので、一方が他国と紛争を起こした場合、中立を守ることを約束し、その期限は昭和二十一年四月であった。こちらは第三国をも拘束する国際条約で、これをルーズベルトは無視し、スターリンにこの条約を一方的に破って参戦するよう促しているのである。しかもルーズベルトは国際的に承認されている日本の領土である南樺太と千島列島を自分の一存でソ連に引き渡すと言っている。

スターリンはこのことを記したルーズベルトからの書翰を貰って「ハラショー・オーチン」と、両手を挙げて万歳を叫んだ。スターリンは昭和十五年（一九四〇）日ソ中立条約締結のためにモスクワへやって来た日本の外相松岡洋右に「条約締結のための条件として南樺太と千島列島を返してもらいたい」と要求して、松岡から拒否されたことがあったから、かねてより戦略的にこの北方領土が垂涎《すいぜん》の的《まと》だったのである。

そこでスターリンは、このヤルタでのルーズベルトとの密約に応じてモスクワに帰ると、すぐさま日本政府に対して日ソ中立条約有効期限の一年前である昭和二十年（一九四五）の四月に条約の不延長を通告した。ヤルタ会談ではドイツの降伏後二ヵ月から三ヵ月のあとにソ連が対日参戦することを、ルーズベルトがスターリンに約束させたことになっているが、最近になって英国の国立公文書館蔵イーデン外相あてチャーチル書簡で、ヤルタ会談三カ国の一箇国である英国のチャーチル首相は「この密約はルーズベルト大統領が上院の批准もなく自分の一存で権限を超えて署名したものであり、一九四一年八月に締結された大西洋憲章の領土不拡大の原則にも反しているので、自分は不賛成であった」と述べていたことが判明している。

すなわちこのヤルタの密約は、連合国アメリカとソ連の両首脳が交わした軍事協定であり、条約ではなく国際法としての根拠はない。したがってこの協定によりソ連がまだ一年間の有効期限のある日ソ中立条約を一方的に破棄して対日参戦したことは国際法違反であり、この参戦の見返りとして米国がソ連に与えると約束した日本の北方領土は、ルーズベルトが自分の一存でどうこうできるものではない。

このことは一九五三年に米国の大統領となった共和党のアイゼンハワーが年頭教書演説で、「あらゆる秘密協定を破棄する」と宣言してから問題となり、さらに具体的にはこのアイゼンハワー政権が「ヤルタ協定はル！ズベルトの個人的な契約であり、米国政府の公式文書ではないから無効である」との国務省声明を発表して決着がついた。それどころか、二〇〇五年になると、当時のブッシュ大統領はラトビアで、「ヤルタ会談は史上最大の過ちの一つである」とまで極言しているのである。

米国の国務省がこのヤルタの密約を大統領ルーズベルトの個人的な契約であるとする根拠は、つぎのような理由からである。

合衆国国務省は一九四四年十二月、クラーク大学のブレイクスリー教授に委嘱して千島列島を調査して出した結論により、「南千島の北方四島は地理的近接性と経済的必要性および歴史的領土保有の観点から日本が保持すべきものである」との報告書を作成して、ヤルタ会談に臨むルーズベルト大統領に手渡したが、ルーズベルトはこの国務省の進言を無視して、その助言に従わなかった。その背景には、当時ルーズベルトの背後で暗躍していたソ連のスパイや工作員がいたからだといわれている。ルーズベルトの側近としてヤルタに同行したアルジャー・ヒスもその一人で、彼はステイニアス国務長官の首席顧問として国務省を代表し、ほとんどの会合に出席して病身の大統領を補佐したといわれている。ルーズベルトが右に述べた国務省の文書を無視してスターリンに日本の北方領土を引き渡すと決めたのは、右のような事情があったからである。

ソ連軍の満州侵攻

前述の如く、一九四五年（昭和二十年）二月、クリミアのヤルタで、米英ソ三国の首脳は会談を行い、ソ連の対日参戦問題が討議されたが、ソ連首相スターリンはこの対日参戦に次の三条件を付け加えた。

一、モンゴル人民共和国の現状維持

二、一九〇五年（明治三十八年）のポーツマス条約で日本が破棄したロシアの権利の復活すなわち南樺太の返還、大連港の国際化およびソ連海軍基地として旅順の租借権復活、中国東北部および南満州鉄道の中国との共同経営

三、ソ連への千島列島割譲

しかしこのヤルタの密約以前にも、米英など連合国のソ連政府への対日参戦要求は執拗をきわめ、ソ連の対日参戦当時ソ連軍陸軍大将であったシテメンコ上級大将の「対日参戦秘録」によると、一九四四年夏に米英軍がノルマンジーへ上陸して第二戦線が結成されたとき、米国軍事使節団長デイン陸軍少将は、アメリカ軍参謀総長の名においてソ連軍参謀総長ワシレフスキ

ー元帥に対して、ソ連軍ができるだけ早く対日戦に参加するようしつこく要請したと書いている。

ヤルタ協定にもとづき、ソ連政府のモロトフ外相は、一九四五年四月五日、日本の佐藤大使に日ソ中立条約廃棄に関する覚書を手交したが、その文面はつぎの通りである。

「日ソ中立条約は独ソ戦争および日本の対米英戦争勃発前である一九四一年四月十三日に調印されたものであるが、爾来事態は根本的に変化し、日本はその同盟国であるドイツの対ソ戦争遂行を援助し、かつソ連の同盟国たる米英と交戦中である。かかる状態においては、日ソ中立条約はその意義を喪失し、その存続は不可能となった。依って同条約第三条の規定にもとづき、ソ連政府はここに日ソ中立条約は明年四月期限満了後延長せざる意向なる旨宣言するものである」

しかしこの覚書について外交評論家の加瀬俊一氏は、「独ソ戦争も太平洋戦争も、ともに一九四一年に起こったものであるのに、四五年になって改めてこれを理由にするのはおかしい。口実に過ぎない」と論評している。またモロトフ外相は佐藤大使に対して「中立条約はなお一年間有効であり、ソ連政府は引き続きこの条約により対日関係を処理する方針である」と述べているのに、この年の八月八日、いきなり駐日大使マリクが東郷外相に対して開戦通告を行ったことは言語道断で、「世界の外交史に類例がない暴挙である」と述べている。

このようにソ連はヤルタの密約にもとづき対日参戦を対独戦争終結後二～三ヵ月あとと決めて作戦計画を立て、着々と戦争の準備を進めていた。

前述したシテメンコ将軍の「対日参戦秘録」によると、一九四五年五月ヨーロッパで連合軍が対独戦に勝利をおさめたので六月初めに極東ソ連軍の満州侵攻作戦計画が具体化した。すなわち「二ヵ月の短期決戦で関東軍の主力を粉砕して退路を断ち、日本軍を殲滅する」というもので、第一極東方面軍が沿海州から越境して吉林方面へ、第二極東方面軍がブラゴベシチェンスクから黒龍江を渡って北安方面へ、ザバイカル方面軍が外モンゴルから越境して関東軍の死命を制する奉天・新京・旅順方面へと、三方面からそれぞれ集中攻撃をかけるものであった。

この計画は七月二十七日までに計画通り極東軍総司令官ワシレフスキー元帥の地図に書き込まれ、スターリンは当初八月十一日を参戦の日と決めていたが、六日に広島へ米軍によって原子爆弾が投下されると、日を早めて九日未明とした。日本政府にソ連を仲介とする和平工作の動きがあり、ここで日本に降伏されては元《もと》も子《こ》もないからである。

かくして総兵力一五七万の極東ソ連軍が東・北・西の三方面からソ満国境を越えて、なだれの如く満州帝国全土に攻め込んで、言語に絶する虐殺と強姦と略奪をほしいままにしたのであったが、その阿鼻叫喚の様《さま》は満蒙同胞援護会編の『満蒙終戦史』にビビッドな記録となって現在に伝えられている。また戦後七十年が過ぎた二〇一五年八月の産経新聞は、昭和二十年夏を回顧して、つぎのような特集記事を掲載している。

「ソ連軍の非道さ残虐さは他国軍と比べて際だっており、各地で虐殺や強姦、略奪などの悲劇が続いた。８月14日、満州北西部の葛根廟《かっこんびょう》では避難中の満蒙開拓団の女性・子供ら約１２０0人が、戦車14両とトラック20台のソ連軍と鉢合わせした。白旗を上げたにもかかわらず、ソ連軍は機関銃掃射を行い、さらに次々と戦車でひき殺した。死者数1千人超、200人近くは小学生だった。(中略) 敦化《とんか》でも悲劇が起きた。武装解除後の8月25~27日パルプ工場に進駐したソ連軍が女性170人を独身寮に監禁し、強姦や暴行を続け、23人を自殺に追い込んだ。麻山《マサン》では8月12日、哈達河《ハダホー》に入植していた満蒙開拓団約1千人がソ連軍などから銃砲撃を受けた。逃げ場をなくした団員らは集団自決を遂げ、死者数は400人を超えた」

その他随所で在満同胞が侵攻してきたソ連軍によって殺害され、軍民合わせて約24万5千人が命を落としているが、「悲劇はそれだけではなく、満州や樺太などにいた日本人約57万5千人はシベリアなどで強制労働に従事させられ、一割近い5万5千人が極寒の地で命を落とした」のであった。

ソ連の千島列島占領と北海道占領計画

一九四五年四月十二日、ソ連のスターリンとヤルタの密約を交わした米国の大統領フランクリン・ルーズベルトが急死して、副大統領のハリー・トルーマンが大統領に昇格した。彼は容共的なルーズベルトとは異なり、筋金入りの反共主義者であったから、戦後にソビエトロシアの共産主義が世界を席巻することを恐れてソ連の対日参戦封じ込めに動いた。原子爆弾実験に成功して、もはやソ連の力を借りなくても早期に日本を降伏させる見通しが立ったからである。

ところがスターリンは、八月六日に広島市上空でウラン型原爆リトルボーイが投下されると、戦後の分け前にありつけなくなることを恐れて、当初八月十一日と予定していた参戦の日を早めて八月九日未明総兵力一五七万の極東ソ連軍を満州国内に侵攻させた。このソ連軍の満州侵攻と同じ日に長崎へ投下された米軍の二回目の原爆投下によって、八月十四日深夜日本政府は連合国のポツダム宣言を受諾し、翌十五日トルーマンは「一般命令第一号」と呼ばれる書簡をスターリンへ送った。この文書には日本がソ連へ明け渡すべき地域が列挙されていたが、ヤルタ密約によってルーズベルトがソ連の領有権を承認していた千島列島は含まれていなかった。そこでこれを不満としたスターリンは翌十六日、トルーマンに修正を求める密書を送ったが、それには右の千島列島に加えて北海道の北半分の割譲が加えられていた。だがトルーマンはこれを拒否した。するとスターリンは世界唯一の核所有国である米国の実力にかんがみ、これ以上の交渉は得策でないと考えて交渉をやめ、当該地域の占領によってこれを既成事実化しようとした。

すなわち、日本がポツダム宣言を受諾して戦争が終結しているのにもかかわらず、八月十八日、ソ連第二極東方面軍をカムチャッカ半島から南下させ、千島列島北端の占守《シュムシュ》島を侵攻。八月二十八日には択捉《エトロフ》島、九月一日から五日にかけて国後《クナシリ》島、色丹《シコタン》島、歯舞《ハボマイ》群島を占領させた。このとき日本は連合国と米艦ミズリー号上で行われた降伏文書の調印式（九月二日）に出席しているのに、これは明らかな国際法違反である。

スターリンは、右の作戦で北海道をも占領させるつもりであったが、拓殖大学日本文化研究所客員教授濱口和久氏の研究によると、占守島防衛軍の司令官であった樋口季一郎中将が、戦闘行為を禁じた大本営の指示を無視して反撃命令を下し、上陸用舟艇十六隻など計五十四隻の艦船と総兵力八、三〇〇人余で来襲したソ連軍と戦い、八月二十一日まで侵攻してきたソ連軍を島に上陸させず、釘付けにしたので、自余の千島列島の占領が計画通りに進まなかった。そのためソ連が北海道の占領を断念したからだということである。したがって、「もし樋口中将の英断による占守島での日本軍の頑強な抵抗がなければ、北海道はソ連軍によって占領されていたに違いない。そして満州や南樺太で起きた略奪、子女に対する暴行や強姦がここでも繰りかえされ、多くの民間人の青年がシベリアに強制連行されていたことだろう。さらには北朝鮮や統合前の東ドイツのように共産主義独裁国家が北海道に誕生していたであろうことは想像に難くない」と述べておられる。

以下は、この項とは無関係なエピソードだが、このときの占守島防衛軍司令官だった樋口季一郎中将には次のようなユダヤ難民救助の事績がある。一九三八年、ナチスドイツの迫害を逃れてシベリアへやってきた数千人のユダヤ難民をソ満国境で救助した話だ。

樋口季一郎（一八八八〜一九七〇）は陸軍幼年学校から陸士・陸大へと進んだエリートだが、陸軍少将になったとき満州国のハルビンで特務機関長を務めていた。かれは日本陸軍きってのロシア通だったが、一九三八年三月十日、満州のユダヤ人組織の代表者カウフマンから、ナチスに迫害された多数のユダヤ難民がシベリアから満州に逃れようとソ満国境のオトポールにたどり着いたが、国境の通過許可がもらえず酷寒のなかで餓死者や凍死者が続出している、すぐに彼らを通過させてほしいと頼まれた。

ところが、当時の日本はナチスドイツと防共協定を締結しており、ナチスに追われたユダヤ人を満州に受け入れることはできなかった。だが樋口はこれを緊急の人道問題だとして、馘《くび》になるのを覚悟して満鉄総裁の松岡洋右と直談判し、二日後にユダヤ難民を救援列車でハルビンに移送した。その後もユダヤ難民は続々と到着し、一万一千を超える人々が満州を通過して上海などに逃れた。

すると案の定ドイツのリッペンドロップ外相から強い抗議がきて外交問題となり、驚いた関東軍の東条英機参謀長は新京の軍司令部に樋口を呼びつけて叱責したが、樋口はそれに屈せず、日露戦争のときユダヤ人の日本への支援を明治天皇が感謝されたことなどを述べて、ナチスのユダヤ人迫害を人道主義にもとると非難した。この樋口の捨て身の強い信念に東条中将も感動して、この一件は不問に付された。

戦後、リトアニア領事代理の杉原千畝《ちうね》が一九四〇年に多くのユダヤ人を救った話は広く知られているが、同じようなことをした樋口のことはあまり知られていない。

ソ連極東軍は、大本営の指示を無視して占守島で戦い、ソ連の北海道占領計画を断念させた樋口を戦犯として引き渡すようマッカーサー総司令部に要求したが、マッカーサーはこれを拒否した。当時ニューヨークに総本部を置いていた世界ユダヤ協会が樋口のユダヤ難民救済を多としてアメリカ国防総省を動かしたからである。

帝国最後の御前会議

大日本帝国最後の御前会議は、昭和二十年八月十日午前零時三分から始まった。天皇陛下御臨席の最高戦争指導会議である。

政府と軍部とのトップが、前日（九日）の午前十時半過ぎから始めたポツダム宣言を受諾するかどうかの最高戦争指導会議で、結論が出なかったので、この御前会議により、最後の結論を出すためである。

八月九日の指導会議には、鈴木貫太郎首相を筆頭に東郷茂徳《しげのり》外相、阿南惟幾《あなみこれちか》陸相、米内《よない》光政海相、梅津美治郎《うめづよしじろう》参謀総長、豊田副武《そえむ》軍令部総長の六人が出席したが、七月二十六日に米国大統領トルーマンが発表した対日ポツダム宣言を受諾するかどうかで、出席者の意見がくいちがい、結論が出なかったからである。

天皇陛下の大御心《おおみこころ》は受諾と分かってはいたが、それでもこの宣言を受諾するにあたり、条件をつけるか否かで意見が対立していたのである。つまり国体護持のみを条件とすべきだと主張する外相と、占領地域・武装解除・戦犯処置についても条件を求めよという陸相・参謀総長・軍令部総長とのあいだの溝が埋まらないのである。だが、長々と議論を重ねてその主張が一致するまで待てるほどの時間的余裕はなかった。この会議の最中の昭和二十年八月九日午前十一時一分、長崎にテニアン島から飛来した米軍機Ｂ29がプルトニウム型原子爆弾「ファットマン」を投下し、続いて日本が近衛文麿元首相を特使として中立国であるソ連に派遣し、米英との和平工作を進めるべく交渉をしていた矢先、そのソ連が突如としてこの日の朝、中立条約を破って対日参戦を通告してきたからである。もはやこれ以上の戦争継続は無辜《むこ》の国民大衆を死に追いやり、国家を滅亡させるだけだと考えた鈴木首相は臨時閣議を開き、各閣僚の意見の一致をみて戦争を終局にみちびこうとしたが、八月九日午後二時半から首相官邸で開かれたその臨時閣議が、一時間の休憩をはさんで前後七時間に及ぶも意見の一致をみなかった。そこで和平派の鈴木首相と東郷外相とが午後十時五十五分、天皇陛下に謁をたまわって議事の経緯を報告し、日付が変わった八月十日午前零時三分に皇居の御文庫附属室で天皇陛下御臨席の下に最高戦争指導会議が始まったのである。これが世に言う第一回御前会議で、出席者は前日の指導会議のメンバーに平沼騏《き》一郎枢密院議長が勅許を得て加わった。これは和平派の鈴木首相の苦肉の策で、八月九日の最高戦争指導会議では外相の国体の護持のみを条件とする意見に賛成したのは米内海相と議長である自分だけで、自分は評決に加われないから、三対二で負けてしまう。そこで外相案に賛成意見の持主である平沼に加わって貰えば三対三の同意見で評決ができない。そこを陛下の御聖断で、即時ポツダム宣言受諾と決めてしまおうというのが、彼の魂胆だったのである。

かくして彼の思惑《おもわく》通りに事が運び、鈴木首相は襟を正してこう言った。

「御一同は十分に自分の意見を吐露なされたことと存じます。しかし意見の一致を見るに至らなかったことは遺憾であります。ではこれから陛下の御聖断を仰ぎます」

鈴木首相は静かに席を立ち、陛下の御前に進み出て拝礼した。

「只今の御前会議では外務大臣案によるべきか、はたまた保障占領の拒否などの四条件を付加すべきかにつき意見が対立して結論を得ませんでした。謹みて陛下の御聖断を仰ぎ奉ります」

この奏請を受けて、陛下は首相の思惑の如く外相案を御裁可なされた。時に八月十日午前二時過ぎ。理由は次の二点である。
一、従来勝利獲得の自信ありと聞くも計画と実行とが一致せざること。
二、帝国の防備並びに兵器の不足の現状に鑑みて、機械力を誇る米英軍に対する勝利の見込がないこと。
付言して陛下は「股肱《ここう》の軍人から武器を取り上げ、臣下を戦争責任者として差し出すことは忍び難きも、人民を破局より救い、世界人類の幸福のためにはやむを得ぬことである」と仰せられた。

この御前会議のあと、八月十日午前三時、政府は臨時閣議を開催し、右の御聖断に従って日本の国体護持のみを条件にポツダム宣言の受諾を正式に決定した。そして外務省は直ぐさま電文を作成して午前九時、中立国のスイスを通じて米国と中国に。またスウェーデンを通じてイギリスとソ連に緊急電報を発したのであった。

ところが、その回答が十二日に返ってきたとき、その回答文に「天皇及び日本国政府の国家統治の権限は連合国軍最高司令官に〝subject to《サブジェクト トゥー》〟する」という文言があり、その〝サブジェクト　トゥー〟の解釈をめぐって議論が紛糾した。これを「従属する」もしくは「支配下におく」と解釈した陸軍の抗戦派の将校たちが、「これでは日本側が要求していた国体護持の条件が拒絶されたことになるではないか」と激怒し、「ポツダム宣言の受諾を撤回すべし」と息巻いたからである。

実はアメリカ側でも、この受諾電報の回答文を発信するに際して、トルーマン大統領が側近たちと協議した際、スチムソン陸軍長官とウィリアム・リーヒー軍事顧問などは「日本側が要求している国体護持の条件は承認すべきだ」と主張したのに対して、国務長官のジェームス・バーンズが「このような条件を敗戦国の日本が持ち出すのはけしからん」と、自らペンを取って右のような回答文に変更したといわれる。このバーンズは、日本への原爆投下を強く主張した人物であったから、こうした表現を用いて日本のポツダム宣言受諾を妨げ、徹底的に日本を叩きのめす魂胆だったようである。果たしてこれを見て、日本陸軍の強硬派の将校たちが激高した。だからその意を汲んで最高戦争指導会議で強硬意見を述べていた梅津参謀総長と豊田軍令部総長とが揃って宮中へ参内して陛下に拝謁し、受諾の拒否を具申した。

だが、すでに終戦の決意を固めておられた陛下は、先の御前会議での御聖断を改めようとはなされなかった。当時参謀次長であった河辺虎四郎の回想によると、「梅津総長が帰ってこられたとき、わたしがその模様をおたずねしたところ、陛下は至極冷静に対応されて〝公式の敵側の返信でもない放送を又聞きして、それをとやかく議論することは慎むべきである〟と、かえって両総長を窘《たしな》められた」ということである。

しかし両総長が恐懼《きょうく》して引き下がっても、陸軍部内の中堅将校たちはおとなしく引き下がらず、阿南陸相には無断で「断乎神州護持の聖戦を戦い抜かん」という陸軍大臣布告を新聞社に持ち込んだり、抗戦派将校の筆頭である陸軍省軍務課内政班長竹下正彦中佐が、アメリカの新聞ニューヨークタイムス及びヘラルドトリピューンの日本皇室に関する論説放送で、日本の皇室は廃止されるとあったのを傍受し、急遽その内容を閣議席上の大臣に届けたりした。そればかりか、陸軍部内での中堅将校たちは、緊急のクーデター計画を立てて阿南陸軍大臣のところへ持ち込み、

一、日本の希望する条件を連合国が容認するまで交渉を継続するよう天皇の御裁可を仰ぐ。
二、使用兵力は近衛第一師団および東部軍管区の諸部隊を予定する。
三、東京都を戒厳令下におき、要人を監禁し、天皇陛下を擁して聖慮の変更を奏請する。
四、陸軍大臣・参謀総長・東部軍管区司令官・近衛第一師団長の同意を前提とす。

と決定し、この実行を要請した。

だがこのクーデター計画は軍の規律を何よりも重視する梅津参謀総長の反対で頓挫した。梅津は二・二六事件後に陸軍次官となり、皇道派の粛正を断行した人物だったからである。

かくして、そうした不穏な雲行きにもかかわらず、鈴木首相は終戦への不動の決意を固めておられる陛下の御意向により、再度の御前会議開催の勅許を得て、昭和二十年八月十四日午前十時五十分会議を開催したのであった。

会議の出席者は鈴木首相ほか全閣僚と陸海軍の両総長、軍務局長及び枢密院議長たちで、陛下はそれに先立ち陸海軍の元帥（杉山元、畑俊六、永野修身）を宮中に呼び、終戦の御決意を示

された。陛下が議場に臨御《りんぎょ》されたのは御前十一時二分であった。

先ず鈴木首相が最高戦争指導会議および閣議の経過を述べ、ついで発言を促された梅津・豊田両総長と阿南陸相とが陛下に戦争継続についての自分たちの所見を言上《ごんじょう》して、しばらく沈黙のあと、天皇陛下が大要次のような所信をお述べなされた。

「国内外の現状と彼我の国力・戦力から判断して、私の戦争終結への決意に変わりはない。皆が心配している我が国体については外相の見解どおり先方も認めていると解される。敵のわが国土占領には一抹の不安なしとしないが、戦争を継続すれば国体も国家の将来もなくなる。これに反し、即時停戦すれば将来への発展の根基《こんき》は残る。また国軍の武装解除と戦争犯罪人の引き渡しは堪え難いが、国家と国民の幸福のためにはやむを得ないことである」

さらに付言して、陛下はこうも申された。

「両総長・陸相ら反対論の意見はそれぞれよく聞き、その心持はわかるが、私の考えに変わりはない。私は自分の身がどのようになろうとも万民の生命を助けたい一心である。この上戦争を続けては我が国土が全く焦土と化し、万民にこれ以上の苦悩を嘗めさせることは私として実に忍び難い。これは祖宗の霊に背くことでもある。今日まで戦場で非命に倒れし者とその遺族のことを思うと悲嘆に堪えず、また戦傷を負い戦災を受け、家業を失った者の生活については私の深く心配するところである。この際私としてなすべきことがあれば何でもいとわぬ。国民に呼びかけることがよければいつでもマイクの前にも立つ。一般国民には今まで何も知らせずにいたのであるから、突然この決定を聞くと動揺も大きいであろうが私が親しく説き諭す覚悟である。この際詔書を出す必要もあろうから、政府は早速その起草に取りかかられたい」

まさに声涙共に下る陛下の終戦の御聖断であった。当時内閣情報局総裁としてこの御前会議に出席していた下村宏（海南）は、このときの模様を次のように述べている。

「出席者の誰もが泣いた。激しく嗚咽《おえつ》する者もいた。陛下もまた白い手袋で何度も眼鏡を拭われた。陛下が席を立たれた時、一同は涙の中にお見送りした。泣きじゃくり泣きじゃくり、一人々々椅子を離れた。長い長い地下壕を過ぎる間も車中の人となっても、思い出してはしゃくり上げ、涙は止め度なく流れた……」

だが、これが終戦御聖断の日のすべてではなかった。政府は右の御聖断を具体化すべく直ぐさま閣議を開き終戦の詔書案を審議した。この審議で陸相と海相のあいだで意見が対立し、最終案の内奏が午後八時以降となって、正式決定したのは午後十一時であった。この終戦の詔書は翌十五日の正午に陛下の玉音放送として公表されることになるのだが、そのあいだに抗戦派の中堅将校たちが決起して、いわゆる「宮城事件」を起こす。この事件のことは「日本のいちばん長い日」としてドラマ化され、人口に膾炙《かいしや》されているので、ここではその記述は省略する。

終戦の譜

昭和二十年八月十四日、日本政府は連合国が七月二十六日に発表した対日ポツダム宣言を受諾した。以下、この降伏直後の日本国内の世相を、体験者である漫画家の目を通して綴ってみよう。

昭和二十年八月十五日

この日、正午から天皇陛下の放送があった。「時運ノオモムクトコロ、堪ヘ難キヲ堪ヘ、忍ビ難キヲ忍ビ……」という陛下の声は聞き取りにくく、なんのことやらわからなかった。鈴木貫太郎内閣が総辞職し、政界や軍部のお偉方の自殺があいつぎ、宮城二重橋前で割腹した人もいた。青年将校の中には戦争継続を叫ぶ者もあり、陸軍機が低空飛行でビラを撒いたりしたが、誰も応じる者はなかった。

昭和二十年八月二十日

燈火管制が解除されて、焼け残った街のところどころに灯が点った。それは敗戦で心のより所を失っていた人々に、ホッとした安堵の解放感を与えるものだった。

昭和二十年八月二十七日

日本との戦争に勝った連合軍の艦隊十七隻が日本占領のため相模湾に入港した。そして三日後の三十日には、アメリカのマッカーサー元帥が飛行機で厚木飛行場に降り立った。大きなパイプを口にくわえ、眼鏡越しにあたりを睥睨《へいげい》し、敗戦で打ちひしがれた日本人に勝者の貫禄を見せつけた。だが、厚木では日本軍の将兵が斬り込み隊を編成して、米軍機の着陸を阻止するとの情報が入ったので、飛行場の守備隊が散開して警備にあたった。米軍機はこれを日本軍の抵抗と勘違いして、幾度も上空を旋回し、安全をたしかめたあと、やっと着陸したのであった。

九月三日

占領軍は東京へ進駐すると、真っ先に遊廓を占拠した。米兵が婦女子を襲うという不安から再疎開する家もかなりあった。

九月に入って食糧事情が極度に悪くなり、東久邇宮《ひがしくにのみや》内閣の千石《せんごく》農相がラジオで全国の農家に「国民を飢えしむるなかれ」と訴えた。

東京へ進駐した占領軍は皇居に面した第一相互ビルを接収して、連合軍軍総司令部（GHQ）とした。総司令官のマッカーサー元帥は、この第一相互ビルから皇居を見下しながら、やつぎばやに日本占領政策の命令を発した。とくに重要な命令は、九月二十二日発表の「降伏初期におけるアメリカの対日政策」だった。これにより、日本の陸海軍は完全に解体され、各所でさまざまな復員風景がくりひろげられた。軍用トラックに物資を満載して逃げる上級将校や、空からわが家へ物資を投下する航空隊員もいた。復員列車は郷里へ帰る兵隊で、はちきれんばかりであった。

焼け残ったビルは、ほとんど占領軍に接収され、飢えた日本人は焼け跡にむらがり、焼けた地面を掘りかえして野菜を作り、郊外の農家へ買い出しに出かけた。農家はその足元を見て高値をふっかけ、着物や道具などの物々交換でないと食料は売らないと渋り、俄《にわか》大尽となった。農林大臣の呼びかけもなんのその、戦時中に見られた互助の精神などどこへやら、日本古来の美風や大和心《やまとごころ》は雲散霧消《うんさんむしょう》。自分さえ良ければよいというなげかわしい風潮となった。だから農漁村では禁じられていた密漁が流行し、池沼や湖にはモロコ（諸子）一匹もいなくなった。

九月十日

占領軍のGHQは「言論及び新聞の自由に関する覚書」を発して、「真相はこうだ」という番組をNHKに放送させ、戦前・戦中の日本の歴史はすべて嘘だったと国民に流した。これを幾度も幾度も繰り返させたから、国民はみんなそれを信じ、「われわれは政府に騙されていたのだ」と思うようになった。また「街頭録音」など、いくつかの新番組をラジオに登場させ、それが民意であるように思わせた。そして、GHQの方針に背くような言論を封殺するために九月十九日と二十二日にプレスコード、ラジオコードを発令した。これは占領政策への批判を取締まるのが目的である。

九月十一日

GHQは東条元首相以下三十九名を戦犯容疑者として逮捕し、巣鴨《すがも》に拘留した。代わって十月十日、徳田球一ら政治犯を釈放したが、彼らはラジオの「釈放政治犯の時間」でマイクの前に立ち、その放送は民衆をひきつけて、たちまち国民の英雄として脚光を浴びた。これは九月二十七日のマッカーサー元帥と並んだ天皇の写真公開と合わせて、戦前と戦後の価値判断を、一八〇度転倒させるものだった。

十月五日

東久邇宮内閣が総辞職し、幣原喜重郎内閣と代わった。その六日後、初の戦後企画映画「そよ風」が封切られたが、その主題歌「りんごの歌」は大流行して、敗戦後の暗かった世の中がいっぺんに明るくなったような気分になった。

だが、物資不足から来る飢餓の脅威は底知れず、食糧の配給も悪化の一途をたどり、遅配と欠配が続いた。配給品のうちでは色の黒い小麦粉やジャガイモ、サツマイモは良い方で、トウモロコシ粉、高粱《コウリヤン》から大豆滓《かす》と、馬糧まがいのものがほとんどだった。タバコ不足も深刻で、一人一日四本の割りでバラのタバコが配給されたが、愛煙家にはとても足りず、路上の吸いがらを拾い集めて、それを巻き直して吸った。

銭湯《せんとう》は燃料不足で三日おきに営業。そのため風呂に入るのも一仕事で、正午頃から長い行列をつくった。風呂屋では盗難が頻発し、衣類を確認しながら入浴しなければならなかったので、折角の入浴が台無しだった。

日本じゅうがシラミだらけで、発疹チフスがはやった。ハエやカも多かったので、進駐軍が空からＤＤＴを散布し、駅の改札口では、ＭＰが乗降客の頭から薬剤を吹きかけた。

各地の駅前に闇市が出現した。駅には乗車券を手に入れるために徹夜で座り込む者たちがいて、闇市はそうした徹夜組と、乗り継ぎの時間待ちをする人びとを相手に、ふかしたイモや粕《かす》汁《じる》、しじみ汁などを売る店ができたのがはじまりで、次第に店の数が増えて、自由市場に成長したのである。そこへ行って金さえ出せば、統制物資でも何でも闇で手に入るので、その名がついた。

東京の上野駅周辺には戦災孤児や浮浪者がたくさん群らがっていた。家を焼かれ、親兄弟や身寄りの者を失ったり、仕事にあぶれた者たちにとっては、上野の地下道は気やすく、雨露をしのぐ格好のねぐらであった。だから夜の上野地下道は足の踏み場もないくらいで、むっとした異臭がたちこめていた。

上野駅とその周辺は、また夜の女と男娼の巣でもあった。唇《くちびる》にルージュをひいた男娼が夜の暗闇に立ち、しばしばトラブルをおこし、中には視察にやってきた警視総監を殴ったツワモノもいたそうだ。

昭和二十年暮れから翌年正月にかけて、さまざまな動きがみられた。

まず昭和二十年十二月一日、梨本宮《なしもとのみや》殿下ら五十九名が戦犯容疑者として、同月六日には新たに近衛元首相ら九名にそれぞれ逮捕状が出されたが、重臣の筆頭ともいうべき近衛は、逮捕を屈辱として自殺した。

年が明けた昭和二十一年一月一日、昭和天皇の人間宣言があり、上御一人《かみごいちにん》が雲の上から下界《げかい》に降り立たれたが、この頃警察の民主化も発表された。このときサーベルが警棒にかわったのである。また一月十九日からラジオに「のど自慢」が登場した。公娼制度が廃止されたのは一月二十四日だったが、このあと街娼が急激に増えた。一月四日、ＧＨＱは軍国主義者の公職追放を指令し、そうした者の団体に解散を命じたが、共産党の野中参三が蝙蝠《こうもり》傘・鞄《カバン》姿で中国から帰国したのは一月十三日である。

食糧不足による社会不安は、年明けと共に増大していたが五月になって頂点に達した。五月十二日、東京の世田谷区で「米よこせデモ」があり、デモは宮城へ押し寄せたが、十九日にはそれが二十五万人の「食糧メーデー」の大集会にふくれあがった。そのため組閣中の吉田内閣は流産の危機にさらされたが、マ元帥の「暴民デモは許さず」との声明で事なきを得た。第一次吉田茂内閣が成立したのは、五月二十二日である。

こうした食糧危機と並び、インフレーションも止めどなく進行していた。そこで政府は二月十七日、このインフレ対策として預金封鎖を断行した。これまで流通していた紙幣を三月七日をもって廃止し、新円に切りかえ、旧円と新円の交換は一人百円までとした。あとは預金しなければ無効で、その預金は封鎖され、現金におろせるのは世帯主三百円、他の家族は百円までで、月給は五百円までが現金、それ以上は預金しなければならなかった。

ところで、その新しく発行された拾円だが、デザインは鍵の穴から国会議事堂がのぞき、天皇家の菊の紋章と国民はバリケードの中でMPに監視されているという屈辱的な図柄だった。

こうして、都会は食糧難とタケノコ生活。農村は闇ぶとりで、高知県の農家で百円札を貼りつめた屏風のほか、百数十万円の嫁入り道具を公開して話題を呼んだ。

この頃、田村泰次郎の書いた小説『肉体の門』がベストセラーになり、その中の闇の女たちの生態が映画化され、映画の主題歌「星の流れに」(菊池章子)が大ヒットした。また戦災孤児の少年・少女を歌った「ガード下の靴みがき」(宮城まり子)は、人々の涙をさそった。

(以上、金森健生『マンガ戦後史』より)

漫画家那須良輔氏は昭和六十年(一九八五)六月二十日、『漫画家生活五〇年』という本を平凡社から上梓した。

この人は戦時中八年間の軍隊生活を経て、昭和十八年に召集解除となり、東京の新橋に近い田村町で生活していたが、昭和二十年三月の大空襲で焼け出され、郷里の熊本に疎開した。そして終戦後の昭和二十一年の春、漫画家仲間の様子をさぐるため、単身上京して世田谷《せたがや》や四谷《よつや》の友人を訪ねたが、そのときの体験をつぎのように書いている。
「私は或る夜、一人で新宿駅の近くを歩いていた。米兵とパン助（売春婦）の街であった。当時飢えた男達はどんなにか街の女性をうらやんだことだろう。女性であるが故に、米軍のパンもチョコレートも、煙草も得られるのである。私が、とある暗がりに来た時、突然バラバラと四・五人の米兵が飛び出してきて、私をとり囲んだ。私は何のことか訳がわからず驚いていると、何だかペラペラわめいていきなりなぐりかかってきた。私は **no, no** と大声をあげて、なぐられる前に地面に自分から倒れ、頭に手をやってうつ伏せた。（当時は毎晩のように日本人がなぐられて殺されたりしていた）私の背中を土足がふみにじった。その時、中の兵隊の一人が何か叫びながら仲間をとめはじめたようだった。私にはどうも人違いだといっているように聞こえた。彼等はやがて私をふむのをやめて立去って行った。私が呆然《ぼうぜん》と起き上がって土を払っていると、お巡りが首をかしげながらのろのろと近寄って来た。米兵と一緒だったパン子が知らせてくれたらしい。しかし私はお巡りが憎らしかった。彼は死体を引きとりに来たような態度だったからである。彼がいった言葉は、よく生きていたね、という一言だった。もうちょっとのところで、私は理由なく殺されるところだった。私は心の中でまだ日米戦争は続いているんだ、と思った。そこから歩いて四谷にいる仲間の西川辰美君の家を訪ね、一泊した。ジャンパーのボタンはほとんど切れていた。

食糧も不自由で、こんな物騒な東京にはとてもまだ女房子供をつれて住めないとあきらめて再び熊本に帰った。あとで知ったことだが、やはりその当時、カメラマンの杉山吉良君が日比谷公園の近くで米兵に襲われて、ろっ骨三本も折られて入院したそうである」

右の那須氏の回想でもわかるように、自由、民権、人権尊重をスローガンにして、敗戦国日本へ進駐し、救世主のように美化され、日本人から鑽仰《さんぎょう》されていたアメリカのGHQと、その将兵たちも、戦後間もない日本の占領時代には、随分と横暴で、我が儘放題に振舞っていたことがわかる。

前掲漫画家の記録「昭和二十年九月三日の段」でもわかるように、米軍が日本に進駐したとき、まっさきに占拠したのが遊廓だったことは何を物語っているのであろうか……。

いわゆる従軍慰安婦の問題は旧日本軍だけに見られた恥部ではなく、米軍もまた同じだったのである。

当時の日本には公許されて営業していた娼妓がいたが、それは決して性奴隷ではなく、対価を得て自分の性を売る女性で、内地人と外地人のあいだに差別はなかった。

第六章
❖戦後日本再興の道のり

GHQの日本占領

昭和二十年（一九四五）八月十五日、天皇陛下がポツダム宣言を受諾した終戦の詔勅を発布され、日本は連合軍に降伏した。本土決戦を唱える強硬な日本陸軍を抑えて戦争を終結に導いたのは鈴木貫太郎内閣であった。

首相鈴木は二・二六事件で瀕死の重傷を負い、辛うじて一命をとりとめたが、最後の御奉公と思って組閣し、あくまでも徹底抗戦を装いながら、御前会議で天皇の御裁可を仰ぎ、そのあと総辞職して終戦処理を皇族の東久邇宮稔彦《なるひこ》殿下に委ねたのである。

これを受けた東久邇宮内閣は九月二日、横浜沖のミズリー号上で降伏文書に調印した。調印が終わるとその外相の重光は、九月十七日に辞職して、その地位を吉田茂に譲った。

ちなみに、ミズリー号で降伏文書に調印が行われた九月三日の夕刻、占領軍の総司令部が置かれた横浜税関の一室で、当時横浜終戦連絡委員長だった官僚の鈴木九萬《ただかつ》は占領軍総司令部のマーシャル参謀次長と折衝していた。連合軍のポツダム宣言では読み切れない占領統治の方針について質問するためだった。するとマーシャルはいきなり鈴木の前にその布告文を突きつけた。見ると、その布告にはマッカーサー連合国軍最高司令官の名で、①日本の行政・立法・司法の権能は最高司令官の下に行使される、②占領政策の違反者は軍事裁判で処罰する、③日本の法定通貨は米軍票をもってする、④英語を日本の公用語とする、といった衝撃的な内容で、日本国政府の存在を否定して日本を直接軍政下に置くというものである。

これを見て鈴木は驚いた。「これまで連合国軍の進駐が流血もなく円滑に進んできたのは、日本国民が天皇の終戦の大詔を遵奉し、進駐軍に誠意をもって協力しているからだ」と、その中止を要請するため、すぐさま終戦連絡委員会のある神奈川県庁に駆けつけ、日本国政府の官邸にに急報して大本営横浜連絡委員会の鎌田銓一陸軍中将と相談した。

鎌田は日本陸軍の工兵出身だが、米国留学中に米陸軍工兵第一連隊に入隊して、当時参謀長だったマッカーサーと面識があった。日米開戦により日本軍に従軍していたが、終戦後北京から呼び戻され、日本軍の連絡将校として占領軍の先遣隊を厚木基地で出迎えた。その鎌田中将がかつての米軍の伝手《つて》を頼りに総司令部の幕僚が宿泊するホテルニューグランドを訪ね、応対に出てきたサザーランド参謀長に右の軍政中止を要請した。

しかしサザーランドは米本国からの指令であるから独断で変更するわけにはいかないと拒否した。鎌田はあきらめずにくいさがり、「どうか日本国政府を信頼してほしい」と嘆願したところ、その熱意にうたれたサザーランドは総司令官マッカーサーの判断を仰いだ。その結果、マッカーサー元帥は独断で即座に軍政を中止し、占領軍の間接統治への道を開いてくれた。かくして、ＧＨＱ（連合国軍最高司令官総司令部）が降伏後における米国の初期対日方針を発表したのは重光外相が九月十七日に辞職した五日後の九月二十二日のことである。

これによって天皇を含む日本政府は連合国の支配下に置かれることとなり、ＧＨＱは次々と日本政府に日本民主化の指令を発した。そのため東久邇宮内閣はその役割を終えたとして、十月五日総辞職をした。十月九日に組閣された後継内閣の首相には幣原喜重郎がなり、ＧＨＱとの折衝で最も重要な役割を果たさなければならぬ外務大臣には、吉田茂が留任した。この幣原内閣で組閣の人事を決めたのは吉田で、彼は自信がないと嫌がる幣原を強引に口説き落として首相に推し、彼自身も、尊敬する鈴木貫太郎前首相を訪問して直接今後の日本の進路について指導を仰ぎ、「日本人は必ず立ち直る。日本はきっと復興する」という確言を得て意を強くし、万難を排して日本の復興をなしとげなければならないと決意したのであった。そしてこのとき彼が肝に銘じたのは、「戦争に負けて外交で勝つ」という歴史上の事例であった。また敗戦国の政治家として自分がしなければならない責務は、伝統ある日本国の国体の護持ということであり、その国土に住む国民の生活を、いかにして安定させるかということであった。

幣原内閣が成立して、十月十一日、首相就任の挨拶のためＧＨＱを訪れた幣原首相に向かって、占領軍総司令官のダグラス・マッカーサーは次のような指示をした。

一、婦人の解放　二、労働組合の結成奨励　三、学校教育の民主化　四、司法制度の改革

五、経済機構の民主化

これら五項目の改革にすぐさま着手するよう、とりわけ経済の民主化についてはこれまで日本経済を牛耳った財閥を解体して、二度と日本が軍事大国にならないよう、また日本企業が国際的にふたたび立ち上がることができないよう、弱体化せよというのだ。そしてマッカーサーは、これを実施させるために民政局という機関を設置して、ニューディーラーとして知られたホイットニー准将を局長につけ、辣腕をふるわせた。

ＧＨＱ民政局長ホイットニーは弁護士出身でマッカーサー元帥から特別の信頼を受け、部下のケーディス陸軍大佐、ハッシー海軍中佐らと共に日本弱体化に着手したが、その手始めは日本帝国憲法の改正であった。彼らがめざす日本国民の間接支配は、憲法を基準として、これに則《のっと》り行われるからである。

帝国憲法の改正を最初に手掛けたのは近衛文麿であった。彼が東久邇宮内閣の国務相であったとき、マッカーサーを訪問したが、そのとき憲法改正の指示を元帥から受けたからだ。だが、その後マッカーサーは米国内の世論の動向にかんがみ、近衛を戦犯容疑者に指定したため、前言を取り消し、この目論みは流れた。

つぎに幣原内閣が成立して憲法改正に取り組んだのは、国務大臣松本烝治《じょうじ》を委員長とする憲法問題調査会である。だがこれも、作成された憲法改正要綱は天皇の統治権がそのままで、旧憲法とあまり変わりがなかったので、総司令部によって却下された。

結局ＧＨＱ民政局が、専門の憲法学者抜きで、わずか九日間で急遽作成した応急の憲法草案が日本側に提示され、これが国会で審議され、日本国憲法として公布された。

たしかにこの憲法は、形式的には昭和天皇が枢密顧問の諮詢及び帝国憲法第七十三条による帝国議会の議決を経た帝国憲法の改正として昭和二十一年十一月三日に裁可公布された。けれども実質的には主権が天皇から臣民に移った革命憲法であり、日本国民による自主的な憲法とはいえない。だから、当時外相としてこの憲法制定にたずさわった吉田茂はその内幕をつぎのように回想している。

「二月十三日にいたって総司令部側の申し入れにより、当時麻布《あざぶ》市兵衛町にあった外務大臣官邸で先方と会うことになった。その日は、私と松本博士、それに当時終戦連絡事務局の次長をしていた白州《しらす》次郎君も一緒だったが、先方の顔触れは、ホイットニー民政局長、ケーディス大佐その他であった。その時ホイットニー民政局長が、『日本政府から提出した憲法改正案は、総司令部にとっては受け容れられない。そこで総司令部でモデル案を作った。これを渡すから、その案にもとづいた日本案を至急起草してもらいたい』といって英文でタイプしたものを何部か差し出した。そしてこの案は米国政府にも、極東委員会にも承認されるべきものであること、マッカーサー元帥は、かねてから天皇の地位について深い考慮をめぐらしているが、この草案にもとづく憲法改正を行うことが、その目的にかなう所以《ゆえん》であり、しからざるかぎり天皇の一身を保障することはできないことなどを述べ、『日本政府にこれを命ずるわけではないが、日本政府が総司令部案と基本原則および根本形態を同じくする改正案を速やかに作って出すことを切望する』ともいった。先方は、これを渡すと、『しばらく庭を散歩してくるから、その間に案文を読んでみたら』といって、室を出ていった」

すなわち総司令部は、日本政府に強制はしないといいながら、事実上、この英文の憲法草案と同じ日本文の改正案を日本政府に作成するよう命じて急遽制定させたのが、現行日本国憲法だったのである。

つぎにマッカーサー統治下の日本国政府が直面する大問題は絶対的に不足する食料をいかにして調達して国民を餓死させぬようにするかということであった。これは昭和二十一年二月十一日、総司令部が小麦粉二百万ポンドの引き渡しを許可する旨の覚書を出すことによって回避された。マッカーサーが平和裡に連合国極東委員会から委託された日本の占領政策を遂行して行くためには、日本国民の大量餓死という最悪の事態だけは、なんとしても避けなければならなかったからである。

幣原内閣が総司令部の命令により、軍国主義者の公職追放を始めたのは、昭和二十一年一月四日からであった。また婦人参政権を盛り込んだ改正選挙法にもとづき、総選挙が行われたのは四月十日であった。結果は鳩山一郎の率いる自由党が一四一議席を取り、第二党の進歩党は九四議席であったが、幣原はあとからこの進歩党に入党した。したがって憲政の常道から、つぎの政権は自由党が主導権を握る連立政権で、鳩山が首相になると思われた。ところが五月三日、総司令部の覚書によって鳩山は公職追放となり、吉田茂が首相となった。吉田内閣が組閣されたのは幣原内閣が総辞職した四月二十二日から一か月後の五月二十二日である。

鳩山一郎は明治十六年（一八八三）の生まれで吉田茂より五歳年少であり、父は衆議院議長の鳩山和夫で、大正四年（一九一五）に代議士となって政友会に所属して、田中義一内閣で書記官長をつとめ、犬養内閣・斎藤内閣で文部大臣となった。ところが軍部が台頭して政治に介入してくると、それに迎合して昭和八年（一九三三）四月二十二日、瀧川事件を起こした。さらに彼が一九三八年に書いた書物にヒトラーとムッソリーニへの讃辞を述べた箇所があったので、それが公職資格審査でＧＳ（民政局）から不適格とされたのである。だが、これにはＧＨＱ内でも反対意見があり、ウイロビー少将のＧ２（参謀第二部）は鳩山を適格としていた。

このＧＨＱ内のＧＳとＧ２とは日本の占領政策について見解を異にし、ＧＳが日本の伝統文化を否定し、教育によって日本人の魂を抜き、政治的にも経済的にも日本を二度と国際社会に浮上させないよう弱体化させようとするのに対して、Ｇ２は日本を米国の同盟国として強化し、ソ連に対抗する反共の防波堤として利用する目論見があった。だからＧ２は日本の非軍事化には反対で、できれば再軍備して米軍の一翼を担《にな》わせたいと思っていたから、これに反対するＧＳのメンバーを、容共主義者として非難していたのである。

いってみれば、ＧＳのホイットニーやケーディスは空想的理想主義者で、アメリカ国内で実現できなかった自分たちの理想を日本で実験してみようという魂胆だったのだ。ところがＧ２のウイロビー以下は、そんな夢のような空想をと笑いとばす現実主義者で、両者は犬猿の仲であった。そこで吉田はこの両者の不仲を利用した。

これまで述べてきたように、吉田茂はウイロビーと同じく反共をモットーとする現実主義者であったから、ウイロビーとは馬が合い、ホイットニーの民政局を敬遠し、その頭越しに、直接彼の上司であるマッカーサーと折衝することにしたのである。

それはともかく、こうして自由党の総裁として吉田内閣の首相となった吉田茂は、これよりのち、第一次吉田内閣（一九四六年五月二十二日～一九四七年五月二十日）、第二次吉田内閣（一九四八年十月十九日～一九四九年二月十一日）、第三次吉田内閣（一九四九年二月十六日～一九五二年十月二十四日）、第四次吉田内閣（一九五二年十月三十日～一九五三年五月十八日）、第五次吉田内閣（一九五三年五月二十一日～一九五四年十二月七日）と、その政治的地位を、追放が解除されて政界に復帰した鳩山一郎に譲るまで、日本歴史上最も困難な戦後史を巧みに乗り切った。まさに戦争に負けて外交に勝った英雄的政治家である。それゆえ、日本歴史始まって以来のこの危急存亡の秋に、まことに得難い人材を日本は政治の指導者として得たということができる。


こうして長期政権のスタートを切った吉田首相は、まず農政界の大御所東畑《とうばた》精一東大教授を顧問として食糧内閣をめざして食糧危機を突破し、憲法改正、教育改革、農地改革などＧＨＱが指示してきた一連の占領政策を巧みにとりまとめて国会を通過させ、マッカーサーの絶対的信頼をかちとった。そして、「衣食足りて礼節を知る」のスローガンのもと、なんとしても物心両面にわたる国民の飢餓を除かなければならないと、町の経済学者として名を馳せていた東洋経済新報社の小日本主義者石橋湛山を蔵相に起用して、復興金融金庫を開設させ、その資金を活用して彼が得意のケインズ学説による積極的財政政策をとらせた。

この日本経済の再建は特に吉田が力を注いだ重点施策で、東畑精一、中山伊知郎、有沢廣巳、茅《かや》誠司、内田俊一といった高名な学者グループを毎週外務省の大臣室や外相官邸に集めて、いかにすれば日本経済の復興がなしとげられるかを討議させ、石炭・鉄鋼など特定の重要産業へ資金・資材を重点的に投入する傾斜《けいしゃ》生産方式により、見事に日本経済の復興をなしとげさせたのであった。

極東国際軍事裁判

昭和二十一年（一九四六）五月三日、一般に東京裁判と呼ばれる極東国際軍事裁判が開廷された。裁判を構成した国はアメリカ合衆国、中華民国、大ブリテン・北アイルランド連合王国、ソビエト社会主義共和国連邦、オーストラリア連邦、カナダ、フランス共和国、オランダ王国、ニュージーランド、インドおよびフィリピン国。被告は敗戦国日本の旧指導者で、荒木貞夫、土肥原賢二、橋本欣五郎、畑俊六、平沼騏一郎、廣田弘毅、星野直樹、板垣征四郎、賀屋興宣《おきのり》、木戸幸一、森兵太郎、小磯国昭、松井石根《いわね》、南次郎、武藤章《むとうあきら》、岡敬純、大島浩、佐藤賢了、重光葵《まもる》、島田繁太郎、白鳥敏夫、鈴木貞一、東郷茂徳、東条英機、梅津美治郎《よしじろう》の二十五人である。審理は二年半余に及び、法廷には計四一九人の証人と四四三六通の調書が提出され、昭和二十三年（一九四八）十一月十二日に判決が下された。右被告全員が戦争犯罪人として有罪、うち七人が死刑の宣告を受けた。罪名は共同謀議による侵略戦争の遂行である。

ところがこの東京裁判で、判決に加わった十一カ国十一人の判事のうち、被告二十五名全員有罪の判定に同意せず、全員無罪の判定を下した判事が一人いた。インド代表の判事で、国際法学者アール・ビー・パール博士である。彼は国際平和を強調する政治哲学者として、また法の尊厳を堅持せんとする法律学者として、その高邁な識見にもとづき、この裁判は戦勝国が敗戦国を裁く報復的で理不尽なものとした。英文にして一二七五ページ、日本語にして約百万語に及ぶ厖大な判決文を書き、その非を世界に訴えたのである。

パール判事は先ず冒頭において「法律なきところ犯罪なく、法律なきところ刑罰なし、遡《そ》及《きゅう》的なる処罰はすべて文明国の法律に反するものである」という、ニュールンベルグ裁判の裁判長ローレンス卿が口にした罪刑法定主義《ざいけいほうてい》の法理を引用しながら、

「勝者によって今日与えられた（新しくつくられた）犯罪の定義に従って裁判を行うことは、敗戦者を即時殺戮《さつりく》した昔と、われわれの時代との間に横たわるところの、数世紀の文明を抹殺するものである。……復讐の欲望を満たすために、たんに法律的な手続を踏んだに過ぎないというようなやりかたは、国際正義の観念とはおよそ縁遠い。……戦勝国は戦争法規に違反した人々を処罰する権利はある。だが勝手に法規をつくり、国際法を無視し、犯罪を定義し、敗戦国の人民を裁くことが許されるとするならば、それはそのむかし、戦勝国が占領下の国を火と剣をもって蹂躙し、その国の財産を勝手に押収し、かつ住民を殺害し、あるいは捕虜を連れ去って奴隷とした時代に逆もどりするものである」

と述べて、この裁判における不当を原理論の立場で糾弾《きゅうだん》した。

次いで彼は、この東京裁判で起訴された二十五名の被告の罪名である、侵略戦争の共同謀議

について議論を進め、訴因の侵略戦争が何かを論じ、この二十五名に果たしてその戦争を起こすための共同謀議があったかどうかを論じた。

ここでパール博士は、たしかに日本は侵略戦争の意図も実践もあったとしながら、その日本人の考え方の中には、アジアを西欧の侵略から守らねばならぬ、アジアの貧困と惰弱と愚昧を救済せねばならぬ、アジアの防衛と繁栄は日本の手をもってする以外にはないという純粋なアジア救済の思想が根底にあったことを指摘した。そしてその裏付けとして大英帝国が過去百年間においてインドを領有し、ビルマ・マレーを領有し、シンガポールを領有し、中国各地に租界を占有した行為は侵略であり、オランダのジャワ・ボルネオ・セレベスの植民地やフランスのラオス・カンボジア・トンキンの進攻、さらにはアメリカのフィリピン領有、ロシアのシベリア・蒙古・満州への進出によるこの十八世紀以降に発生した幾多の悲惨なる戦争も、また侵略戦争に外ならぬと論じた。

しかるに日本が起こした満州事変、日中戦争、大東亜戦争だけが侵略戦争で、この戦争の責任者である二十五名の被告だけが処罰されなければならぬことを不当としている。

すなわちパール判事は日本が半世紀おくれて頭をもたげた時には、アジアの四方が先進国の旗に囲まれていて、その日本が先進国の模倣をしたときには、その後《おく》れの故にアジアの国々からは歓迎されず、また先進国からも叩かれたことを論じたのである。彼はこうした歴史的糾明を重ねるなかで、権威ある先覚学者たちの論文を引用しながら、侵略と自衛権の不可分性を説いたのである。

具体的には、日本が戦争をおこすまでの原因・動機・経緯を論じ、日中戦争については、中国の排日・抗日の運動がいかに熾烈をきわめたか、日中戦争が戦われている最中、中立国であるアメリカが中国に武器その他の軍需物資援助を行った事実を述べ、交戦国の一方に対してアメリカが行った行為は国際法に違反しており、日本に対して挑戦したも同じで、この時からすでにアメリカは参戦状態にあり、日本との戦争を覚悟していたとした。加えていわゆるABCD包囲陣によるアメリカの日本への経済制裁、日本在米資産の凍結などの対抗措置は、日本の米国への宣戦布告を余儀なくさせた。そうした国際的社会的事情を考察することなしに、日本の宣戦布告だけをもってその侵略性を断定することは不当であると論じた。

次はその侵略戦争の共同謀議に関してで、これが彼の判決文の核心をなし、日本文で四百字詰原稿用紙一千二百枚を超える大論文である。結論的に述べれば、度々政変を繰り返して内閣が変わる日本と、一人の独裁者による一貫した政治体制で政策が遂行されたドイツとでは全く事情が異なり、日本においてはこのような共同謀議が成立する余地はないと断定した。

パール判事は起訴された共同謀議の政局を四段階に分けて、これを論じた。

第一段階—満州の支配獲得

第二段階—満州より中国全土にわたる支配制覇の拡張

第三段階—侵略戦争のための国内態勢の整備

第四段階—日米交渉の決裂まで

右がその四段階である。

パール判事はこれら四段階の膨大な起訴事実につき、これを直接証明する証拠は一つとしてなく、「提出された証拠事実は単に推定的価値を持つに過ぎない」とした。

検察側は満州事変以降真珠湾攻撃にいたるまでの被告人たちの共同謀議の事実を併列して、これらがすべて被告人たちに関係あるものとしているが、パール判事は、「かくのごとく無数に寄せ集めた諸事実を繋《つな》ぎ合わせて共同謀議と言うならば、世界のあらゆる主要国家の政治家たちは彼自身意図しなかった侵略戦争を準備し、かつ挑発したものとして断罪されることになるであろう」と一笑に付した。

たしかに昭和六年（一九三一）九月十八日の満州事変から昭和二十年に至る過去十四年間の各種事件を並べ立ててみると、あたかもそれが一貫して計画的に行われたような心理的錯覚を起こすが、決してそうではなく、国内外の情勢の変化に引きずられて発展したものに過ぎない。それを最終段階の日米交渉の経緯を例にとって述べるとつぎのようになる。

勿論日本は南方資源が欲しかったにちがいないが、一九三八年五月以降の交渉を見ると、むしろ日本の方がアメリカのためにじりじりと追いつめられて、当時組閣された近衛内閣も東条内閣も対米戦争準備のためのものではなく、その任務は日米国交の調整にあった。だから誠意をもって米国との国交調整にあたったが、米国側の圧力によってのっぴきならぬ破目に追い込まれ、窮鼠《きゅうそ》猫をかむ思いでパールハーバーを襲ったのである。検察側は、「交渉開始からその最後まで、日本は一歩も譲らず、変更されたものでもそれはその提案を狭める方向にむけられた」と主張しているが、実際はその逆であって、十一月五日の御前会議で決裁した「帝国国策遂行要領」で甲乙の二案を用意し、これを最終的な案として米国に訓電した。そして甲案を拒否された日本は更に譲歩した内容の乙案を提示して「仏印からの撤退」「三国同盟条約の解釈において自衛権をみだりに拡大しない」「中国における通商無差別原則を約束する」という、従来とはうって変わった屈従的な内容を約束したのであった。すなわち仏印から撤退して英米への敵対行為はもとより、中国からも二十五年間のうちに撤兵すると約束したにもかかわらず、十一月二十六日に米国がハルノートによって示した回答は、六月二十一日に提案した条件よりもさらに苛酷な挑戦的な絶望案であった。

一、日本陸海軍は勿論、警察隊も満州を含む中国全土と仏印から無条件に撤兵せよ。
二、満州国政府の否認
三、南京政府の不承認
四、三国同盟の破棄

これではもはや交渉ではなく、米国の対日宣戦布告であり、「真珠湾攻撃の直前に米国々務省が日本政府に送ったものと同じような通牒を受け取ったなら、モナコ、ルクセンブルグ大公国といった弱小国でさえ、合衆国に対して戈《ほこ》を取って立ち上がったにちがいない」とまで、パール判事は極言したのであった。

そしてさらにパール判事は、

「ルーズベルト大統領とハル国務長官は右覚書の提案を日本側が受諾しないものと確信していたので、日本側の回答を待つことなく、右覚書が日本側代表に手交されたその翌日（十一月二十七日）米国前哨地帯諸指揮官に対して、戦争の警告を発することを許可した」と述べ、そのことをロバート報告書によって裏付けているのであるとして、パール判事は、「十二月八日の真珠湾攻撃は決してヤミ討ちでもヌキ討ちでもない。まして全面的な共同謀議によって計画的に対米戦にまでもっていったものでないことは、明らかである」

と述べたのであった。

最後にパール判事は、その判決文第六部において、厳密な意味における戦争犯罪についても論述している。これは占領下の一般人の殺戮とか俘虜の虐待・殺害とかだが、勿論この二十五名のA級戦犯の誰一人として自ら手を下してこのような刑事上の犯罪を行ったという証拠はなく、検察側も、「被告たちはこれらの行為を命令し、授権し、かつ許可した」として、その責任を問うているのである。いわゆる南京の大虐殺《だいぎゃくさつ》とマニラ虐殺事件がこれにあたるが、これについてもパール判事は、

「これらの被告が、ある特定の個人または軍隊に対して残虐行為を命令し、授権し、または許可したという証拠はない」

と断言した。

すなわちニュールンベルグ裁判では、無謀にして残虐な方法で戦争を遂行するような命令や通牒が証拠として提出されたが、東京裁判においてはこれを立証するような証拠は何一つとしてなかったというのである。

ところが日本の広島や長崎に投下された原子爆弾は、明らかにアメリカ大統領トルーマンに

よって命令されたものであり、この無差別大量殺戮を授権し許可した者の責任は戦勝国であるが故に不問に付されたのであるが、これについてパール判事はその不合理を指摘した。

また今日でもその信憑性《しんぴょうせい》が問題となっている南京事件についても、彼は、「提出された証拠を曲説とか誇張とかを感ずることなく読むことは困難である」とその疑問符に先鞭をつけている。

以上、この極東国際軍事裁判は国際正義の名で行う裁判に価しない戦勝国の報復裁判であり、法律の根本原則である法の不遡及《ふそきゅう》を犯した不当な裁判であった。

また如上の考察からもわかるように、多くの矛盾を含んだ内容で、国際法の尊厳を冒瀆するものであったということができると断定したのである。

日本経済の再建と主権の回復

昭和二十二年四月、総選挙が行われた。結果は社会党が躍進して一四三議席、ついで吉田の自由党が一三二、民主党一二三の順である。そこで吉田は民主党との保守連立の話をことわって野に下った。連立政権では閣内がごたごたして、自分の思うような政権運営ができないからである。

第一党の社会党は単独では過半数とならないから保守第二党の民主党、第三党国民協同党(三一議席)と連立内閣をつくった。首相は社会党の委員長片山哲《かたやまてつ》である。彼は敬虔なクリスチャンであり、同じクリスチャンのマッカーサー元帥から好感をもたれた。彼は温厚・中正な人柄で信望が厚かったが、グズ哲と呼ばれ、内閣の実権は官房長官の西尾末廣が握った。副総理兼外相は民主党の芦田均《あしだひとし》である。

国民はこの内閣に清新なイメージを受けて歓迎したが、なんら為すところもなく、一年五か月で瓦解した。政権与党の社会党が左右両派に分かれて激しく対立抗争し、片山にこれを統御するだけのリーダーシップがなかったからである。軍部が横暴をきわめた戦前・戦中の政界で、敢然と立ってこれと戦った吉田と、ひたすら隠忍して時節を待つだけの男だった彼との、人物のちがいである。

昭和二十三年二月十日、片山首相が退陣したあと、副総理だった芦田民主党総裁がその一か月後に内閣を組織した。しかしこの内閣も、同年十月七日、昭和電工事件のため総辞職して、ふたたび吉田が首班に指名され、十月十九日に第二次吉田内閣が誕生した。組閣にあたって吉田は、民主党を脱党した幣原喜重郎らを吸収し、これまでの自由党を民主自由党と改称し、政権基盤を強化した。しかも、その吉田民自党内閣に追い風が吹き、それまで保守反動として敬遠されていた吉田が、反共と新生日本の期待の星と称賛されるようになった。

こうした国民の期待の中で、吉田は衆議院の解散に踏み切った。政権基盤が強化されたといっても、民自党議員は絶対多数ではなく、このままでは思うような政権運営ができないからである。

ところが、この吉田の思惑《おもわく》に反して、ＧＨＱの民政局長ホイットニーは解散を阻止し、ともすると自分の意向に背く吉田の政権運営を妨害しようとした。そこで吉田は、なんとしても日本国の主権と独立を回復する必要を感じて、G2のウイロビー少将と提携し、ホイットニー局長とたたかった。ホイットニーの片腕となって辣腕をふるっていたケーディス大佐を失脚させて民政局の力を弱体化させ、その妨害をはねのけて衆議院を解散し、総選挙に踏み切ったのである。

極東軍事裁判所が戦犯として東条英機等七人を処刑したのは、昭和二十三年十二月二十三日だが、その有罪判決を下した十一月十二日にホイットニー民政局長は吉田首相を苦境におとしいれるため、片山前首相と民主党の総務会長苫米地義三《とまべちぎぞう》とを呼んで意を含め、国会解散を先き延ばしにしようとした。この二人は日本国憲法の議院内閣制では、衆議院が内閣不信任を議決した場合にしか首相は衆議院を解散できないとする立場をとっている野党代表だったからである。だが、こうした妨害工作を吉田は、マッカーサー元帥の同意を得てはねのけ、衆議院を解散して昭和二十四年一月二十三日総選挙を断行した。結果は彼の率いる民主自由党が二六四議席を獲得し、絶対多数を制した。旧憲法下でも絶対多数を制したことは四回しかなく、戦後ではこれが初めてである。この安定多数の背景には、吉田がGHQ民政局の政治介入に敢然として抵抗したことが日本国民の自尊心を呼び覚ました結果だと思える。吉田はこの安定多数に立脚して、日本経済の復興と講和条約の締結に向けて以後約六年間の長期政権を担当することになるのである。第三次吉田内閣が組閣されたのは、昭和二十四年二月十日であった。

この第三次吉田安定内閣で、吉田が最も重視したのは、日本経済の再建で、GHQから要請された経済安定九原則を実行することだった。そのためには大蔵大臣に適材を得なければならない。選んだのは池田勇人という元官僚であった。彼は第一次吉田内閣で石橋蔵相に抜擢されて大蔵事務次官となり、湛山と高橋亀吉の手ほどきを受けて財政家として大きく成長した。吉田はこの池田に経済再建のために、どうしても処方しなければならない苦い薬すなわちドッジラインの緊縮財政を実施させた。そのことによって生じた犠牲がデフレと大量の首切り（人員整理）である。謎の怪事件として新聞を賑わせた三鷹《みたか》・下山《しもやま》・松川《まつかわ》の三事件は、このときの労働攻勢と社会不安が呼びこんだ副産物である。だが、池田はこうした障害にはめげず、吉田首相の期待にこたえて、よくこの難局を切り抜け、経済安定九原則を実施して、米国からやってきた経済特使ドッジが指示した緊縮財政のための荒療治を見事にやってのけた。当時の日本経済は、とめどもないインフレーションに苦しめられ、赤字融資と補助金でやっと支えられていた歪《いびつ》な経済だったからである。

ドッジ公使はいう。

「日本政府が何よりも必要とする対策はまず財政と金融をひきしめて、インフレを抑えることである。もはや日本人は米国民の税金からの援助で生活を支えてゆくことは許されない。日本人はみずからの手で、より安い生産費で生産し、貯蓄と節約により資本を蓄積しなければならない。米国はすでに十二・五億ドルを支出して日本人を助けている。いわば日本の経済は両足を地につけず、竹馬にのっているようなものだ。竹馬の片足は米国の援助で、他方は国内の補助金である。これは危険だ。竹馬の足をあまり高くしすぎると、転んで首を折るからである」

こうして池田は吉田首相の眼鏡に叶った政治家となり、吉田の後継者と目されるようになったが、もう一人吉田が自分の後継者として育てた政治家がいる。それは池田と同じく官僚出身で佐藤栄作という元鉄道次官である。

吉田は昭和二十三年十月に第二次吉田内閣を組閣したとき、この佐藤を議席のないまま抜擢して官房長官に任じ、組閣参謀とした。吉田が彼の能力を高く評価したのは、昭和十三年（一九三八）八月、彼が鉄道省監督局鉄道課長に就任したとき、浅草・新橋間と渋谷・新橋間の二つの地下鉄合併問題を、巧みに処理して、素晴らしい力量を示したことを松野鶴平《まつのつるへい》から聞かされていたからである。実はこのときの内閣で大蔵大臣を誰にするかで迷っていたとき、組閣参謀の佐藤が、彼と第五高等学校時代からの親友であった池田勇人を推したのだが、吉田は戦前から親しく付き合い、尊敬していた池田成彬《しげあき》から勧められて泉山三六を任命した。ところがこの泉山は閣僚となってのち、予算案の審議中に参議院の食堂で泥酔し、民主党の議員山下春江に接吻を迫るというとんでもない醜態を演じた。だから吉田は、それからは他人のいうことを信ぜず、自分が直接人材を育てて後継の政治家にしようと決心した。これが世にいう吉田学校の始まりで、ここから宮沢喜一など吉田学校の優等生が出て、首相や閣僚の座につくようになったのである。

さて、この第三次吉田内閣で佐藤栄作は民自党の政調会長に起用された。以後この佐藤と池田の二人が車の両輪となって党の吉田体制を支えて行くのだが、この昭和二十四年の秋、中国では長いあいだの国共内戦が終止符を打ち、毛沢東《マオツオトン》の共産党が勝利して中華人民共和国が成立した。

翌年の昭和二十五年六月二十五日、朝鮮戦争が勃発して日本は朝鮮半島へ出動する米軍の補給基地となった。いわゆる朝鮮特需が生まれ、日本経済は大きく潤った。しかもこの頃から急にアメリカで対日講和条約締結の気運が盛り上がり、経済的にも政治的にも、日本の追い風となった。

対日講和はアメリカが日本を反共の基地として利用するため、早急に独立させる必要にせまられたからである。これは吉田首相にとっても、かねてよりＧＨＱ民政局の日本の伝統文化を無視した改革要求にうんざりしていたところだったから大賛成だ。

こうして講和問題が日本の政界の俎上にのぼり、最初に討議の対象となったのは、単独講和か全面講和かという二者択一だった。国会で初めてこれが取り上げられたのは、まだ朝鮮戦争が起こる前の昭和二十四年十一月十二日で、参議院の無所属議員が、「単独講和であれば、講和を結ばない国とは戦争状態が継続することになるから真の平和回復とはいえず、あくまでも全面講和でなければならぬ」と、吉田首相に質したときであった。吉田首相はこれに「勿論望ましいのは全面講和だが、講和をしたくないという国に対して講和を強いることはできないので、単独講和もやむを得ないではないか。たとえ少数の国とのあいだであっても、ないよりはいい。いわんや、これが全面講和に導く一つの道であるならば、喜んで応ずべきである」と答えている。これが、国際政治の現実に即した考え方だからである。

その後、吉田は池田蔵相を米国に派遣した際、密かにこの問題に関するワシントンの意向をさぐらせている。すると間もなく、アメリカからジョン・フォスター・ダレスが対日講和条約締結の責任者に任ぜられて来日し、吉田首相と直接話し合うことになった。吉田も、このときにはもうはっきりと、講和は単独講和すなわち多数国との講和しか選択肢はないという考え方に固まっていた。米ソ両陣営の冷戦下の現実では、これがただ一つの可能性のある講和で、もしそれが嫌なら、いつまでも占領されたままの状態をがまんするしかないと思っていたからだ。だから昭和二十五年三月、東京大学の卒業式で南原総長が、全面講和論を唱えたのを、曲学《きょくがく》阿世《あせい》の徒と酷評したのは、現実政治家として当然のことである。ダレスが国務長官の外交政策顧問として、対日講話条約の衝に当たることになったのはその直後である。

ジョン・フォスター・ダレスは一八八八（明治二十一）年生まれで、吉田茂より十歳の年少である。祖父はベンジャミン・ハリソン大統領の下で国務長官をつとめたことがあり、父はキリスト教の牧師であった。第一次世界大戦に陸軍の法務将校として従軍し、少佐で退役し、米国代表団の一員としてヴェルサイユ会議に出席したが、彼が国務長官の外交政策顧問として対日講和条約の基本的な考えをまとめるに際して、決して日本に苛酷で報復的な条項を押しつけてはならないと強調したのは、このヴェルサイユ条約で、敗戦国ドイツに対する処遇が正当でなかったことを肝に銘じていたからである。もう一つ、彼が強調しているのは現下の国際情勢で最大の脅威となっているのは共産主義の跳梁であり、日本はアメリカのためにも反共の砦にならなければならないということであった。

だからダレスはこうした内容を盛りこんだ対日講和の覚書を作成して、一九五〇年六月十四日、韓国経由で日本へ向かったが、ソウルに着いたのは朝鮮戦争が勃発する一週間前であった。彼はこのとき韓国軍と米軍の将校に案内されて、六月十八日に三十八度線を視察した。それがソ連によって「ダレスは米国が北鮮に向かって戦争を起こすために派遣された。すなわち朝鮮戦争は米軍によって仕掛けられた戦争である」との宣伝に利用されることとなった。

わたしも当時左翼的な九州大学の学生で、そのことを信じていたが、名古屋大学から国際政治学者の信夫《しのぶ》清三郎教授が出張講義にこられて、ロイター電とかタス通信とか、さまざまな情報資料を分析されて、それが間違いであることを論証された。わたしが実証的な歴史作品を書くようになったのは、そのことに感銘を受けたからである。

朝鮮戦争は、そのダレス夫妻が日本で京都見物をしている最中に勃発した。急いで東京へ引き返し、マッカーサーに会ったが、元帥がこれを重視していないのに失望した。さすがに、トルーマン大統領の対応はきわめて敏速で、六月二十五日午後二時に国際連合の安全保障理事会を開いて、北朝鮮を侵略国ときめつけ、国連軍を派遣することを決めた。だが万全の準備で三十八度線を越えた北朝鮮軍はあっという間にソウルを落として南下し、釜山にまで迫った。このときは日本でも恐慌を来たし、九州の博多では一時空襲警戒警報が発せられた。

ソウル陥落の三日後の七月一日、米軍が釜山への上陸を始め、吉田首相は七月四日の閣議で日本がアメリカの軍事行動に協力する方針を決めたが、圧倒的に優勢な北朝鮮軍の追撃によって、韓国軍は潰走を続け、米軍は非常な苦戦を強いられた。そこでマッカーサー元帥は七月八日、吉田首相に書簡を送って緊急措置を講じるよう命じた。

「私は昭和二十五年七月、朝鮮戦争勃発後間もない頃、最高司令官マッカーサー元帥から緊急重要な書簡を受けとった。内容は警察予備隊の創設を含む、国内治安確保の措置に関する命令であった。その要点は、七万五千名からなる警察予備隊を新たに設けるとともに海上保安庁の現有勢力を拡充するため八千名の増員を行うよう、日本政府でしかるべく措置を講ぜよというのであった」

これは吉田手記『回想十年』の内容であるが、明らかに朝鮮戦争のため、日本国内から朝鮮の前線へ移動した米軍部隊の欠員を補うための軍隊を創設せよという命令である。だが、彼が命じて日本につくらせた憲法には軍隊を持てないと定めているので、名称を警察予備隊、海上保安隊としているのである。

したがって、日本が独立国であるからには、外国からの侵略に備え、あるいは国内で発生する内乱を鎮圧するために、どうしても軍隊がなければならない。そこで、このあと締結される日本の講和条約には国防すなわち安全保障のための条項が必要であるから、対日講和条約締結の使命を担って日本にやってきたダレスは、このことを日本政府に強く要請した。だが吉田首相は、この頃ではもう日本国民の中に根づいている憲法九条の軍備放棄との兼ね合いで、この問題は講和条約本文とは切り離した米国とのあいだの二国間の安全保障の取り決めで処理しようと決意した。

かくして、年が明けた昭和二十六年一月、ジョン・フォスター・ダレスは日本にやってくると、マッカーサー元帥とともに吉田首相はじめ日本政府首脳と、この問題の討議を始めたが、その最中にマッカーサーは、朝鮮戦争に介入してきた中国への対処の仕方で、米国政府の方針に背く声明を発表したため、トルーマン大統領から罷免され、米国へ帰国させられた。だがこの講和条約の検討は中断することなく続けられ、昭和二十六年七月十七日、日本政府はアメリカ合衆国のシーボルト大使からその条約案を手渡された。その結果、日本国政府はこの条約案を諒承し、連合国と講和条約を締結することとし、講和全権団を米国のサンフランシスコで開催される講和会議へ派遣することとなった。この講和会議は昭和二十六年九月四日から八日まで開かれる。

全権団一行が羽田を出発してサンフランシスコへ向かったのは昭和二十六年八月三十一日であった。吉田首席全権がアチソン議長に指名されて、外国人記者たちからトイレット・ペーパーと揶揄された巻き紙の日本文を見ながら、講和の受諾演説を行ったのは、九月七日の全体会議においてであった。彼はその翌日の条約調印式で、日本国家を代表して講和条約に調印し、やっと日本は主権を回復して正式の独立国となったのである。条約が発効したのは昭和二十七年の四月二十八日であった。

この条約と不可分の日米安全保障条約は、講和条約の調印と同じ日の午後五時、サンフランシスコの第六兵団プレジオで調印された。首相吉田茂がただ一人で署名した、この日米安全保障条約のことは次の項目で述べる。

第三次吉田内閣で吉田首相がＧＨＱの要請により警察予備隊創設の政令第二六〇号を公布したのは、昭和二十五年八月十日である。本部長官は当時香川県知事であった増原恵吉であった。この予備隊はＧＨＱの要請で誕生したものであるから、総司令部の情報部長ウイロビー少将はすでに指揮官の人事を決めていた。だから長官となった増原が予備隊本部へ出頭すると、その指揮官代表の元陸軍大佐の服部《はっとり》が、「私が制服組の指揮官になります」と、赴任してきた増原長官に挨拶した。

この服部はウイロビー少将の下で米軍の太平洋戦史編纂を手伝いながら、秘かに日本陸軍の再建を目論んでいたのである。驚いた増原はそうした元陸軍の参謀将校たちを帰し、代表の服部大佐一人を残らせて話し合ったところ、服部は「警察予備隊は純粋の軍隊であって警察ではなく、文民統制で長官は文官のあなたですが、制服組は私にやってくれとウイロビー少将からいわれました」と、ＧＨＱの意向を伝えた。

だが、これには増原は納得しなかった。「たしかに予備隊はいずれ軍隊になるものだろうとは思うが、それにはいろいろと段階があるし、手順を踏まねばならぬ。私は吉田首相に命ぜられて立派な警察予備隊をつくるために長官となったのだから、いくらウイロビー少将の意向だといっても、それにしたがうわけにはいかない」と、服部を説得して帰らせ、吉田首相から直接マッカーサー元帥に談判してもらうことにした。すると吉田首相もこれに同意してマッカーサーと交渉し、マッカーサーはこれまでのウイロビー少将の計画を却下した。

吉田首相はすでに述べたように陸軍の憲兵隊に反戦容疑で逮捕されたことがあり、将官の中には宇垣一成や田中義一のような尊敬する人物もいたが、満州事変以来の陸軍幕僚たちを下剋上《げこくじょう》として憎悪していた。だからウイロビー少将のこの計画に賛成するはずがなかった。けれども彼には今でも信頼する軍人が二人いた。彼が駐英大使時代に大使館付武官であった辰巳栄一中将と武官補佐官であった松谷誠大佐である。この二人には全幅の信頼をおいていたので、軍部のことには全く不案内な吉田は、この警察予備隊の創設以来これが増強され、脱皮して保安隊となり自衛隊となるまで、右の二人を軍事顧問として活用した。

吉田首相は国会答弁では、憲法九条に抵触するので、警察予備隊や保安隊を終始軍隊ではないと言い続けたが、昭和二十七年八月に警察予備隊と海上警備隊が一体化して保安隊となり、吉田が自ら初代保安庁長官の事務取扱となったとき、保安隊を統率する保安庁の幹部に向かって「保安庁新設の目的は新国軍の建設にある。諸君はそれまでの間、新国軍建設の土台となる任務をもっているのである」と訓示し、これを「国防軍」「国軍」と表現している。

吉田首相は新憲法制定以来終始一貫再軍備には反対をしていたが、これは国力が許さないからという理由からであったが、首相を辞任してからは、信頼する辰巳栄一に、「国防問題には私は深く反省している。日本が今のように国力が充実して独立大国になったからには、国際的に見ても国の面目上、軍備を持つことは必要である」といって、前言をひるがえした。これは辰巳が自衛隊発足以来一貫して「自衛隊が国土防衛の任務を与えられた以上、当然憲法第九条を改正して軍備保持の条項を挿入すべきである」といっていたことに対する答えである。

さて、ここで話を日本の安全保障の問題に移そう。

ダレス大使は講和条約の締結にともなう日本の軍事的貢献について、つぎのように要求した。

「日本は独立を回復して自由世界の一員となろうとする以上、自由世界にどういう貢献をしようとするのかを明らかにされたい。今アメリカは世界の自由のために戦っているが、自由世界の一員たる日本はこの戦いにいかなる貢献をしようとするのか？」

これにたいして吉田首相はこう答えた。

「それは日本に再軍備の意思があるかどうかを知りたいのであろうが、今の日本はまず独立を回復したい一心で、どんな協力をするかとの質問は早過ぎる。自主独立の国になれるかどうかが問題であって、その実現を見た後で、どう寄与できるかが答えられる。今すぐ再軍備などすれば日本の自主経済は不能となる。対外的に近隣諸国は日本の再軍備に対して危惧を抱いているし、内部的にも軍閥再現の可能性が残っている」

ダレスはこれを聞いて、きわめて不機嫌な顔をした。このあと二人はマッカーサー元帥のところへ行き、吉田がマッカーサーに訴えた。

「今、ダレス大使は甚だ困った質問をして私を苦しめておられる。平和条約を希望する日本が、いかなる寄与を自由世界に対してなすつもりであるかという質問です」

するとマッカーサーは微笑しながら、ダレスに説いた。

「自由世界が今、日本に求めるものは軍事力であってはならない。そういうことは実際できない。日本は軍事生産力を持っている。労働力を持っている。これに資材を供給して、この生産力をフルに活用し、これを自由世界の力の増強に活用すべきである」

こうして、吉田首相はマッカーサー元帥を味方につけて、日本の安全保障に関する第二回目の会談が三井本館の総司令部外交部で行われた際、終始日本の再軍備を拒絶した。この会談の米国側の出席者はダレス大使のほかジョンソン国防次官補、シーボルト大使、アリソン公使、マグルーダ少将であったが、ダレスはなおも次のような安全保障と再軍備問題に関する米国側のコメントを発表した。

「小規模な武力攻撃に対する防禦については日本の自力では足りぬかもしれないから米国が援助する。日本が防御できるようになるまで米国の軍隊が駐留する。しかし永久というわけにはゆかない。日本の防衛力ができるにつれて縮小してゆく。大規模な侵略に対する防衛は集団安全保障による以外にはない。一国だけではできない。米国といえども同じである」

そして彼は日本の再軍備についてこう付け加えた。

「経済上の困難は了解する。しかし、これをもって自由世界の防衛に貢献しない弁解にはならぬ。この困難に打ち克って何らかの貢献をしてもらいたい。国連に入れば国連の安全保障に貢献すべきである。警察力の強化をいっているが、これをもって第一段階となすべきで、それ以後いかなる手段をとるべきか、その手段を徐々にどう実現して行くかを考えてほしい」

すなわちこれがアメリカ本国の本音《ほんね》で、ダレスはこのアメリカ本国の意向を代弁しているのである。したがって日本国憲法に盛り込まれている第九条の軍備放棄はアメリカ本国の真意ではなく、ＧＨＱ民政局長ホイットニー以下のニューディーラーたちが描く空想的平和主義を日本側に強制したものにほかならない。米軍の総意ではなかったのである。

だからこの会談以後も、ダレス一行は日本の再軍備を決して断念したわけではなく、昭和二十六年二月一日から六日まで毎日のように続けられた事務折衝で、一番問題にしたのはこの安全保障と、再軍備だった。特に前述した一月三十一日の吉田・ダレス会談で、吉田首相がマッカーサー元帥の支援を得て日本の再軍備を拒否したことには大層立腹し、アリソン公使とジョンソン国防次官補も、

「米国は日本が警察力や生産力をもって貢献するだけでなく、ある程度の地上部隊をもって米軍に協力することを期待する。日本が現在実施しようとしている警察予備隊の増強は国内の治安力を充実するものであり、米国が望んでいるのは、その次に来る段階として、どの程度の地上部隊を増強するかということである。その増強によって米国はこの兵力を日本から他に転用することも考えている。われらは第一段階において日本が持とうとする陸上部隊の規模について承知したい。米国は財政上、また機材的に十分この地上部隊建設を援助する用意がある」

と述べた。

米国は空軍と海軍については絶対的な自信をもっていたが、朝鮮半島で地上部隊が非常に苦戦していたので、日本の地上軍を増強して欲しかった。だから警察予備隊の拡充だけではどうしても満足できなかったのである。

このあとジョンソン国防次官補とマグルーダ少将とは日本側に国防省的な中央機関を設置する必要があると強調した。すなわち現在の防衛省である。そこで日本側もこの要望もだしがたく、西村条約局長が吉田首相の許可を得て警察予備隊と海上保安隊のほかに五万人の保安隊を設け、保安企画本部を国家安全保障省に付置する案を、アメリカ側に提出した。提出にあたり、日本側が述べた見解は、左記の如くである。

「日本政府は海陸を含めて新たに五万人の保安隊（仮称）を設ける。この五万人は予備隊と海上保安隊とは別個のカテゴリーとして訓練し、装備においても両者より強力なものとし、国家安全保障省の防衛部に所属させる。この五万人をもって日本に再建される民主的軍隊の発足とする。次に保安企画本部というごとき名称の機関を国家安全保障省の防衛部に付置する。ここには英米の軍事事情に通暁せるテクニシャンを起用して配置し、日米協定によって設置される協同委員会の事業に参与させる。かつ米国専門家（軍人）のアドバイスを求めたい。これが将来の民主的な日本軍隊の参謀本部に発展すべきものである」

なお吉田首相は、こうした日米双方の事務折衝が終わった二月六日の夜と翌七日の午前中にマッカーサー元帥とダレス大使に会い、講和条約その他の文書には、日本の再軍備についてふれることは避けたい旨を強調した。そして、右に述べた将来の日本の民主的軍隊については、米国の指導と支援を受けたいと求めたうえで、「私がダレス大使に提案した五万人のセキュリティ・フォース（保安隊）は、将来の民主的軍隊として立派に育成したい。これがため、将来の参謀本部についても、英米式の立派なものをつくりたい。良い米国軍人の援助を得たい。日本は明治時代にドイツのメッケル将軍を軍事顧問としたため、ドイツ式の陸軍になってしまったが、この過誤はくりかえしたくない。現在ウイロビー将軍のところにいるような旧日本軍人など使いたくない」と付言した。これは彼が信頼し顧問としている辰巳栄一旧陸軍中将の入知恵でもある。

これにたいして、マッカーサー元帥はこう答えた。「近時の武器の進歩は驚くほど急速で、軍人も五年もすればもう役立たぬ人間になってしまう。終戦後五年半も過ぎたのだから、旧日本の軍人たちはもはや役立たぬ。総理の見解は正しいと思う」と。

ダレス大使にたいしても吉田首相は同じようなことをいったが、側にいたジョンソン国防次官補は、「ドイツ式とアメリカ式のちがいは、米国は軍人が文官の下にあることで、国防長官や三軍の最高指揮官が大統領によって任命され、しかも国会の承認を必要としていることである。だから文官から独立して行動しうる軍人も軍隊もいない。総理のお気持はよく分かったから、帰ってワシントンの責任者に伝達しておきましょう」と応じた。

こうして吉田首相は、ダレス大使の性急な圧力には屈せず、自分の信念を貫き通したが、将来の抑止力を備えた再軍備は約束している。再軍備が日本の将来を危うくするのではなく、軍人が文官の統制に服さずして跋扈することが危険なことを、彼は過去の自らの体験で肝に銘じていたからである。あわせて軍備が必要なのは外からの侵略の抑止力のためであって、国際紛争解決の手段としてでないことを主張しているのである。

終　章

❖日本の伝統文化の美風は復活させなければならない

戦後体制の確立と憲法改正の動向

わが国は昭和二十年八月十四日に連合国のポツダム宣言を受諾し、国家主権を失ったが、六年後の昭和二十六年（一九五二）九月八日に連合国とのあいだでサンフランシスコ講和条約を締結した。それ以来長い年月が経過し、去年の四月二十八日はその条約が発効して六十五年目の節目にあたる記念日であった。

ところが、日本国の最高法規である日本国憲法は、今なお日本の主権がなかった占領軍統治下で制定されたままのＧＨＱ草案憲法である。

この日本国憲法はいちおう国民から選ばれた国会議員の審議を経て制定されているから民主憲法といえるが、その草案はＧＨＱの民政局が付け焼き刃で、応急に作成したもので、国会の審議も占領下という束縛があってＧＨＱの意向に背けなかった。だから実質的には日本人の手による完全な自主憲法とはいえない。しかも当時の幣原内閣憲法問題調査委員会が自主的に起草した旧憲法改正案は、連合国最高司令部の司令官マッカーサー元帥によって、にべもなく拒絶されているのである。

それ故、この憲法は日本の主権が占領軍の束縛から解放された昭和二十六年四月二十八日以降、すぐさま欠陥憲法として、その無効を宣言し、審議をやり直して、日本の歴史と風土に合致した真正な憲法につくりなおすべきであった。それが法理論として真っ当な考え方であり、日本と講和条約を結んだ諸国もそれを期待していた。

だが、日本はそれをしなかった。あまりにも敗戦の痛手が強くて、GHQ（連合国最高司令官総司令部）による憲法の平和主義と個人主義の思想宣伝が徹底し、公とか国家とかの意識が薄れていたからである。また国民は自分たちの暮らしのことに精一杯で、国内の経済復興がすべてに優先すると考えていたので、国家の将来のことなど、どうでもよかったのである。したがって、こうした国民から選ばれた国会議員も、そんな国民感情の代弁者として国政に臨んだから、本来の使命である選良としての任務すなわち、国民に国家のあり方を啓蒙し、かつての日本国家の栄光を取り戻すべく、その奮励努力を国民に呼びかけることをしなかったからである。

そのような国会議員の多数党が元外交官吉田茂の率いる日本自由党で、昭和二十六年九月八日のサンフランシスコ講和条約は、この吉田茂が組閣した第三次吉田内閣によって締結された。

吉田首相は同時に日本の国防を米国に委ねる日米安全保障条約も締結したが、この両条約が翌昭和二十七年四月二十八日に発効して、GHQが廃止されると、アメリカは対ソ戦略とのからみで、日本が憲法を改正して自衛軍を持つであろうことを期待していた。けれども吉田はこうした憲法改正論を一蹴して、憲法の平和主義を口実に国防を米軍の手に委ねて、経済の発展をすべてに優先させた。これが日本の国益に適《かな》うことだと信じたからである。その彼の政治方針を体して経済政策を推進したのが、いわゆる吉田学校の優等生で蔵相の池田勇人《いけだはやと》であった。

その後吉田内閣は第四次、第五次と続くが、その政治方針は変らず、そのあとの鳩山一郎内閣においてもまた不変で、昭和三十一年（一九五六）十二月二十三日から昭和三十二年二月二十三日までの石橋湛山内閣を経て、そのあと岸信介内閣へと続くのである。

岸信介《きしのぶすけ》は昭和十六年（一九四一）十月十八日に東条英機が首相となって対米戦争のための内閣をつくると、商工大臣に抜擢され、その後も国務大臣兼軍需次官として帝国の戦争遂行に協力した。そのため、彼は敗戦直後の昭和二十年九月、東条らと共にA級戦犯容疑者に指名されて逮捕されたが起訴されることなく、昭和二十三年十二月に釈放され、昭和二十七年四月の講和条約発効とともに追放を解除されて政界に復帰した。

政界に復帰した岸は昭和二十八年三月、自由党に入党して国会議員となり、以後は保守勢力の統合をはかり、占領体制からの脱却のために憲法改正を主張し、昭和二十九年に設置された自由党憲法調査会の会長となった。

だが、憲法改正のためには国会議員の三分の二の賛同を得なければ発議ができないので、そのための保守合同をはかるべく新党工作に奔走した。昭和三十年十一月に結成された自由民主党がそれであり、彼はその初代幹事長に就任した。初代総裁は鳩山一郎である。そして昭和三十一年十二月に日ソ復交を花道に鳩山が政界から引退すると、そのあとの総裁選挙に彼も立候補して第一回投票で一位となったが、過半数でなかったため、決選投票が行われ、二位であった石橋湛山に七票差で敗れた。それでも彼は石橋内閣で請われて外務大臣となっていたが、石橋首相が病気のため、わずか二か月で辞職したので、そのあとを受けて岸は首相となり、第一次岸内閣を組織した。

こうして彼は念願の占領下で制定された憲法の破棄と自主憲法の制定をめざして、その第一歩ともいうべき日米安全保障条約の改正に着手した。この日米安全保障条約が日本側に不利な不平等条約であったから、これを改正してアメリカへの従属を断ち切り、日本の自主独立へ向けて道を開こうとしたのである。

だが、時すでに遅く、占領下で制定された日本国憲法は日本国民のあいだに根づいて、国の未来を担う若者たちは、吉田内閣が敷いた路線である米国への従属が日本の国益に適い、戦後の日本の平和と繁栄はこの新憲法によってもたらされたものと信じこんでいた。だから岸首相が主張する憲法改正論には耳を傾けようとはしなかった。あまつさえ、彼が当面推進しようとめざしていた日米安全保障条約の改正は、岸首相の持論である憲法改正の第一階梯であり、日本がアメリカの世界戦略の一翼をになうものであるから、断固反対して破棄すべきであるとのマスコミ報道に惑わされて、日本歴史上空前絶後の大衆運動ともいうべき安保騒動が起こった。

そのため、この改正案は国会で審議することさえままならず、やむなく岸首相はこれを強行採決したあと、あとは時間待ちの自然成立に委ねなければならなかった。そして条約批准書を米国とのあいだで交換したあと、昭和三十五年六月十五日、首相の座から退いた。かくして、保守本流の政治家として日本の自主独立を実現しようとした岸信介をもってしても、日本の占領体制からの脱皮はならなかったのである。

岸内閣が退陣して同年七月十九日に第一次池田勇人《はやと》内閣が成立した。この内閣は第三次吉田内閣の当時からめざしていた池田の抱負である国民の所得倍増計画を推進した。たしかにこの所得倍増の高度経済成長政策は国民にアッピールし、日本の経済成長には見るべきものがあり、神武以来の好景気、岩戸景気とかいってもてはやされたが、これはアメリカへの追従がもたらした無定見な経済成長戦略であった。だから真の経済成長とはならず、間もなく馬脚をあらわすことになる。しかも彼は人気取りのため、近視眼的民衆に迎合して「私の内閣では憲法改正はしません」と断言したから、戦後ようやく盛り上がろうとした憲法改正の気運はここで頓挫し、息の根が停まった。

この池田の第一次から第三次に及ぶ組閣以降の各歴代内閣も、これと大同小異の政治方針をとったから、国内には拝金思想が蔓延し、私生活の享楽だけを追い求めるような風潮が起こり、日本国民は魂の抜けたエコノミック・アニマルと化した。いみじくもプロシアの鉄血宰相ビスマルクの警世にいわゆる「国家の魂を失った国民」に成り下がったのである。

それでも平成四年（一九九二）上半期にバブル経済が崩壊するまでの、いざなぎ景気とそれにつづく時代はよかった。国民はアメリカに次ぐ世界第二位の経済大国にまで伸《の》し上がった好景気の恩恵を受けて、諸外国から一目置かれるようになり、この好況が永久に続くものと信じ、世界経済の覇者の地位がゆるがぬアメリカに従属してさえいれば、政治的にも経済的にも何らの不安もなく、わが世の春を謳歌できるものと信じた。

だが、この国民の願望は、あてにならない空頼みでしかなかった。やがて日本経済の実体のないバブルがはじけて、不況におちいると、政府も国民もこの不況からどう脱却してよいか、その方途を見出すことができず、アメリカがこの不況から脱却できないかぎり、日本も経済的に立ち直れないことがわかった。

すなわち日本経済の体質はアメリカの占領時代と同じくアメリカ依存の経済体質であり、自主独立の経済体質でなかったことを思い知らされたのである。そしてこのことは、国際政治の面についてもいえることであった。日本を取り巻く国際情勢は、決して公正と信義にもとづく信頼関係によって律されているのではなかったことに気づかされたのである。

このことは近年自国の自主独立による経済発展で軍事費を増大させ、積極的に海外進出をはかる中国やロシア、韓国など日本を取り巻く近隣諸国の日本叩きによって端《はし》なくも露呈された。国際政治は決して諸国の公正と信義によって律せられていないことを日本国民は近年になってやっと思い知らされた。これまでの日本の平和と安全はアメリカと日本とのあいだで結ばれている日米安全保障条約に基づく米軍の軍事力によって保たれていたことがわかったのである。決して日本国憲法にいわゆる「諸国民の公正と信義」によって守られていたのではなかったことに思い知らされたのである。しかもそのアメリカでさえ、決して日本のためだけではなく、自国の世界戦略上の都合のためで、その世界戦略に役立たないと分かったら捨ててかえりみることがなくなることは想像にかたくない。それが証拠に日本の敗戦直後は、この国を二度と立ち直れないように日本国民の魂を抜いて軍備など絶対に持たせないような政策をとっていたものが、ソ連との対立が激化し、朝鮮戦争が始まると、たちまち掌をかえすように再軍備を勧め、日本に反共の防波堤としての役割を担わせるようになったではないか。

したがって、われわれ日本人は、こうしたことがわかったこの時点から、これまでの占領時代から続いているアメリカ依存の政治的・経済的体質から脱却して、自主独立の政治的・経済的体質を構築して行かなければならない。その手始めは、昭和二十年以来続いている半人前国家を自主独立の一人前国家とするために、占領時代に制定された憲法はじめ教育基本法などの諸法令を日本の風土と伝統にフィットしたものに改める必要がある。

たしかに日本国憲法は、形式的には旧帝国憲法改正の手続きにより制定された憲法であるけれども、本文の「GHQの日本占領」のところで述べたように、実質的には主権が君主（天皇）から臣民に移った革命憲法であり、内容もGHQの意向に背いてはならない箍《たが》がはめられて制定されたものであるから、国民の総意によって制定された自主憲法とはいえない。それゆえこの憲法には、日本の伝統文化にそぐわない箇条が多分にあり、違和感がある。これでは日本の自主独立は阻害され、この憲法によって享受している平和も経済的繁栄も、底の浅い脆《ぜい》弱《じゃく》なものとならざるを得ない。われわれ日本人は、この憲法によって、どこの国の国民でも持っている愛国心を失ったことを銘記しなければならない。

このところ日本経済は行きづまり、下り坂の傾向にあったが、識者の中には、これを甘受して、これからの日本人は経済成長などあきらめて、優雅な衰退の道を歩めばよいなどという者がいる。しかし、これは国家の魂を失った人たちの考えることで、危険きわまりない亡国の理論である。世界の歴史を学べば分かることだが、国家が強国でなくなると、他国から必ず無理難題をふっかけられていじめられ、その無理難題からのがれるために、驚くほどの代償を支払わされて、益々弱小国となり、遂には滅亡に追いやられるのである。これが古今東西の歴史に普遍の真理なのである。

この作品で、小生がこれまで書きつづって来た明治末期から大正・昭和初期にかけての群像たちの憂国の至情に思いをはせるとき、このような亡国論が同じ日本人の中に罷《まか》り通っていることに耐え難い思いがする。

この先、日本の国はどうなるのであろうか……これまで先人たちが孜々《しし》営々《えいえい》として培《つちか》って来た日本精神は一体何処へ行ってしまったのだろうか……。

ところで、右に述べた問題の日本国憲法だが、小生は戦後、大学の法学部でこの憲法を学問として専攻した。識者の中には、この憲法の文章はＧＨＱの憲法草案の英文を日本語に直訳したものだから、日本語になっていないとか、内容においても理想論を述べた「絵に画いた餅」と、冷笑する学者もいた。

だが小生は、この憲法前文の文章が非常に気に入って、もしこの憲法がめざす世界が条文通りに実現したなら、世の中は本当に争いのない平和な理想境と変わるにちがいないと胸をふくらませたものだった。とりわけ憲法前文の核心ともいうべき日本国と日本人の決意を表明した次の箇条である。

「日本国民は恒久の平和を念願し、人間相互の関係を支配する崇高な理想を深く自覚するのであって、平和を愛する諸国民の公正と信義に信頼して、われらの安全と生存を保持しようと決意した……われらは、いづれの国家も自国のことのみに専念して他国を無視してはならないのであって、政治道徳の法則は普遍的なものであり、この法則に従ふことは自国の主権を維持し、他国と対等関係に立たうとする各国の責務であると信ずる」

という文言にいたっては、たまらない魅力を感じたものであった。

ところが、この憲法が公布施行されてからあとの国際社会の現実は、まったく小生の期待を裏切るもので、国家間の紛争がひっきりなしに起こり、戦争が絶え間なく続いて、この憲法が理想とした公正と信義の国際社会などどこへやら、いずれの国もみんな自国のことのみに専念して他国を無視しているのが現実で、政治道徳の法則は決して普遍的なものでないことが証明された。

すなわち、これが国際社会の偽らざる現実であって、人間社会の真理であることに思い知らされたのである。

もとより、個々の人間が高邁な理想を掲げて、それを自分の処世方針とすることはまことに立派なことで敬服に価する。だが、こと国家ということになり、その国政にあずかる代表者ということになれば、その任務は国民の生命財産を守って、国民が安心して暮らせるようにすることであるから、よくこのことを肝に銘じてそれを実践しなければならない。そのためには国際社会の現実を踏まえた憲法と法律を制定して、その条項にもとづき、諸外国と対処しなければならない。国家の基本的任務は、国民の生命・財産の保障であり、外敵からの国土の防衛であるから、国民の負託を受けて国政にたずさわる者は、このことを肝に銘じて、その任務を遂行しなければならない。内国の治安と外敵の侵略に対する抑止力をしっかりと憲法に明示して国民を安心させなければならないと同時に、これを国民に周知徹底せしめて、国民の国防意識を高めなければならない。たとえ本人がどのような思想信条を持っていようとも、それが国民の負託を受けて政治を行う者の任務であり、使命である。

現下の国際社会の現実は、わが国が国防の不備を衝かれて、外国から国境に近い国土を窃取され、侵略される危険が多分にある。政治は理想を追うものではなく、現実主義に立脚するものでなければならない。現実を直視せずして、理想論ばかりを唱えていて、ふと周囲を見廻して、危険の迫っていることに気付き、慌てて憲法を改正し、国防を強化しようとしても、もうそのときは後の祭りなのである。ローマの格言にいわゆる「平和を欲する者は、戦争に備えなければならない」のである。すなわち、日本が戦争をしないで恒久的平和を希求するなら、十分な防衛力を保持して、侵略者に戦争をしても勝てないと分からせることである。それが抑止力となって戦争を防止できるのである。勿論この抑止力には国民の防衛意識が伴うものであることはいうまでもない。

これまで、発展途上国であった国家が急速に経済力をつけて軍備を強化し、軍事大国となって資源を求めて海外へ進出し、他国の領域を侵そうとする膨張主義の国是を新帝国主義というが、こうした国家の侵略に対処してわが国は、国際的に承認されているわが国固有の領土・領海を守るため、国防軍を保有して抑止力をつけていなければならない。

しかし、その国防軍による抑止力には限界があり経済的にも困難をともなうので、他国の協力を求めなければならない。すなわち価値観を同じくする国々と同盟を結び、安全保障条約を締結することである。米国とのあいだで結ばれている日米同盟の取り決めを、環太平洋諸国である東南アジア諸国連合のＡＳＥＡＮ諸国とインド・オーストラリア・ニュージーランドなどの諸国に拡大し、経済協定を結ぶとともに、軍事的にも相互に安全保障を取り決め、共存共栄をはかるということである。これによって加盟国は理不尽な新帝国主義国の侵略に協同で対処し、自国の領土・領海を守るのである。

この場合、これらの同盟国の提携は自主独立の対等な関係であって、支配従属の関係であってはならない。このことは超大国である米国と日本のあいだについても言えることであって、これからの日本は米国と対等な関係でなければならない。日本は米国に対してノーと言える立場で、日本が正しいと信ずる国益は断固として主張し、その信念を貫くべきである。所詮アメリカも自国の利益を第一義と考える覇権国家であり、自国の利益のためには他国を無視してかえりみない身勝手なところがあるからである。これが現行日本国憲法にいわゆる「いづれの国家も自国のことのみに専念して他国を無視してはならないのであって、政治道徳の法則は普遍的なものである」ということにほかならない。

換言すれば、日本は古来武士道を重んじる道義国家であったが、日露戦争のあと軍事大国化を目指す軍部の国政介入によって歪められ、多分に国家社会主義的イデオロギーの覇権国家に堕《だ》してしまった。それが敗戦によって甦り、日本は国際協調をモットーとする道義国家として再生した。

だから、日本はその道義国家の理念を掲げて、それを全世界に普遍化すべく自ら先頭に立って闊歩しなければならない。これが、これからの日本の進むべき正しい進路である。そのためには、ＧＨＱが敗戦国日本を弱体化するため、日本人の国家観を骨抜きにしようとして制定させた現行憲法を是正し、日本人が日本国民であることを誇りに思えるような、日本古来の伝統と文化に立脚した国民の憲法を制定すべきである。

以上が、主権回復六十五周年にあたって、「坂の上の雲流れる果て」に仰ぎ見た、近代国家日本光芒の結語である。

伝統教育の再生と復興の課題

小生は大正十五年（一九二六）三月二十九日生まれである。だから大正の生まれだが、この大正時代は大正十五年十二月二十五日に大正天皇が崩御されて昭和となったので、昭和元年生まれでもある。したがって、昭和の初めから昭和六十四年（一九八九）一月七日の昭和天皇崩御まで、昭和の全時代をフルに生きて、その流れを体験したことになる。

端的にいえば、昭和の前半は不況と戦争の時代、後半は復興と平和の時代ということができる。そして識者は、この前半の昭和を暗い時代と言い、「戦前の昭和は暗黒だった」と称し、その縁由《えんゆ》を、国家の指導者が国民に誤まった国粋思想を鼓吹し、学校教育で生徒たちに八紘一宇《はっこういちう》の皇国史観と軍国主義を叩き込んで、日本の海外侵略を正当化したからにほかならぬとした。

すなわち、これによって国民は戦争を美化し、進んで軍部に協力して昭和十二年七月七日の盧溝橋事変に始まる日中戦争から昭和十六年十二月八日のハワイ・オアフ島真珠湾の奇襲攻撃へとエスカレートする大東亜戦争へと突入し、無慮三一〇万の同胞を戦禍に散らせた。戦いは日本軍の緒戦の大勝利にもかかわらず、昭和十七年六月五日のミッドウェー海戦の敗北を境に戦局は逆転して敗北の一途をたどり、昭和十九年十月二十五日からの神風特別攻撃隊起死回生の敵艦体当たり攻撃をもってしても、戦局を挽回できなかった。

かくして、昭和二十年八月六日・九日の広島・長崎への原爆投下、八日のソ連参戦と、日本は壊滅的打撃を蒙り、八月十四日、遂に連合国のポツダム宣言を受諾した。

「国家は敗戦によっては滅びない。滅びるのは、国民が国家の魂を失ったときである」

これはプロシア（ドイツ）の鉄血宰相ビスマルクが遺《のこ》した有名な格言である。

だが、日本は滅びなかった。昭和二十年八月三十日、連合国軍最高司令官ダグラス・マッカーサー元帥が厚木に到着。九月二日に日本が降伏文書に調印して、ＧＨＱによる占領政策が始まったが、その占領政策は日本政府を通しての間接統治であったから、内乱や暴動は起こらず、戦地から復員してきた壮丁たちが先頭に立って戦後復興の担い手となり、たちまちにして戦禍から立ち直ったからである。しかも日本は戦後の国家目標を経済立国に置き、これを戦前の高い教育水準によって培われていた国民の優秀な頭脳と、先人たちから受け継いできた勤勉努力の習性とで見事になしとげた。

その結果日本は敗戦国にもかかわらず、経済指標において戦勝国アメリカに次ぐ世界第二位の経済大国にのし上がったのである。だから国民の生活水準は向上し、どの家庭でも三種の神器といわれたテレビ・電器洗濯機・冷蔵庫を置くようになり、それがさらに三Cすなわちカー・クーラー・カラーテレビに変わって、学童の半分近くが大学に進学するという文化国家に成長した。

したがって識者はこの現象を見て、「これは戦前の暗い日本ではとても望めぬことで、日本が戦争に敗れたおかげである」と評し、戦前の昭和日本を暗黒の時代と定義した。戦前の日本が、国民のすべてを国家目的である政府の富国強兵政策に協力させて、質素倹約を旨とする耐乏生活を奨励したからであると……。

たしかに戦前の昭和日本は耐乏生活の時代であった。大正十五年三月、すなわち昭和元年に生を受けた小生自身の体験からしても、少年時代から軍国少年として育ち、昭和十五年に高等小学校を卒業して上級学校に進学中太平洋戦争が始まり、海軍航空隊に志願して、九州の特攻基地で飛行訓練中に終戦を迎えた。

だが、小生はこれをもって戦前の日本が暗黒の時代であったとは思わない。というのは、それまでの学校教育において、これが日本国民として、当然の生き方であると教えられていたからである。また家庭でも、ムラでも、上長からそのように躾けられ、少国民としての狭い見聞ながら、どこへ行っても、誰と会っても、この国家目的に批判の目を向けて、それを口にする者はいなかったからである。だから、これがすべての大人たちの考え方であり、そのように生きることが国民としての当然の義務であると信じていたのである。したがって友達《ともだち》の中には、太平洋戦争が始まると、血書嘆願して予科練に志願する者があらわれ、航空隊に入った者達も、生還の望みが全くない特別攻撃隊に進んで志願した。

昭和二十年八月十五日、その日本が戦いに敗れた。

海軍航空隊において小生たち航空隊員は終戦のラジオ放送を聞くことはなかったが、間もなく天皇の詔勅が発せられたことを航空隊司令から告げられ、「とりあえず、休暇を与える」と帰省を命ぜられた。

こうして郷里に帰った小生が、暗い日本から明るい日本を実感したのは、その年の暮れ、町へ出て、映画館で「リンゴの歌」の映画を見たときであった。十月十一日封切の松竹映画《しょうちくえいが》「そよ風」で、小生はこれを見て、「なんという、明るい映画だろう」と感動した。そして、その映画のヒロインたちが歌うリンゴの歌のメロディーに合わせて、いつしか自分も一緒にそれを口ずさんでいた。実はこのとき、それまで「特攻くずれ」と蔑《さげす》まれて僻《ひが》み、自暴自棄におちいっていた小生の心に、「よし、これからは、戦後の日本の復興のために、力のかぎり頑張るぞ」との希望の灯が点《とも》ったのである。希望の灯は日本経済の復興である。

創造ではなく復興再生である。目標としたのは、本文で述べた高橋財政下の日本経済で、当時の日本人は「昭和八年の日本に帰ろう」を合言葉とした。それほどに、軍部の大日本主義に反対して小日本主義を実践していた達磨《ダルマ》宰相高橋是清の経済政策は見直されたのである。この年日本全国に大流行した「東京音頭」に象徴されるように、また陸軍大将宇垣一成が回想しているように、昭和前期戦前の日本経済は決して暗くも悲観的でもなかった。

その明るい日本の未来像をめざして戦後復興の担い手となったのは、復員兵を先頭とする日本国民であった。

ではその日本国民のエネルギーと知的教養および不屈の根性はどこで醸成されたのか？いうまでもなく、これは戦前の日本で先人たちが孜々としてつくり上げた営為《えいい》の所産である。だから、これを敗戦の痛手と戦時下の暗い体験とからすべてを律して、「戦前の昭和日本は暗黒であった」と貶《けな》すことには同意できない。と同時に戦後の日本でGHQの指導下で行われた学校教育がすべて正しかったと断定することにも異論がある。

戦後日本の学校教育は、小学校におけるスミ塗り教育から始まった。中学校では国史・地理の授業を停止し、GHQが編纂させた『太平洋戦争史』を教材として用い、従来の皇国史観を改めて日本の少国民から国家の魂を抜くことに専念した。そしてその引き抜かれた魂に代わるものが自由と民主主義である。戦前・戦中の合言葉であった日本精神と大和魂は死語となり、これまで美徳とされていた勤倹貯蓄と節約は「消費は美徳である」というスローガンに変わった。それにともない一般社会人に向けられた洗脳《せんのう》も徹底し、新聞・雑誌・ラジオ・出版・映画などのメディアに対する事前の検閲も厳格をきわめた。占領政策と極東国際軍事裁判に関する批判はタブーで、ＮＨＫには「真相はこうだ」という番組を十週間にわたって放送させた。

だから戦前・戦中の日本人が信じていた美徳がすべて美徳でなくなってしまい、日本はつまらない国となって、子供たちは日本に生まれたことを恥ずかしく思うようになった。学校教育における師弟の関係が逆転してけじめがつかなくなり、暴力教室と度の過ぎたいじめが蔓延するのも、また昭和四十一年（一九六六）から始まる学園紛争が全国の大学と高校で吹き荒れるのも、みんなそうした戦後教育の当然の帰結なのである。

すなわち、戦後の日本は経済が向上して暮らしは楽になったが、人心は荒廃して年長者や目上の者を尊敬するという日本古来の美風は失われ、江戸時代を律した儒教道徳は抹殺された。これまで先人たちの遺産を受け継いで大切に守り育ててきた麗しい日本の伝統的な美風・美質が、戦後の七十年にしてほとんど失われたのである。

前述のごとく、これは戦後の占領政策である日本人洗脳教育の所産であるが、同時に過保護な家庭における躾け教育が招いた結果でもある。太平洋戦争の末期、祖国の存亡の危機を目前にして心ならずも軍隊にとられて敗戦の渦中に投げ込まれ、戦禍の残酷さを体験した親たちが、こうした悲惨な思いを二度と子供たちに味わわせてはならないという老婆心で「羹《あつもの》に懲《こ》りてなますを吹いた」からである。

そのため、このように過保護に育てられた戦後世代の二世たちは、困苦欠乏に耐える克己《こっき》の精神が無いから、戦後の一世たちが鋭意努力してなしとげた戦後経済の復興という大切な遺産を受け継ぎながら、それが高度成長経済という段階で行き詰まったとき、どのようにしてそれを打開し、どうすればそこから抜け出して行くことができるかという方途を見付け出すことができないでいたのである。

すなわちかれらは、国家の魂をなくした教育の犠牲者であり、かれらには明治時代このかた先人たちがかれらの親たちに躾けていた根性と国家に対する使命感とが欠如しているのである。したがって、如上の見地から、小生は昭和日本の戦前の世相が暗黒の時代であったという見解には組することができない。

あの時代には高邁なる志があり、日本の未来を信じる夢があった。そして、その志と夢とを実現するために、前途にいかなる障害と困難があろうとも敢然とそれに立ち向かう勇気があった。国民が一致団結して助け合いながら、その困難を克服して行こうとする連帯感があった。そのためには、自分の死をもいとわなかった。当時の若者は、国家国民のために命を捧げる覚悟があり、それを名誉と心得ていたのである。

したがって、これからの日本は、かつての日本のごとく、高い節義と倫理道徳により国民が自らを律する国でなければならないのである。それがビスマルクのいう国家の魂を持った国民の国家である。

大方の有識者たちが指摘するように、占領軍である米国のＧＨＱが日本政府に命じた戦後教育の柱は個人主義の涵養であった。

しかし、それは自主的で、自分で自分をコントロールできるものでなければならない。そうでなければ、人々は我侭勝手で放恣に振舞い、自分さえよければよいという利己主義となってしまう。

そこで、それを防ぐための抑止力が必要となり、幼時から家庭においてそうした教育がなされなければならない。欧米のキリスト教国では、その抑止力がイエス・キリストへの信仰であり、唯一最高である神の教えには絶対に背けないという掟が抑止力となる。だが、日本では、昔から連綿として続いてきた祖先崇拝と家族制度の家《イエ》という観念が、その役割を果たした。すなわち、祖先から代々伝えられてきたイエの名誉で、「そんなことをすると家名に傷がつく」という教えである。

日本では欧米や中近東諸国に普及しているキリスト教やイスラム教のような一神教とはちがって、宗教は自然崇拝の多神教に由来する神道や仏教が普及しているから、唯一最高の神が個人を律するのではなく、それと同じ役割を儒教的な死生観を加味した家族制度のイエという観念が個人を律してきた。

ところが、この家族制度が日本の敗戦とともになくなった。ＧＨＱがこれを個人の自由を抑圧する封建的な悪習として排除するよう命じたからである。そのため戦後の日本人は祖先を崇拝しなくなり、家族をかえりみない放埒《ほうらつ》な利己主義が蔓延して郷土愛も祖国愛もない憂慮すべき国民性が出来上がってしまった。

これは日本の歴史と伝統とを知らない占領軍の偏見によって生じたことであるから、再検討しなければならない。もとより個人の自由を奪い、個性を抑圧することがあってはならないが、日本古来の美風である家族愛・郷土愛・祖国愛は個人主義と並べて尊重するように学校教育で生徒たちに教え込まなければならない。

すなわち、家族制度を見直して復活し、先祖伝来の家名を大切に守り、家族員がお互いに助け合い、祖先を崇拝して、我侭勝手な振舞いをして家名を傷つけようとする者を戒めて立派な個性が誕生するように躾けて行かなければならない。そこから本当の家族愛が生まれ、それが郷土愛・祖国愛へとつながるのである。

これが本来の日本人のあるべき姿であり、そうすることによって日本人は自分の生まれた家族と郷土と祖国に誇りを抱くようになるのである。

だから為政者は、戦後の教育で失われた家族と郷土と国家への愛情を復活すべく尽力しなければならぬ。これが初等・中等教育にたずさわる教師たちの最大の任務であり、文部行政当局が当面する緊急の行政課題でもある。

藤原正彦氏は平成十七年（二〇〇五）十一月に新潮社から『国家の品格』という警世の新書を出版してベストセラーとなり、話題作として注目を集めた。藤原氏は高名な数学者であり、警世家としても知られる。氏はこの本で数々の提言をされているが、その中で小生の琴線に触れたものを幾つかあげてみよう。

第一はエリート教育の必要性である。

アメリカ政府のＧＨＱは戦いに勝って日本の占領政策を始めたとき、二度と日本を立ち上がらせないため、そのリーダーであるエリートをつくらないため、日本の伝統的教育制度を改めて、真のエリートが出ないように仕向けた。また現在する指導者を公職追放して、エリートとしての能力を発揮できなくした。

戦後日本は、アメリカの押し付けで民主主義国家となった。そして我々は、この民主国家では「国民が成熟した判断ができる」と信じている。だが、それは幻想で、自由や平等と同じように「民主主義は抑制を加えない限り暴走する」ものなのである。

かつての日本も実質的には民主国家であったが、暴走を止められなかった。アメリカ流の民主国家になっても同じである。「国民は永遠に成熟しない」からだと、藤原氏は主張する。いわく、

「国民は戦争を望み、民主国家がヒットラーを生んだ。放っておくと民主主義すなわち主権在民が戦争を起こす。国を潰し、ことによったら地球まで潰してしまう。それを防ぐために必要なものが、実はエリートなんです。真のエリートというものが、民主主義であれ何であれ、国家には絶対必要ということです。この人たちが、暴走の危険を原理的にはらむ民主主義を抑制するのです」

と。では真のエリートとは何か？

藤原氏はこのエリートの条件として、つぎの二つをあげている。

「第一に文学、哲学、歴史、芸術、科学といった、何の役にも立たないような教養をたっぷりと身につけていること。それはこうした教養を背景として庶民とは比較にならない圧倒的な大

局観や綜合判断力を有して民衆をリードするからである。その上で、彼らはいざとなれば国家・国民のために喜んで命を捨てる気概をそなえており、これが第二の条件である」

すなわち、こうした能力の持主が真のエリートであるが、こうした人々は「今の日本にはいない」と藤原氏は断言し、「昔はいた。旧制中学・旧制高校は、こうした意味でのエリートの養成機関でした。旧制一高の校歌の中に、〃栄華の巷《ちまた》、低く見て〃という歌詞があって、時に〃悪《あ》しきエリート主義〃の象徴みたいに言われますけど、この歌詞はある本質を衝いていると言える。真のエリートには、俗世に拘泥しない精神性が求められるからです」と書いている。

だが、GHQはこのような真のエリートが日本にいて、国民をリードすると、日本は再びアメリカのみならず世界を脅かすような強力な国家となるから、そんな養成機関を真っ先に潰してしまった。しかも日本の初等・中等教育の教師たちで結成した日本教職員組合（日教組）はこれに追従して、エリート教育をタブー視した。彼らの主張する平等主義に反するからである。

そのため、これまで高かった日本の教育水準は、戦後諸外国と比較して急速に低下してしまった。これは科学立国を目指すこの国にとって正に憂慮すべき一大事である。資源のないわが国が独立自尊の文化国家として他の国々に互して国際社会に貢献して行くためには、どうしても人的資源を開発して、これを高めなければならないからである。

そもそもGHQが日本の旧教育制度を変えてしまったこと自体、一九〇七年に締結された国際的取り決めであるハーグ条約の「占領者は現地の制度や法令を変えてはならない」という趣旨の第四十三条に違反している。もっとも、現在の官界にも、日本政府の政治を牛耳っている東大出のエリートたちがわんさといるにはいるが、彼らは偏差値エリートであって、前述の三条件を備えた真のエリートではない。

したがって、そうした真のエリートを養成するために、教育制度を再改革して、旧教育制度を復活し、これを改善しなければならない。イギリス・フランス・アメリカなど、どこの欧米先進諸国にも、そうした養成機関があって、そこで教育を受けた真のエリートたちがいて、それぞれの国で、成熟していない国民が暴走しないように、生命を賭して国民を正しい方向に導いていているからである。

日本は美しい自然に恵まれた国で、そこに育った国民は、ほかの国民にはないもてなしの心や繊細な感受性を持ち、そこから茶道・華道・能楽といった外国にない独自の芸術が発達している。また、そうした風土から「もののあわれ」という抽象化された無常観を感性として体得し、和歌・俳句といったこの国独自の文学が誕生して、他国民の追従を許さない。

また、中世ヨーロッパのキリスト教が育《はぐく》んだ騎士道と同じように、日本にも武士道があり、これが武士たちの行動を律してきたが、戦後はGHQによって、そうした武士道を鼓吹する教育も、軍国主義の復活につながるという理由で、禁じられた。

しかし、これも彼らの日本の伝統文化への無理解と偏見がもたらしたあやまちであり、こうした美風は復活させなければならない。

さらに宗旨の如何を問わず、信仰は大切なものであるから、学校教育において、その下地である宗教の情操教育を奨励するとともに、児童たちに凜《りん》とした教育を施して、伝統的日本人の魂をよみがえらせなければならない。とりわけ、戦後歪《ゆが》められてきた日本国の正しい本当の歴史を学ばせて、その歴史の中に埋没した幾多の聖賢や優れた人物を発掘し、これを顕揚することにより、真正の日本国と日本人がいかなるものであったかを教え、これを誇りと思わせなければならぬ。戦後一世を風靡し、今なお続く自虐史観を排し、我々が生まれた国土がいかに美しく、そこに居住してきた先人たちがいかに素晴らしい人々であったかを、生徒たちに学び取らせて、それを後世に語り継ぐように仕向けなければならない。これが教育にたずさわる者の重大な責務である。

そうすることにより、小生はこれからの日本を背負う人々が祖国愛と日本人としての魂に目覚める日の一日も早く来ることを念願して、この論稿「近代国家日本の光芒」を擱筆させていただく。

最後になりましたが、現下出版界大不況の折柄、この拙著を高覧いただき、その価値に着目されて、出版を進めてくださった芙蓉書房出版の平澤公裕氏をはじめ皆様方に厚く御礼を申しあげます。

著者

森本　繁（もりもと しげる）

1926年愛媛県生まれ。九州大学法学部卒業。実証歴史作家。第２回歴史群像大賞受賞。
著書は『初代刈谷藩主水野勝成公伝拾遺』（刈谷市）、『白楊樹の墓標　満蒙開拓青少年義勇軍の記録』（原書房）、『台湾の開祖　国性爺鄭成功』（国書刊行会）、『放浪武者　水野勝成』（洋泉社）、『南蛮キリシタン女医明石レジーナ』『ルイス・デ・アルメイダ』（以上、聖母の騎士社）、『村上水軍全史』『源平海の合戦』『岩柳佐々木小次郎』『白拍子静御前』『毛利元就』（以上、新人物往来社）、『小西行長』『明石掃部』『細川幽斎』『村上水軍興亡史』『宮本武蔵を歩く』『厳島の戦い』（以上、学研M文庫）など60冊以上。

近代国家日本《きんだいこっかにほん》の光芒《こうぼう》
―「坂の上の雲」流れる果てに―

2019年 8月19日　第１刷発行

著 者
森本《もりもと》　繁《しげる》

発行所
㈱芙蓉書房出版
（代表 平澤公裕）
〒113-0033東京都文京区本郷3-3-13
TEL 03-3813-4466　FAX 03-3813-4615
http://www.fuyoshobo.co.jp

印刷・製本／モリモト印刷

ISBN978-4-8295-0768-1

【芙蓉書房出版の本】

初の国産軍艦「清輝《せいき》」のヨーロッパ航海

大井昌靖著　本体 1,800円

明治９年に横須賀造船所で竣工した初めての国産軍艦「清輝」が明治11年１月に横浜を出港したヨーロッパ航海は１年３か月の長期にわたった。若手士官たちが見た欧州先進国の様子がわかるノンフィクション。

知られざるシベリア抑留の悲劇

占守島の戦士たちはどこへ連れていかれたのか

長勢了治著　本体 2,000円

この暴虐を国家犯罪と言わずに何と言おうか！　飢餓、重労働、酷寒の三重苦を生き延びた日本兵の体験記、ソ連側の写真文集などを駆使して、ロシア極北マガダンの「地獄の収容所」の実態を明らかにする。

「技術」が変える戦争と平和

道下徳成編著　本体 2,500円

宇宙空間、サイバー空間での戦いが熾烈を極め、ドローン、人工知能、ロボット、３Ｄプリンターなど軍事転用可能な革新的な民生技術に注目が集まっている。国際政治、軍事・安全保障分野の気鋭の研究者18人がテクノロジーの視点でこれからの時代を展望する。

誰が一木支隊を全滅させたのか

ガダルカナル戦と大本営の迷走

関口高史著　本体 2,000円

わずか900名で１万人以上の米軍に挑み全滅したガダルカナル島奪回作戦。この無謀な作戦の責任を全て一木支隊長に押しつけたのは誰か？　従来の「定説」を覆すノンフィクション。